Du même auteur, aux éditions Zen Business

Révéler sa véritable personnalité avec le personal branding, 2011.

Maquette : Sébastienne Ocampo
Illustrations : Pascale Baumeister

17, rue du Regard
75006 Paris – France
E-mail : info@editionsleduc.com
ISBN : 979-10-92184-04-4

Zen Business est une marque des éditions Leduc.s

PASCALE BAUMEISTER

DÉVELOPPEZ VOS TALENTS DE MANAGER

ZEN BUSINESS

Je remercie tous ceux qui ont croisé
mon chemin, car jour après jour, ils m'ont
permis d'en apprendre d'avantage sur moi-même.

SOMMAIRE

INTRODUCTION

Pourquoi ce livre ?

Un ouvrage pour partager

Écrire un livre est un besoin autant qu'une nécessité, c'est un cauchemar de travail mais un grand plaisir…

J'avais juré que l'on ne m'y reprendrait plus ! Mais je n'ai pas tenu ma promesse…

Ce livre est né de rencontres dans le cadre de mon activité de coach et de consultante. Après avoir entendu des dizaines de managers, ce livre s'est imposé à moi…

Paradoxes et contradictions de la fonction actuelle du manager

Ma vision du management, issue du terrain, peut se résumer à 3 paradoxes apparents :

1. **Les managers ne sont pas formés au management à proprement dit.** Pas même dans les grandes écoles de commerce et de management, qui devraient se focaliser sur l'étude des comportements relationnels, sur les moyens d'amener un être humain à donner le meilleur de lui-même et sur l'art de constituer des équipes performantes en tenant compte des différents types de personnalités. Autant de matières complexes qui ne font l'objet que de quelques heures de cours.

2. **Le management n'est pas un choix.** La plupart des managers se retrouvent en effet dans cette fonction sans y être préparés et bien trop souvent, sans être guidés, ni accompagnés. Il n'est pas rare qu'ils obtiennent ce poste au titre d'une promotion qui peut leur être accordée en reconnaissance de l'excellent travail qu'ils auront accompli dans leur domaine de prédilection. Ce faisant, on considérera d'emblée qu'ils sont aptes à mener des êtres humains et à animer une équipe… Ainsi on offre le poste de chef des ventes au meilleur vendeur d'une entreprise ou on propose à un ingénieur qualifié d'encadrer une équipe, sans vérifier s'il est capable de mener à bien cette nouvelle fonction, bien différente des responsabilités qu'il pouvait avoir jusque-là. Et évidemment sans qu'il ait fait ses preuves dans le domaine du management pur.
3. **Les managers ne sont pas accompagnés…**

Une nécessaire révolution culturelle pour pallier les dysfonctionnements

Ces paradoxes pourraient être anodins, sauf qu'on peut dresser un constat inquiétant sur les conséquences…

- **La vision qu'on a de nos managers à l'international…** Les managers français sont jugés comme étant les pires managers des plus anciens pays de l'Union européenne. Et selon l'Ipsos*, qui depuis 2007 réalise avec Edenred le « baromètre du bien-être et de la motivation au travail », seulement 7 % des salariés de l'Hexagone affirment être motivés au travail. Ce chiffre est bien inférieur à celui des Allemands (ce qui peut encore se justifier si on jette un regard sur les perspectives économiques). Mais il est aussi inférieur à celui des Espagnols, alors que leur taux de chômage est le plus élevé des pays de l'OCDE avec 22,85 % de la population active. L'étude indique que 4 salariés français sur 10 voient leur motivation diminuer

* Ipsos est un institut de sondages français et une société internationale de marketing d'opinion, créé en 1975.

(ce qui les place en tête du record européen) et que plus de la moitié déclarent passer trop de temps au bureau au regard du peu de reconnaissance qu'ils reçoivent de leur manager et de leur hiérarchie.

- **Des conséquences économiques...** Observons les conséquences économiques du manque de formation des managers français. Même si je n'ai jamais trouvé d'étude sérieuse sur le sujet, il n'est pas difficile de faire quelques rapprochements. Lorsqu'un manager n'est pas compétent et qu'il n'a pas en sa possession les outils qui lui permettront de motiver ses collaborateurs ou de construire une équipe performante pour mener à bien les projets qui lui sont confiés, il peut, sans s'en rendre compte, produire un effet démotivateur sur celle-ci. Du coup, les objectifs sont difficilement – voire pas du tout – atteints et la créativité fait défaut. Ce qui crée une mauvaise ambiance, allant jusqu'à se refléter dans tous les secteurs de l'entreprise et engendrer du stress (déjà 1,2 à 2 milliards d'euros par an). Si la situation persiste, certains peuvent démissionner (en général, ce ne sont pas les moins bons qui partent les premiers). Et on ne peut ignorer que le turnover coûte excessivement cher à une entreprise, la perte d'information que cela engendre est souvent irréversible et l'insertion des nouveaux collaborateurs prend du temps. Quant à ceux qui restent, si la motivation n'y est pas, ils se contentent de faire tout juste leur boulot et s'arrêtent là... Tout le monde y perd en fin de compte. Et cela coûte énormément d'argent aux entreprises. De l'argent qui n'ira jamais dans les poches des collaborateurs, ni dans celles des managers. Et si j'osais, j'écrirais que la crise serait mieux affrontée si ces derniers étaient mieux accompagnés et mieux formés. Mais n'exagérons pas ! Quoi que ? En tout cas, il semble que les entreprises voient rarement les choses sous cet angle, parce que si c'était le cas, il est certain qu'elles auraient réagi depuis bien longtemps.
- **Les fondations de l'entreprise sont fragilisées...** Les managers sont les piliers de l'entreprise. Ceux sur qui reposent l'évolution et l'équilibre de celle-ci. Autant que l'innovation, la

stratégie commerciale, marketing, financière. C'est grâce à eux et à leurs équipes que ces dernières sont mises en application. Ce sont eux aussi qui relaient la vision et la mission de l'entreprise, qui sont chargés de leur donner du sens au quotidien, afin qu'elles se concrétisent et ne soient pas qu'une simple intention exprimée par le comité de direction ou, pire encore, par le service marketing en vue de préserver l'image de marque de l'entreprise. Un manager, c'est celui ou celle qui accompagne les membres de son équipe dans la réalisation de ses objectifs et permet à chacun de se donner à 100 % pour remplir la mission qui lui a été confiée. De même qu'un orchestre symphonique ne peut atteindre sa virtuosité sans les qualités et compétences de son chef d'orchestre, ou qu'une équipe sportive, quelle qu'elle soit, ne peut atteindre les podiums sans un coach ou un capitaine de talent. De plus, rien n'est plus satisfaisant pour un individu que de faire partie d'une équipe soudée, constituée de personnes qui se font confiance et dans laquelle chacun peut compter sur les compétences de l'autre… Rien n'est plus valorisant que de faire partie d'une équipe performante et motivée, qui se passionne pour ce qu'elle fait et qui mène ses projets avec succès. Et quel que soit son rôle au sein de celle-ci, lorsque quelqu'un a eu la chance de faire partie d'une telle équipe, il s'en souvient toute sa vie.

Apprendre à transmettre et se former pour cela

Pour y remédier, je vous propose des pistes de solutions autour de deux convictions fortes…

- **On peut être compétent sans savoir toujours transmettre…** La même erreur est commise dans le monde de l'enseignement. Les enseignants obtiennent un diplôme lorsqu'ils maîtrisent une matière et leurs compétences pédagogiques ne sont pas suffisamment mises à l'épreuve. Pourtant, la différence entre le fait de « savoir » quelque chose et d'être capable de « transmettre » ce que l'on sait est grande. Cela ne mobilise pas les mêmes qualifications. Et la pédagogie demande un savoir-faire et un savoir-être qui ne sont pas innés chez tout le monde. Ce n'est pas parce qu'on possède un savoir qu'on a celui de le transmettre et ce n'est pas parce qu'on est bon dans un domaine professionnel qu'on est apte à manager une équipe et à guider ses collaborateurs dans la réalisation des projets de l'entreprise. Et si j'ai fait cette analogie, ce n'est pas par hasard. L'enseignant devrait avoir la responsabilité du niveau d'instruction de ses étudiants, et le manager celui de l'efficacité de ses collaborateurs en les aidant à donner le meilleur d'eux-mêmes.

- **C'est le développement des individus qui fera la différence...** Puisque j'en suis à lever quelques lièvres, permettez-moi d'en aborder un petit dernier qui a bien bloqué l'évolution de la formation des managers, car il apparaît qu'en France nous craignons fortement la manipulation mentale et jusqu'à très récemment les organisations ont évité de proposer à leurs collaborateurs de faire du développement personnel. Même si notre système de formation professionnelle continue est très performant, il ne concerne que rarement ce domaine. Il y a encore à peine 10 ans, certaines entreprises trouvaient dérangeant de faire usage de mots tels que « développement personnel » ou « coaching »... Les choses ont changé à présent, mais il y a quelques restes...

Comment devenir un manageur opérationnel...

On distingue deux types de management : le *management stratégique* qui s'intéresse aux orientations de l'entreprise, à la détermination des objectifs et des stratégies à mettre en œuvre pour les atteindre en tenant compte de l'environnement et de la structure organisationnelle de l'entreprise. Le manager définit le système de contrôle permettant de suivre et de piloter les résultats, de contrôler la rentabilité des opérations.

Et le *management opérationnel* qui est centré sur le « capital humain » de l'entreprise. Le manager est alors responsable de la motivation et de l'efficacité de ses collaborateurs. Il définit ou participe à la définition des objectifs de chacun d'entre eux, prend en charge l'organisation du travail, la répartition des tâches, la conception des outils et procédures.

Dans cet ouvrage, j'ai choisi délibérément de ne pas aborder le *management stratégique*, car je ne pense pas que ce soit dans ce domaine que les compétences des managers fassent défaut. Cet ouvrage se compose de 5 séquences.

Au cours de la première séquence, je vous inviterai à faire le point sur vos talents de manager, afin de vous approprier les atouts que vous avez déjà et à mettre l'accent sur vos différences ainsi que sur votre valeur ajoutée. Puis, pour vous soutenir à travers la quête de ce livre qui est de « développer vos talents de manager », je vous inviterai à clarifier votre vision d'un management idéal, ainsi que vos objectifs et votre mission en tant que manager.

Dans la séquence suivante, je vous présenterai un outil que j'ai appelé « 5 Elements profil® ». En français « le Profil des 5 Éléments® ». Celui-ci vous permettra d'identifier rapidement ce qui se joue à travers les relations entre les individus en général, vous aidera à mieux vous comprendre et à mieux comprendre le type de relation que vous entretenez avec votre entourage ainsi que la façon dont vous pouvez être perçu par lui. Ainsi, vous pourrez mettre en place les ajustements que votre fonction de manager impose et développer davantage d'équilibre personnel.

La troisième séquence vous permettra de mettre encore plus en évidence votre profil de manager en faisant un croisement entre vos talents, que vous avez révélés dans la première étape, et ce que vous avez découvert sur votre personnalité avec le Profil des 5 Éléments®.

Ensuite, nous aborderons le sujet de la communication interpersonnelle, l'art d'être en relation avec les autres et d'échanger des informations, des idées, des émotions avec eux. À travers cette quatrième étape, vous comprendrez que pour avoir de bonnes relations avec son entourage, on doit apprendre à gérer ses émotions, son énergie et son stress ; qu'être en accord avec soi-même nous permet d'être en accord avec les autres.

Et dans la dernière séquence, vous verrez comment manager les talents de vos collaborateurs. En allant à la rencontre des personnalités qui forment votre équipe, vous pourrez leur permettre de trouver leur place et de donner le meilleur d'eux-mêmes. Vous verrez comment instaurer un esprit coopératif et comment construire une équipe gagnante, ainsi que la façon de mobiliser les individus autour d'un projet en fonction de leurs talents, de leurs compétences et de leur personnalité. Nous aborderons les stratégies de motivation et comment raccrocher la vision et la mission de chaque individu à celles de l'entreprise, afin de faire émerger l'intelligence collective.

Changez définitivement de regard

Que vous soyez un professionnel, ou que vous vous retrouviez pour une raison ou une autre à la tête d'un groupe d'individus, l'intention de ce livre est de vous permettre de vous révéler en tant que manager ; même si j'espère vous apprendre un bon nombre d'éléments sur les comportements humains, sur les interactions systémiques que nous avons les uns avec les autres et sur les conséquences que celles-ci ont sur notre bien-être.

L'important est de vous permettre de prendre conscience des atouts que vous avez en votre possession pour devenir un excellent manager et d'oser les exploiter au mieux pour vous acquitter brillamment de l'ensemble de vos missions.

Bien sûr, tout le monde n'a pas envie d'entreprendre un travail sur soi parce ce que ça équivaut bien souvent à se remettre en question et que ce n'est pas chose simple. Pourtant, en matière de management, il y a vraiment urgence !

Ma quête personnelle, c'est que cela ne soit pas dû au hasard. Je souhaite que chacun puisse être totalement lui-même et exprimer sa personnalité, ses talents au travers de ce qu'il fait. Qu'il trouve son équilibre au sein de l'équipe avec laquelle il travaille, s'y sente reconnu, respecté et prenne du plaisir à travailler avec les autres.

Éthique et management

D'un point de vue général, l'éthique, c'est la prise de conscience que chacun de nos actes, même les plus anodins, engage la planète entière et tous ses habitants, ainsi que notre capacité à ne pas nous satisfaire de ce qui est, à remettre les choses en question, à se remettre en question.

« Chacun est responsable de tous. »
Antoine de Saint-Exupéry

Et du point de vue du management, l'éthique est un état d'esprit qui intègre l'idée que tout devrait concourir à apporter aux humains, à l'intérieur comme à l'extérieur de l'entreprise, les conditions optimales pour qu'ils puissent être mieux dans ce qu'ils sont, dans ce qu'ils vivent et dans ce qu'ils font. Lorsque cette finalité humaine est clairement inscrite dans l'esprit du manager, elle génère des comportements, des décisions, des actions positives, soutenues par des valeurs* telles que : la confiance, la loyauté, le sens des responsabilités, etc. En fait tous les ingrédients qui ne peuvent qu'aider à la performance et à l'épanouissement de chacun. Alors que lorsqu'un manager est uniquement centré sur sa promotion personnelle, cela génère de sa part des comportements négatifs

* Voir la partie sur les valeurs p. 57 (d'après les propos de Jacques Benoit).

et s'ensuivent des dysfonctionnements tels que la manipulation, l'autoritarisme, le cynisme, le non-respect de ses collaborateurs, etc.

Que nous le voulions ou non, la finalité que nous donnons à notre action conditionne cette action. Nous ne mangeons pas la même chose si nous vivons pour manger ou ni sous mangeons pour vivre.

Tous les managers ont plus ou moins compris que la dimension éthique avait sa place à part entière dans le management. Cependant, il y a beaucoup de « mais ». On pense en effet que globalement une démarche éthique positive une action, une relation. Mais c'est loin d'être une conviction de fond. Ce sont surtout des convictions raisonnées et assorties à pas mal de précautions.

Pourtant, tout nous dit qu'éthique et performance s'autoconfortent. D'ailleurs, on l'a très bien compris avec les clients. Des tonnes de moyens sont mis en œuvre pour écouter les désirs de chacun d'eux, ce qu'ils disent, ce qu'ils ne disent pas ; on sonde même les inconscients pour savoir à quoi ils réagissent. Et à juste titre, on est convaincu que plus on répond à leurs attentes, plus on les fidélise, ce qui va générer un volume de ventes important et donc contribuer à la performance économique. Et vice versa, plus l'entreprise sera performante dans sa technique, son organisation, ses moyens financiers, plus elle sera à même de fournir un produit, un service de haute qualité, qui combleront les attentes des clients.

Mais dans la relation avec les salariés de l'entreprise on est encore loin d'avoir parfaitement assimilé ce phénomène de synergie entre écoute et performance. Pourtant, plus une entreprise se donne la peine d'écouter ses salariés dans le respect et la dignité qu'ils réclament, le dialogue, la confiance, plus ces mêmes personnes s'impliquent dans la performance, par leur disponibilité, leur imagination et les efforts redoublés. Et réciproquement, plus une entreprise est performante dans sa dimension économique, financière, etc., plus elle est à même de répondre aux attentes de stabilité d'emploi, de rémunération, de conditions de travail, etc.

Les entreprises qui ont inscrit l'éthique comme réponse à leur responsabilité sociale et environnementale – le développement durable – ont en retour des retombées bénéfiques par :
- la valorisation de leur image,
- un marketing adapté aux attentes,
- la fidélisation de leurs clients,
- la réduction de leurs besoins en énergie,
- l'économie due à la réutilisation et au recyclage des déchets,
- davantage d'innovation.

Cette logique est incontournable, mais elle demande du courage, du sens, une mission inscrite dans une vision, et la compréhension que la finalité d'une entreprise est humaine.

L'entreprise vit une guerre économique permanente. Les coups pleuvent et ils sont loin d'être toujours loyaux. Certains prennent cet alibi pour donner libre cours à leurs instincts les plus négatifs. Sachons prendre conscience que si nous avons en effet le devoir de nous défendre, nous avons aussi le devoir de ne pas banaliser tous ces agissements qui vont à l'encontre de la dignité humaine.

Bien évidemment, l'entreprise est là pour gagner de l'argent, prendre des parts de marché, assurer sa pérennité. Elle existe pour répondre à des besoins, des attentes, qui sont peu ou mal satisfaits. Mais une entreprise, c'est aussi une volonté de plusieurs personnes de travailler ensemble parce qu'elles ont compris qu'à travers cette collaboration elles pouvaient optimiser leurs compétences par la spécialisation des tâches, par l'organisation rationnelle, par des moyens financiers, techniques, matériels, etc., plus importants. L'entreprise se doit aussi de créer des richesses sous toutes les formes : financières, matérielles, intellectuelles, etc., mais aussi des richesses pour ses collaborateurs, pour ses clients, pour ses actionnaires et pour la collectivité en général. Des entreprises comme La Poste, la *SNCF*, même si elles ne sont pas toujours bénéficiaires, contribuent largement à enrichir le pays par les moyens qu'elles lui donnent de mieux communiquer ou circuler. Dans la logique de répondre à des besoins et des attentes mal ou non satisfaits, l'entreprise aura pour vocation d'innover en permanence, c'est d'ailleurs une des conditions principales de sa pérennité.

Le rôle de l'entreprise, c'est donc aussi de participer au bien-être collectif. Dans ce sens, elle est citoyenne et elle a un devoir de solidarité avec le monde qui l'entoure. Cette affirmation semble évidente, mais combien d'entreprises aujourd'hui refusent encore d'embaucher des handicapés ou autres personnes en difficulté pour ne pas se compliquer la vie ! Dans un autre domaine, combien d'entreprises, si la loi n'existait pas, veilleraient à ne pas polluer l'environnement par le rejet de leurs déchets, de leurs fumées, etc. ?

À travers cette brève analyse, on peut comprendre que, après la cellule familiale, l'entreprise est la cellule de base la plus importante qui permet à l'humain de se construire… De toute évidence, sa finalité est humaine. Et faute d'identifier cette finalité il se crée une confusion dans les esprits qui participe aux dysfonctionnements de notre société.

« L'entreprise n'existe pas pour elle-même. Sa raison d'être, c'est de créer de la richesse pour la collectivité. »
Francis Mer, ministre de l'Économie, des Finances et de l'Industrie de 2002 à 2004

Cela ne veut pas dire qu'elle ne devrait jamais licencier ou fermer, ce serait une malhonnêteté intellectuelle que de penser ou dire cela. Nous sommes dans une économie de compétition, et qui dit compétition dit « premier » et « dernier ». Chacun d'entre nous, lorsque nous faisons nos achats, alimentons cette compétition économique parce que nos critères de choix, et c'est bien normal, sont la qualité, le service et le prix. Nous sommes tous heureux de trouver une marque qui nous offre un service, un produit de meilleure qualité que ce que nous avions auparavant. Ce qui est à dénoncer dans les licenciements et dans les suppressions d'emploi est bien plus dans la forme que dans le fond. Il appartient aux chefs d'entreprises de faire en sorte que ces mesures difficiles soient les moins douloureuses possible en anticipant et en accompagnant.

C'est dans ce sens que l'enjeu du XXIe siècle est de passer d'une économie où l'humain est au service de la performance et de la compétition à une économie où la performance et la compétition seront au service de l'humain.

Un management éthique est un management à finalité humaine. L'argent, le savoir-faire, l'outil de travail ne sont que les moyens. De ce fait, la relation entre les humains dans un management éthique est basée sur les principes et valeurs suivants* :

- la responsabilité,
- le service,
- la loyauté,
- la transparence,
- le respect et la dignité,
- le plein épanouissement des êtres humains,
- la confiance,
- le don de soi,
- etc.

Le personal branding du manager

Il n'est pas simple de prendre sa place dans le monde du travail, qu'on soit manager ou pas. Pas simple non plus de faire la promotion de soi en interne comme en externe. Pourtant, en ces temps de crise, c'est devenu indispensable et toute personne

* Voir la partie sur les valeurs p. 57 (d'après les propos de Jacques Benoit).

qui souhaite faire évoluer sa carrière et développer sa notoriété a besoin d'être en permanence à l'écoute des opportunités qui peuvent s'offrir à elle et faire de son mieux pour devenir visible sur son marché en utilisant les outils de communication qui toucheront son auditoire.

Aujourd'hui, tout comme les grandes entreprises cultivent leur marque, les managers, les cadres et les dirigeants ont besoin de cultiver la leur, car les entreprises ont besoin de s'attacher des personnalités reconnues sur leur marché, avec ce qu'elles ont d'unique en termes de valeur ajoutée qu'elles pourront mettre au service de son déploiement.

Le personal branding est une méthode qui permet d'affirmer ses talents, ses points forts, sa différence, et d'oser mettre en avant tout ce qui fait de soi « un individu pas comme les autres », afin de se démarquer de ses pairs et de développer une communication claire sur sa personnalité. Tout un programme qui nous vient des États-Unis et qui a fait l'objet d'un premier livre paru en mars 2011 aux éditions Zen Business sous le titre : *Révéler sa véritable personnalité avec le personal branding.*

Le management des talents

Lorsque j'ai commencé à bâtir mon programme de formation sur le « management des talents », j'ai entamé quelques recherches pour savoir ce qu'on écrivait sur le sujet. Et je me suis très vite rendu compte qu'il y avait un quiproquo sur le thème, principalement en France, car pour la plupart des organisations, « manager les talents » consiste à manager les hauts potentiels… Alors que pour moi, comme pour bon nombre d'auteurs et de consultants spécialisés, tels que Peter Senge, *La cinquième discipline*, Marcus Buckingham (Gallup Organization), *Manager contre vents et marées* et bien d'autres, manager les talents consiste avant tout à manager les talents de ses collaborateurs.

« Puisque les fées ne se sont pas penchées sur mon berceau, je fais son boulot !... »
Zazie, chanteuse, dans sa chanson « Doolididom »

Il faut dire aussi que nous ne sommes pas tous alignés sur la notion de talent, car généralement on considère que c'est une chose rare que seules quelques personnes ont la chance de posséder. Comme si les fées ne se penchaient pas sur tous les berceaux.

Chaque individu est doté de talents et d'aptitudes particulières qui lui sont propres et qui n'attendent qu'à être mis en avant pour qu'ils deviennent des forces qui nourriront sa confiance et le soutiendront tout au long de sa carrière et des projets auxquels il prend part. Des talents qui ne demandent qu'à être dénichés et dont la valeur ajoutée peut devenir considérable pour une entreprise. Et c'est en partie aux managers de les reconnaître et d'aider leurs collaborateurs à les mettre à profit.

« Le meilleur manager est celui qui sait trouver les talents pour faire les choses, et qui sait aussi refréner son envie de s'en mêler pendant qu'ils les font. »
Theodore Roosevelt, président des États-Unis de 1933 à 1954

Mais voilà, la plupart d'entre eux n'ont jamais appris à faire cela, pourtant, ça ne s'improvise pas aisément et comme je l'ai déjà dit, trop souvent les organisations considèrent que cela va de soi. Pourtant, ceux qui sont sur le terrain savent bien que c'est loin d'être aussi facile. Certes, certains sont plus doués que d'autres et avec l'expérience, ils sont nombreux à avoir développé des compétences solides dans ce domaine. Mais reconnaissons que ce n'est pas une majorité.

ÉTAPE 1
IDENTIFIER MES TALENTS DE MANAGER

En première partie de ce livre, je vous propose de faire le point sur votre personnalité, vos talents, vos valeurs et vos croyances pour vous permettre de clarifier la façon dont vous vous définissez en tant qu'individu et en tant que manager, afin d'évoluer vers votre excellence, votre quintessence*, et d'exprimer le meilleur de vous-même.

Chacun d'entre nous à une opinion de lui-même et du monde qui l'entoure. Qu'elle soit positive ou négative, cette opinion détermine la façon dont nous évoluons à travers les expériences de notre vie, notre manière d'entreprendre des projets, la position que nous prenons dans notre sphère sociale, notre façon d'aborder les autres et de nous maintenir en relation avec eux. Rendre cela plus clair nous permet de nourrir notre confiance en soi, de faire des choix et de nous approprier les points forts, les qualités et les talents que nous voulons mettre en avant pour prendre en main notre carrière et notre vie tout entière.

Sachez que contrairement aux idées reçues, nous avons le pouvoir de nous réinventer consciemment et spontanément… Cette affirmation peut paraître surprenante, car le point de vue général aimerait nous faire admettre que « les gens ne changent

* Quintessence : ce qu'il y a de principal, d'essentiel, de meilleur, de plus raffiné en quelque chose ou en quelqu'un.

jamais ! ». Pourtant, vous avez fait cela bien des fois, sans même vous en rendre compte. Vous êtes certainement très différent de la personne que vous étiez il y a dix ou même vingt ans. Rares sont ceux qui n'évoluent pas en fonction des expériences qu'ils traversent et des leçons que la vie leur offre. Ça, c'est pour le fond, mais pour le côté spontané de notre transformation, souvenez-vous de la dernière fois où vous avez accompli quelque chose qui vous tenait à cœur ou que quelqu'un vous a fait un compliment ; alors que vous ne vous y attendiez pas. Rappelez-vous les fois où vous vous sentez bien dans votre peau, simplement parce que vous portez un vêtement ou un parfum que vous aimez et qui vous met en valeur. À chacun de ces instants, votre notion d'identité, votre estime de vous-même ont été instantanément modifiées. Mais pour une fois, vous allez faire cela consciemment et décider librement d'exprimer ce que vous voulez révéler de vous-même.

Je vous propose de prendre conscience de ce processus et de vous l'approprier, afin de maîtriser votre pouvoir personnel. Car lorsque vous aurez compris que le sens que vous donnez à votre identité peut évoluer, vous pourrez prendre les mesures qui s'imposent pour changer de cap et modifier votre existence tout entière. Ce qu'on pense de soi définit qui on est et ce que l'on fait. Mais avant d'en arriver là, je vous propose d'analyser ce qui définit votre identité en ce moment même. Pour cela, munissez-vous d'un cahier et, chaque fois que vous verrez ce symbole : , inscrivez-y vos réflexions.

Qui suis-je ?

Généralement, lorsqu'une personne se présente, elle donne son prénom, son nom et sa fonction, éventuellement sa situation familiale… Mais lorsque c'est le célèbre espion des services secrets de Sa Majesté qui dit : « Mon nom est Bond, James Bond… », il y a tout un univers qui se présente avec lui.

My name is Bond, James Bond !

C'est la même chose pour notre petit héros national, Astérix : « Bonjour, je m'appelle Astérix... » Et c'est tout un monde qui débarque... On pense directement à ses aventures, à Obélix et Idéfix, à la potion magique, au village d'irréductibles Gaulois. On pense à son intelligence, à son intrépidité, à sa malice et à la fidélité de son amitié. À la confiance que lui font les gens de son village pour résoudre leurs difficultés. On pense à la camaraderie, aux baffes... et aux Romains. On a construit tout un univers autour de l'identité de ces personnages de fiction et leur nom est directement associé à celui-ci. Mais plus concrètement, si on observe ce qui définit les grands patrons charismatiques, on se rend compte qu'à travers leur identité ils incarnent totalement l'univers auquel ils sont associés, car ils ont compris que pour développer leur notoriété, ils devaient exprimer des valeurs particulières et faire connaître leur vision et leur mission. Même si celles-ci ne sont pas mentionnées directement dans leur communication, tout ce qu'ils font en est imprimé et est parfaitement cohérent avec l'image qu'ils ont voulu révéler d'eux-mêmes. C'est tout un univers qui s'exprime avec eux. Quelques exemples :

- Richard Branson incarne la dimension du service, de l'audace et de l'innovation (notamment avec sa société Virgin Galactic). Il est aussi à l'origine, avec Nelson Mandela, du « Global Elders », une ONG dont l'objectif est de résoudre les problèmes mondiaux considérés comme insurmontables.
- Nicolas Hayek (ancien PDG de Swatch) incarnait l'art du management lui-même, l'esprit de famille et d'équipe, la spontanéité et l'intuition.
- Alain Afflelou incarne toute une révolution du monde des lunettes basée sur la connivence avec le consommateur.
- Michel et Augustin se sont déclarés eux-mêmes comme étant les trublions du goût. Ils incarnent aussi la joie de vivre, l'originalité et le bonheur de travailler en équipe. Ils ont reçu le prix Phénix de l'innovation et de la communication en 2010.
- Tristan Lecomte (ancien PDG d'Alter Éco), incarne le développement durable, le respect de l'humain, ainsi que la lutte contre la déforestation et le changement climatique.

- Et Hapsatou Sy incarne l'esthétique et l'entrepreneuriat au féminin. Elle est devenue une icône, tant par sa beauté que son intelligence. Elle a remporté en 2011 le Prix Trofémina catégorie Business et a été sélectionnée la même année pour représenter l'entrepreneuriat français au G20.

Pour en arriver là, cela commence par faire un travail sur soi pour découvrir qui on est vraiment et quelle image on souhaite donner (il n'est pas nécessaire d'en fabriquer une, exprimer qui on est authentiquement est bien plus probant).

Paradoxalement, dans la vie quotidienne, il est rare que nous soyons fidèles à nous-mêmes en toutes circonstances et notre personnalité varie, non seulement en fonction des situations auxquelles nous sommes confrontés, mais aussi des personnes avec lesquelles nous sommes en interaction. Certains ont même la capacité de jouer d'autres rôles que le leur, tels les acteurs et les « caméléons », comme par exemple Frank Abagnale Jr. (dans le film *Arrête-moi si tu peux*). Sans le vouloir, et sans même nous en apercevoir, il nous arrive à nous aussi de jouer des rôles. Souvent par manque de confiance en la personne que nous sommes réellement, soit parce que nous n'aimons pas toujours ce que nous représentons à nos propres yeux, soit parce qu'au fond de nous, nous pensons ne pas être à la hauteur ou qu'il vaut mieux présenter un certain visage si nous voulons être appréciés par les autres. L'ironie de tout cela, c'est que nous basons notre perception de nous-mêmes sur des idées souvent erronées, inculquées par notre entourage, par les événements que nous avons vécus ou par notre société, et parce que nous pensons connaître les personnes que nous côtoyons et savoir ce qu'elles attendent de nous… Nous sommes nombreux à faire cela. Nous nous baladons avec des masques, en faisant des présupposés sur nous-mêmes, sur les autres et sur le monde qui nous entoure par la même occasion. Tout en considérant que tout cela est réel. Ce qui complique sérieusement notre relation à nous-mêmes et à notre entourage, nous amenant parfois à avoir des comportements irrationnels et conflictuels.

Bref, nous jouons des rôles pour pallier une mauvaise perception que nous avons de nous-mêmes, en fondant celle-ci sur des idées reçues, non vérifiées. Alors qu'en fin de compte, notre personnalité est souvent bien plus subtile et lumineuse que ce que nous pouvons imaginer. Ce qui veut dire que nous avons bien besoin de faire le tri dans tout cela, afin de retrouver notre intégrité et notre authenticité.

Voici une explication succincte sur la façon dont se forme notre personnalité.

Lorsque nous sommes enfants, notre personnalité est toute lisse. Mais confrontée à nos proches et à la société dans laquelle nous évoluons, la perception que nous avons de nous change. Notre entourage nous apprend ce qui est bien et ce qui est mal, selon son point de vue, autant que ce qu'il attend de nous. Très vite, nous avons à faire face aux opinions des autres. Et petit à petit, nous commençons à nous juger nous-mêmes. Par ailleurs, nous avons besoin de comprendre comment les autres fonctionnent, alors nous les testons et faisons parfois des expériences dont nous ne sommes pas toujours très fiers. C'est alors que notre image de soi commence à s'assombrir :

- « Je suis trop ceci ! »
- « Je ne suis pas assez cela ! »
- « Je n'y arriverai jamais ! »
- « Je suis nul ! »
- « Ce n'est pas pour moi ! »
- Etc.

Notre besoin d'être appréciés par les autres prend le dessus. Et nous commençons à créer nos premiers masques pour camoufler ce que nous pensons être et que nous n'aimons pas, afin de nous estimer davantage et d'être aimés par notre entourage. Tout cela devient très vite une source de frustration importante. Mais on s'y habitue, on oublie rapidement qu'on joue des rôles, et ceux-ci finissent par devenir notre identité.

Il n'y a pas à s'offusquer de cela, car il y a de fortes chances que les êtres humains fonctionnent ainsi depuis des millénaires, quelle que soit la partie du globe où ils se trouvent. Toutes les sociétés sont prisonnières de ces mécanismes et il est probable que cela soit significatif de notre survie en communauté.

Au plus profond de nous, il y a notre Moi authentique, la réalité concernant ce que nous sommes et qui nous sommes. Mais ce Moi authentique, avec toute son étrangeté, ses marottes et son audace, se trouve enfoui sous une couche de honte, de peur, de culpabilité à propos de la personne que nous craignons d'être. Et afin de nous assurer que les gens nous aiment, nous approuvent, nous donnent une rémunération, nous ajoutons une autre couche au-dessus de ce Moi que nous voulons cacher, et qui devient la personne que nous prétendons être. Ce qui bien sûr varie en fonction des situations et des personnes avec qui nous sommes dans l'instant. Si nous sommes de très, très bons acteurs, les autres ne voient que cette dernière couche, car nous nous battons vaillamment pour faire en sorte que personne ne voie le Moi redouté, qui se trouve juste au-dessous de notre identité, et nous oublions complètement que notre véritable Moi étouffe sous tout cela.

MOI AUTHENTIQUE

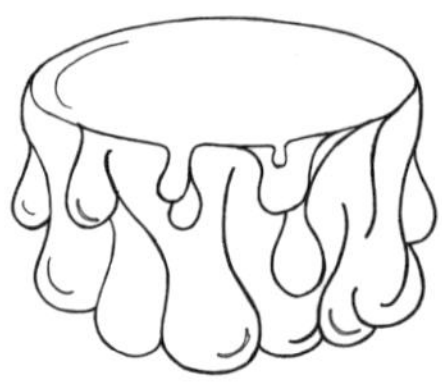

MOI REDOUTÉ

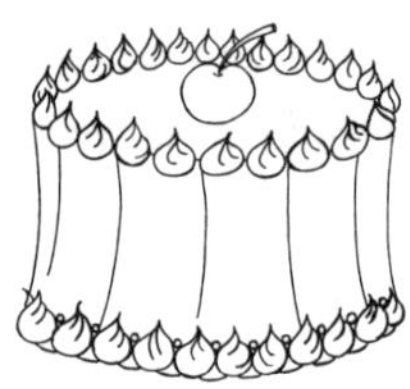

MOI PRÉTENDU

Pour résumer, notre vrai Moi est tel un diamant et lorsque nous grandissons, celui-ci se couvre de sédiments. Alors, nous mettons de la crème et des décorations par-dessus pour nous rendre séduisants aux yeux des personnes qui nous entourent et à qui nous désirons plaire. Mais si nous passions un peu de temps à dégager cette boue, les gens verraient la pureté de notre caractère et nous n'aurions plus besoin d'artifices… Ainsi, lorsque nous commençons à faire apparaître notre vrai Moi, caché sous celui que nous prétendons être, pour camoufler celui que nous redoutons être, nous passons de la position de passager à celle de conducteur… et nous nous sentons enfin libérés et confiants.

On raconte que lorsque l'on demanda à Michel-Ange comment il avait sculpté des anges aussi magnifiques, il répondit : **« Je vois les anges dans la pierre, et je taille tout ce qui est autour. »**

Même si ce n'est pas facile, je vous propose de commencer une liste dans laquelle vous inscrirez tous vos traits de caractère, en commençant par définir ceux de votre Moi authentique. Cette liste sera loin d'être exhaustive et je vous conseille de la nourrir régulièrement, car tout au long de ce livre vous découvrirez de nouvelles qualités, parfois tellement enfouies au fin fond de vous-même qu'elles pourront mettre un certain temps pour oser se montrer au grand jour. Réservez plusieurs pages de votre cahier à cette liste. Ainsi, vous pourrez y revenir régulièrement.

Voici quelques questions qui pourront vous aider :

Si je me sentais en parfaite sécurité, que ferais-je de manière différente ?
Qui suis-je lorsque personne ne me regarde ?
Qui serais-je si je vivais au-delà de la peur ?

Lorsque nous commençons à nous approprier notre Moi authentique, cela devient de plus en plus facile d'agir de manière cohérente avec notre vérité. Cet effet boule de neige (plus elle devient grande, plus elle roule vite) est ce qui nous permet d'effectuer des changements spectaculaires dans notre vie.

Qui suis-je en tant que manager ?

Chacun d'entre vous a sa propre histoire et n'est pas devenu manager de la même façon. Certains ont toujours voulu l'être, tandis que d'autres se sont retrouvés dans la fonction sans l'avoir vraiment cherché. Quoi qu'il en soit, vous avez rarement eu le temps de vous pencher sur les talents personnels que vous avez à votre disposition pour bien manager vos collaborateurs, ni de mettre en place les meilleures stratégies qui vous permettront d'y parvenir.

Ma vision du management

Notre vision, c'est notre cap. L'idéal vers lequel nous nous dirigeons. Et notre mission, c'est la façon dont nous réalisons notre vision. Autrement dit, les moyens et les stratégies que nous utilisons pour la réaliser (je vous en parlerai un peu plus loin). Sans vous en rendre compte, votre vision vous guide déjà dans votre façon de manager. Et si ce n'est pas le cas, vous auriez tout intérêt à faire en sorte que cela le devienne. Sans cap, un voilier ne pourrait qu'errer sur les océans et il arriverait à destination par hasard. C'est la même chose pour un manager comme pour n'importe qui d'ailleurs. Concrètement, on peut avoir une vision pour des tas de choses différentes. Ça va de notre vision d'un monde idéal, à celle de la façon dont nous envisageons notre travail. Et c'est toujours quelque chose qui touche la perfection de ce que nous souhaitons. Ce sur quoi nous pouvons nous focaliser. Ne pas avoir de vision équivaut à ne pas avoir d'objectif clairement défini. La différence entre faire son boulot et savoir pourquoi on le fait ou comment on le fait… En d'autres termes, c'est savoir à quoi on contribue, le contexte dans lequel s'inscrivent nos actions.

Je ne dis pas qu'il est simple de contribuer à quelque chose. Je dis juste qu'il est plaisant d'être en action pour le faire, parce que cela procure une énergie folle, ne serait-ce que par l'enthousiasme et le challenge que cela suscite. Si je poursuis mon analogie avec le voilier, je dirais qu'on risque d'être confronté à certains obstacles, comme des courants ou des vents contraires qui nous obligent à tirer des bords. Et lorsqu'il n'y a pas suffisamment de fond, il nous faut trouver un autre chemin si nous ne voulons pas nous échouer. Mais lorsque nous avons défini notre cap et que nous nous sentons en accord parfait avec celui-ci, qu'il résonne avec nos valeurs, alors toute notre vie converge vers notre vision. Nous avons le sentiment de faire ce qui est juste et d'avoir trouvé notre place.

Dans un sens beaucoup plus large que celui de la vision personnelle, les personnes qui travaillent sur un même projet ont tout intérêt à définir une vision commune et à faire en sorte qu'elle soit claire et partagée par l'ensemble de l'équipe. Peter Senge, dans son livre sur *La Cinquième discipline – L'art et la manière des Organisations qui apprennent*, nous propose de mettre en place ce qu'il appelle *une vision partagée**. Que serait le monde de l'automobile si Henry Ford n'avait pas su partager sa vision d'une automobile populaire avec l'équipe qu'il a réunie en 1903 pour concevoir la T ? (Savez-vous qu'à l'époque, elle fut produite à quinze millions d'exemplaires ?) Ou que serait le monde de la téléphonie mobile sans la vision de Steve Jobs et de son équipe ? À l'époque où l'iPhone est sorti, il ne ressemblait à aucun des téléphones portables qui étaient disponibles sur le marché. Mais nous reviendrons plus en détail sur ce point dans l'étape qui traitera de la façon de manager les talents de ses collaborateurs.

Quel est l'intérêt de clarifier sa vision et de focaliser son attention sur elle ?

* Voir l'étape 5, p. 233.

Il n'est pas toujours nécessaire d'avoir un plan détaillé de ce qu'on veut réaliser. Parfois la simple intention de vivre une expérience enrichissante, de donner le meilleur de soi ou de faire en sorte que chacun prenne du plaisir à ce qu'il fait, suffit à nous donner des ailes. Ce qui est frustrant et annihilant, c'est de n'avoir aucune intention.

Le simple sentiment d'appartenir à quelque chose de plus grand que soi, quelque chose qui est en accord avec nos valeurs profondes, nous insuffle le courage de défendre notre cause et de mettre tout en œuvre pour réaliser les projets qui nous tiennent à cœur.

Pensez aux grands entrepreneurs de ce monde, à ceux qui ont marqué leur époque, à ceux qui ont fait une différence dans leur univers ou pour l'humanité tout entière. Pensez aux personnages qui vous touchent, à vos héros… Ils ont tous une raison de vivre plus puissante que leurs possibilités personnelles. Et parce qu'ils sont totalement habités par elle, ils réalisent des exploits.

« Pour la plupart d'entre nous, le plus grand danger n'est pas d'avoir un but trop élevé et de ne pas l'atteindre, mais au contraire d'en avoir un trop peu ambitieux et de l'atteindre. »
Michel-Ange

Mais, pas besoin de s'appeler Gandhi, Mandela ou Sœur Emmanuelle pour clamer haut et fort sa raison de vivre. Chacun d'entre nous a besoin d'une *cause* et du sentiment de faire une différence dans le monde qui l'entoure, quelle que soit la taille de la sphère. Il suffit simplement qu'elle nous touche personnellement et qu'elle s'étende au-delà de notre zone de confort habituelle. Peu importe l'objectif, du moment que celui-ci a un sens profond pour soi-même.

Pour ce faire, il nous faut exprimer notre vision en termes d'action et spécifier l'impact que nous voulons avoir dans notre entourage. Je sais, ce n'est pas si simple !

Si cela vous aide un peu, voici la mienne : **« Un monde où chacun a le courage d'exprimer le meilleur de lui-même, d'utiliser ses talents pour réaliser ses objectifs, afin de vivre en accord avec ses valeurs et ses besoins. Un monde où chacun est responsable et conscient de l'impact de ses pensées et de ses actes sur sa vie et sur son environnement. »** J'ai dit que c'était un monde idéal, pas la réalité ☺.

« Tout homme a le droit de douter de sa tâche et d'y faillir de temps en temps. La seule chose qu'il ne puisse faire, c'est l'oublier. »
Paulo Coelho, écrivain brésilien

Chacun des mots que j'ai utilisés dans cette phrase à un sens pour moi. Peu importe si elle n'est pas comprise par d'autres. Ce qui compte, c'est qu'elle m'inspire suffisamment pour me donner envie d'aller au-delà de mes propres limites.

Vision et mission vont de pair. Et si je poursuis encore sur mon analogie, cette dernière correspond au gouvernail qui nous permet de prendre une direction dans la vie. Notre **vision** correspond à la perception idéale de ce que nous voulons accomplir. C'est l'ensemble des domaines que nous pensons possibles pour l'environnement qui nous entoure. Le contexte dans lequel nous avons envie de réaliser des choses. Notre **mission** correspond à ce que nous sommes prêts à mettre en œuvre pour réaliser notre vision. C'est le rôle que nous jouons dans le monde en réalisant ce qui nous tient à cœur et en utilisant au mieux nos talents. Nous verrons cela un peu plus loin.

J'espère que j'ai réussi à vous inspirer, parce que maintenant c'est à vous…

Je vous propose de vous isoler dans un endroit où vous ne pouvez pas être dérangé et de vous demander en quoi consiste votre vision idéale du management.

S'il vous plaît, ne poursuivez pas la lecture de ce livre sans avoir fait cet exercice, car cela lui retirerait tout son sens. Nous avons tous lu des livres intéressants, censés nous aider à nous

« Connais-toi toi-même et tu connaîtras l'Univers et les Dieux. »
Socrate

développer, mais qui n'ont fait que nous laisser sur place en nous rendant tout juste un peu plus avertis. Parce que… nous n'avons pas mis en application les « bons conseils » qui nous ont été donnés.

Comme je l'ai déjà suggéré, le mieux, ce serait de faire l'acquisition d'un cahier, de type cahier d'écolier, dans lequel vous pourrez coucher toutes vos réflexions personnelles.

Tout cela étant exprimé, je vous invite à revenir à notre question initiale. Vous pouvez, si vous le souhaitez, clarifier comme moi votre vision idéale du monde. Mais le sujet de ce livre étant le management, la priorité, c'est de vous demander : **Quelle est votre vision d'un management idéal ?** À quoi ressemblerait idéalement le management s'il était nettoyé de ce qui vous contrarie ou vous touche personnellement ?

Prenez le temps de réfléchir à quelque chose qui vous tient particulièrement à cœur. Ou à une situation qui vous a inspiré dernièrement et demandez-vous quel en est le thème principal. Ou encore, quelque chose qui a manqué dans une expérience de management que vous avez vécue et à laquelle vous aimeriez contribuer.

Voici quelques mots susceptibles de vous inspirer. Entourez ceux qui font écho en vous, ou ajoutez ceux qui vous viennent à l'esprit.

La créativité	La compréhension	La compassion
L'excellence	L'harmonie	Le courage
Le challenge	Le respect	La confrontation
La communication	L'égalité	La coopération
Le partage	La diversité	....
La solidarité	La communauté	....
La réflexion	Le réseau	....

Une fois le thème principal choisi, précisez le sens que vous donnez aux mots. Écrivez de façon aussi détaillée que possible toutes les idées qui vous viennent au sujet de votre vision d'un management idéal. Puis commencez à rédiger une phrase de ce type :

Je vois le management comme la possibilité de…
Avec mon équipe, je souhaite contribuer à…
Idéalement, le management pour moi c'est…

N'hésitez pas retravailler cette phrase jusqu'à ce que vous la trouviez inspirante et que vous vous disiez : « Voilà l'objectif pour lequel je veux travailler, évoluer, apprendre, contribuer, etc. ! Voilà ce qui va me donner envie de me surpasser et de me lever chaque matin ! »

Ma mission en tant que manager

Comme je l'ai écrit plus haut, notre **mission** correspond à ce que nous sommes prêts à mettre en œuvre pour réaliser notre vision. C'est le rôle que nous jouons dans le monde en réalisant ce qui nous tient à cœur et en utilisant au mieux nos talents (je définirai le mot « talent » un peu plus loin).

Sachez aussi que si notre vision du management idéal est susceptible de rester bien souvent la même tout au long de notre carrière, **notre mission change en fonction de nos centres d'intérêt et de notre évolution personnelle**.

« Le secret de la vie est d'avoir une mission, une chose à laquelle vous donnez tout… Et le plus important, c'est que ce soit une chose totalement hors de portée. »
Henry Moore, sculpteur britannique

Bon, la phrase d'Henry Moore est peut-être un peu effrayante. Peut-on réellement réaliser une mission qui soit hors de notre portée ? Disons que si elle ne l'était pas, ça ne serait pas une mission. Ce qui excite un être humain, c'est d'avoir l'occasion de se dépasser, d'aller au-delà de ses limites et de ses conforts habituels (même si au premier abord il rechigne aux changements). D'être le héros de sa propre légende.

Joseph Campbell, un écrivain américain qui a écrit *Le Héros aux mille et un visages* en 1949, a étudié la séquence d'événements qu'on retrouve dans les mythes des différentes cultures. Selon lui, les points communs de nos chemins de vie sont constitués d'étapes qu'il a appelées le « Voyage du héros ». Une sorte de schémas culturels profondément ancrés en nous qui peuvent guider notre expérience.

Ces *voyages* impliquent d'oser répondre à une forme d'appel, de l'accepter et de s'engager pleinement dans la réalisation de cette mission. L'étape suivante consiste à traverser un *seuil*, à confronter les obstacles qui viennent de soi-même ou de son environnement. Un passage entre le connu et l'inconnu qui implique une transformation profonde de sa personnalité. C'est alors qu'on entre dans un nouveau *territoire* qui nous oblige à grandir, à évoluer, à sortir de sa zone de confort et à faire preuve de courage pour aller vers cet inconnu qui nous effraie tant et qui ne nous offre aucune garantie. Ce qui nous incite à trouver de l'aide, des alliés, des outils, un guide… L'important étant de rester ouvert à toute forme d'expérience pour pouvoir les accueillir et dépasser les obstacles, ainsi que nos propres peurs. En se laissant transporter par le *voyage* proprement dit, nous constatons que les alliés peuvent prendre des formes totalement inattendues. C'est alors qu'il nous faut faire face aux épreuves ou à l'opposition. Ces épreuves correspondent à un certain type d'énergie qui reflète bien souvent notre ombre intérieure, ce que nous devons apprendre à accueillir et à transformer. Si nous cherchons à la nier ou à nous en débarrasser, cela risque de la renforcer voire de l'approfondir. L'idée, c'est de rester en connexion avec son centre et en congruence avec le sens de son *voyage*, de sa *vision*. De la reconnaître comme faisant partie de nous dans un premier temps, puis de faire confiance à la vie, au creuset de notre évolution, soit en développant de nouvelles compétences soit en créant de nouvelles ressources.

Enfin, notre quête s'accomplit. Mais sachez qu'au final, celle-ci ne prendra son véritable sens que si nous faisons profiter notre environnement de notre apprentissage en y mêlant la croissance et les découvertes que nous avons glanées tout au long de notre *voyage*. Puis poursuivre notre chemin pour répondre à l'appel suivant…

Quelle que soit la forme que prend notre mission, celle-ci s'enracine profondément dans notre identité. Chaque individu est singulier et sa mission lui est propre. Cette vocation spécifique le rend unique et irremplaçable, car les éléments qui ont constitué sa vie ne pourront jamais être reproduits à l'identique. La tâche de chaque personne est unique.

Bien souvent, celle-ci se transforme au cours de notre vie. Elle se précise, se concrétise, s'étend. Le grand violoniste Yehudi Menuhin affirma un jour : « Quand je jette un regard sur mes soixante ans de vie, je suis surtout frappé par leur élan dynamique. Tout ce que je suis, pense ou fais, tout ce qui m'est arrivé semble s'être imposé depuis ma naissance avec la simple évidence d'une preuve géométrique. Il est étrange, voire quelque peu bouleversant, de s'apercevoir en train d'accomplir ce qui semble être un destin. »

« Chacun, parce qu'il pense, est seul responsable de la sagesse ou de la folie de sa vie, c'est-à-dire de sa destinée. »
Platon

Quel que soit le cours de notre vie, notre mission s'inscrit dans un appel. On peut la fuir ou se méprendre sur sa nature. Peu importent les raisons pour lesquelles nous nous y dérobons et les prétextes que nous invoquons pour en retarder l'accomplissement, on restera hanté par elle comme par un fantôme, aussi longtemps qu'on ne l'aura pas remplie…

L'idée n'est pas ici d'inventer notre mission, mais de lui permettre de se développer. Lorsqu'une personne donne à sa mission la possibilité d'émerger de l'intérieur d'elle-même, celle-ci se laisse discerner peu à peu. Elle est rarement explosion, mais se développe lentement, parallèlement à la croissance de Soi.

Par ailleurs, personne n'aime l'idée de quitter cette Terre sans avoir réalisé ses rêves. La pire chose alors serait d'avoir des regrets. Si nous avions davantage conscience que le temps nous est compté et qu'il y a urgence à vivre notre vie pleinement, nous serions certainement moins à l'écoute de nos peurs, de nos freins et éviterions les choix par défaut. Il nous serait alors plus facile de passer à l'action, et d'avoir le courage de mettre tout en œuvre pour réaliser ce qui nous passionne réellement.

Même si, vous l'aurez compris, il existe deux types de mission. Celle qui régit notre vie et que nous apparentons à notre destinée. Et celles que nous relevons et qui s'apparentent davantage aux **défis** qui jalonnent notre existence. Je vous pose la question suivante : « **En quoi consiste votre mission de manager ?** »

Traditionnellement, on demande à un manager opérationnel :

- de savoir tirer parti des compétences de ses collaborateurs ;
- de développer leurs talents, savoirs, savoir-faire, savoir-être ;
- de développer leur prise d'initiative et leur « proactivité » ;
- de déléguer des missions véritables et pas de simples tâches ;
- de veiller à la diffusion de l'information ;
- d'amener une forte valeur ajoutée dans sa contribution globale au fonctionnement de l'entreprise…

Mais vous aurez compris que cet exercice vous invite à aller un peu plus loin que vos simples fonctions de poste. Pour vous y aider, voici quelques verbes d'action que je vous invite à entourer. La liste n'étant pas exhaustive.

Accompagner	Dynamiser	Négocier
Aider	Éclairer	Orchestrer
Analyser	Éduquer	Organiser
Arbitrer	Encourager	Oser
Augmenter	Entretenir	Ouvrir les yeux
Bâtir/Construire	Explorer	Persuader
Booster	Exprimer	Prévoir
Clarifier	Faciliter	Promouvoir
Coacher/Entraîner	Faire avancer	Protéger
Communiquer	Générer	Réaliser
Composer	Gérer	Reconnaître
Conseiller	Guider	Soutenir
Convaincre	Identifier	Surpasser
Créer	Inspirer/Inciter	Transformer
Créer de la cohérence	Instruire	Transmettre
Développer	Maximiser	Valider
Diriger	Mettre en place	....
Donner envie	Mobiliser	....
Donner les moyens	Motiver	....

S'il vous plaît, n'entourez pas ces mots seulement parce qu'ils vous paraissent appropriés, ou qu'ils correspondent aux valeurs qu'il faudrait, selon vous, avoir pour être un bon manager. Mais interrogez-vous sincèrement sur votre mission. S'il le faut, prenez votre temps et concentrez-vous sur cette liste jusqu'à ce que la réponse émerge et vous apparaisse évidente.

Mais peut-être que jusqu'à présent vous n'aviez jamais considéré votre fonction de manager comme quelque chose qui devait s'inscrire dans une mission. Il est possible aussi que pour vous, manager n'en soit pas une. Je veux dire par là que ce n'est peut-être pas un choix que vous avez fait délibérément. Que vous faites partie de ces personnes qui ont été promues parce qu'elles avaient fait preuve d'excellence dans leur travail et que vous n'avez jamais réellement considéré que vous vous dirigiez vers un tout autre métier que celui pour lequel vous étiez formé. Et que non seulement vous deviez continuer à faire preuve de professionnalisme, mais y ajouter une compétence nouvelle : manager. Ou peut-être que, après tout, ce n'est pas votre mission et qu'en réalité, il y a d'autres pâturages que vous aimeriez bien explorer. Que cette fonction ne correspond pas réellement à vos ambitions professionnelles ou peut-être que, tout simplement, vous ne vous étiez encore jamais posé cette question de la mission du manager. Quoi qu'il en soit, il est temps de clarifier tout cela, vous ne croyez pas ?

Des questions, j'en ai des tonnes. C'est mon métier, ne l'oubliez pas. Poser des questions, reformuler, faire émerger de nouvelles questions pour obtenir de nouvelles réponses, jusqu'à ce que les choses soient suffisamment limpides et qu'elles créent un mouvement qui génère de l'action… Et comme ma mission, c'est de permettre à chacun d'exprimer le meilleur de lui-même pour vivre en accord avec ses aspirations profondes, je me devais de vous inviter à clarifier ce point. Interrogez-vous sur votre mission globale puis clarifier votre mission de manager, afin de vérifier si les deux sont en corrélation et si la seconde s'inscrit dans la première. Et si je suis aussi radicale, c'est que le sujet de ce livre est de vous aider à développer vos talents de manager. Si vous n'en avez pas réellement envie, il vaudrait mieux que vous réfléchissiez au sens que vous voulez donner à votre carrière. Quoi qu'il en soit, nous sommes tous confrontés un jour ou l'autre à des situations de management. Et pour que tout se passe bien, il est important de définir ses intentions. Demandez-vous par exemple :

Quel pourrait être le sens ou le but de ma vie ?
Qu'est-ce que j'essaie d'accomplir depuis toujours sur cette Terre ?
Qu'aimerais-je laisser derrière moi à ma disparition ?
Quels buts importants me reste-t-il à atteindre ?
Quelle est ma mission en tant que manager ?

Choisissez la question qui vous parle le plus et répondez-y pour construire une petite phrase qui commence par :

Ma mission dans la vie, c'est…

Ou

Ma mission en tant que manager, c'est…

Mes atouts en tant que manager

Mon intention à présent, c'est de vous aider à identifier vos atouts de manager, afin de vous les approprier pour en faire une force. **Cette nouvelle introspection va vous permettre aussi de vous différencier des autres managers.** Et cela vous fournira, si nécessaire, les arguments qui vous permettront de vous mettre en avant, de parler de vous avec aisance, confiance et simplicité le jour où vous aurez besoin de prendre en main votre carrière, de défendre vos points de vue ou vos projets.

« Qui connaît autrui est intelligent ; qui se connaît soi-même est éclairé. »
Lao Tseu

Permettez-moi de faire à nouveau référence à la fameuse inscription gravée au seuil du temple de la Pythie de Delphes : « Connais-toi toi-même et tu connaîtras l'Univers et les Dieux. » Cette phrase, qui fut approfondie par Socrate, marque l'entrée de l'Occident dans une quête de sagesse, en supposant qu'une personne qui dispose d'une connaissance parfaite d'elle-même a conscience de ses propres limites, se libère de ses croyances négatives et de ses peurs, développe ses qualités et fait abstraction de tout ce qui, dans sa personnalité, n'est qu'une apparence ; elle prend conscience de sa véritable identité et, au fond, de sa liberté.

Cette devise delphique laisse entendre que nous ne nous connaissons pas réellement, que la connaissance de soi n'est pas une donnée immédiate de la conscience. Et elle nous invite à entreprendre une recherche, une descente dans les profondeurs de notre intériorité pour faire émerger l'essence de notre être.

Que ce soit à propos des aspects positifs ou négatifs de notre personnalité, nous avons tendance à nier notre façon de fonctionner. Il vous est certainement arrivé de tenter de mettre en évidence les défauts de caractère d'un manipulateur ou d'un menteur invétéré, et vous avez dû constater que la personne s'est dressée tel un cobra pour se défendre contre ce qu'elle considère comme des accusations infondées. Même si vous êtes à même de fournir des preuves irréfutables de ses méfaits.

Il est dans notre nature humaine de nier nos fautes et nos comportements. Et en ce qui concerne nos qualités, même si c'est moins flagrant, c'est à peu près la même chose. Nous ne nous voyons pas fonctionner, car nos talents sont souvent tellement évidents pour nous que nous ne les considérons pas comme tels. Nous avons tendance à penser que ce qui est facile pour soi n'est pas du talent. Comme si seul ce qui était compliqué pouvait avoir une certaine valeur… et que nous devions faire des efforts pour mériter nos aptitudes naturelles.

Mes talents

Nos talents se définissent par nos capacités, nos dons, les aptitudes remarquables et particulières, les dispositions naturelles que nous avons à faire quelque chose. Ceux-ci se manifestent très tôt et sont communément identifiés dans les domaines artistiques ou physiques. Mais il en existe bien d'autres sur lesquels nous ne portons pas suffisamment attention, car ils sont beaucoup moins spectaculaires. Ce sont ces gestes que nous savons faire depuis toujours et qui nous apportent une grande satisfaction. Nous les considérons rarement comme des talents, car ils sont pour nous une évidence. Et il n'est pas rare que nous ayons du mal à comprendre pourquoi les autres ne sont pas capables de faire de même. Pourtant, ils déterminent notre aptitude à réussir presque systématiquement dans tous domaines confondus, ils sont notre empreinte digitale, notre essence, ce que nous sommes au meilleur de nous-mêmes. Ils constituent, avec notre expertise (savoir, savoir-faire et savoir-être), la clé de notre réussite. Et bien souvent, ils sont ce qui nous différencie des autres personnes.

On peut considérer quatre catégories de talents* :

1. **Les talents créatifs.** Ils sont définis par l'aptitude particulière qu'a une personne à utiliser son imagination pour inventer quelque chose. Le génie qu'elle a pour voir le lien qui existe entre différents éléments. Ou assembler des éléments pour en faire quelque chose de nouveau, même si ceux-ci n'ont pas de liens apparents. Les personnes qui ont des talents créatifs sont souvent connectées à leurs sens et à leurs émotions. Elles peuvent être intuitives, mais pas seulement. On peut très bien être créatif et rationnel.
2. **Les talents mobilisateurs.** Ils sont définis par la façon dont une personne se met en action et incite les autres à faire de même. Les personnes qui ont des talents mobilisateurs analysent très vite une situation, prennent rapidement position et font très souvent confiance à leur instinct. Elles agissent de façon concrète, vont généralement droit au but et aiment particulièrement le challenge ainsi que la compétition. Elles ont le don d'insuffler de l'énergie et du dynamisme pour mener les projets à terme.
3. **Les talents intellectuels.** Ils sont définis par la façon dont pense une personne, sa faculté à mémoriser et à apprendre des choses, à peser le pour et le contre d'une situation pour prendre ses décisions. Les personnes qui ont des talents intellectuels sont souvent pragmatiques. Elles peuvent être logiques, mais pas toujours. Ce qui est certain, c'est qu'elles réfléchissent beaucoup et sont capables d'emmagasiner une grande quantité d'informations. Ce qui augmente leur capacité à faire des choix réfléchis logiques. Bien souvent, ce sont des personnes disciplinées et structurées.

* Selon les études de Gallup Organization, entreprise américaine connue en Occident pour les différents sondages qu'elle mène.

4. **Les talents relationnels.** Ils sont définis par la façon dont une personne gère ses relations et la facilité qu'elle a à être en empathie avec les individus. Les personnes qui ont des talents relationnels ont un don naturel pour comprendre comment fonctionnent les gens, les soutenir et les écouter. Elles aiment prendre soin d'eux et savent instinctivement comment les rendre plus heureux ou gérer les conflits. Elles savent motiver leur entourage et faire en sorte qu'il soit satisfait de faire ce qu'elles demandent. Elles aiment séduire leurs interlocuteurs, être proches d'eux et créer du lien*.

Chacun d'entre nous possède sa propre combinaison de talents. Certains ont des talents dans toutes les catégories, tandis que d'autres n'en ont que dans une, deux ou trois. Aussi différents des autres que nous le sommes, notre combinaison de talents et les comportements qu'elle engendre resteront les mêmes tout au long de notre vie, parfaitement reconnaissables par nous et notre entourage. Mais ne confondez pas talents et capacités. Nous avons tous des capacités créatives, mobilisatrices, intellectuelles et relationnelles, mais avons-nous des talents pour cela ?

Pour bien les repérer, vous devez vous interroger sur le fil conducteur que vous avez suivi tout au long de votre vie. Ce qui vous animait lorsque vous étiez enfant est toujours présent et s'exprime à travers vos talents personnels. Sur certains points, vous avez évolué en vous adaptant. Mais sur d'autres, la force de ce qui vous animait depuis le début est demeurée intacte.

> **« Tout le monde a une mission dans la vie… un don unique ou un talent spécial à offrir à autrui. Lorsque nous mettons ce talent particulier au service des autres, nous connaissons l'extase et l'exaltation de notre propre esprit, lui qui est le but ultime de tous les buts. »**
> **Deepak Chopra, médecin et écrivain américain d'origine indienne**

* Lire *Découvrez vos points forts* de Marcus Buckingham et Donald Clifton, Pearson.

Nos talents se présentent parfois sous de drôles de formes. Une de mes clientes, que j'appellerai Anne, travaillait dans une grande imprimerie. En faisant le point sur ses talents, elle a découvert qu'elle était, selon ses mots, « une chieuse perfectionniste et tatillonne ». Je ne vous cache pas que cette révélation fut un choc pour elle, du moins dans un premier temps. Mais ensemble, nous avons réfléchi à la façon dont elle pouvait au mieux se servir de ses « talents » et faire avancer sa carrière.

Depuis toujours, son entreprise avait des soucis avec certains de ses gros clients en cosmétiques de luxe, car ils étaient, eux aussi, extrêmement tatillons et perfectionnistes. Sur mes conseils, elle eut le courage de proposer à son patron de s'occuper en exclusivité de ces clients difficiles. Ce qu'il accepta avec empressement, tant ces derniers lui posaient de problèmes.

Cette nouvelle mission permit à Anne de s'épanouir énormément et de prendre une place importante dans l'entreprise pour laquelle elle travaillait. Et un jour, elle finit par me dire : « Aujourd'hui, je suis toujours aussi "chiante", mais j'en suis fière ! » Son estime d'elle-même est montée en flèche et ses relations avec son entourage se sont grandement améliorées... Comme elle avait tout le loisir d'exprimer sa personnalité dans son travail, elle était devenue bien plus conciliante avec les siens.

Tout ça pour vous dire que, **quels que soient les talents que vous possédez, l'essentiel est de trouver votre place**. Vous appuyer sur vos points forts donne du sens à votre vie, met en lumière, donne de l'énergie, rend les choses simples et faciles, et permet de viser l'excellence, rien que ça ! Êtes-vous prêt à vous poser de nouvelles questions existentielles ? Alors, je vous invite à remonter le plus loin possible dans votre passé pour lister ce que vous aimiez faire ou être lorsque vous étiez enfant. De vous rappeler des situations dans lesquelles vous vous sentiez le plus à l'aise, puis d'en donner les raisons en répondant à ces questions :

Ce que j'aimais faire lorsque j'étais enfant, c'était...
Mes jeux favoris étaient les suivants...
Je me sentais à l'aise dans la/les situations suivantes...
Pour les raisons suivantes...

Une fois que vous aurez fait remonter le chapitre de votre enfance à la surface, demandez-vous quels sont vos talents et vos qualités dans tous les domaines de votre vie confondus. Quels sont les aspects de votre caractère qui vous ont permis d'avancer dans la vie et de réaliser ce que vous vouliez ? Que faites-vous de vraiment bien ? Et dans quels domaines en particulier, dans quelles situations, et avec quel type de personnes êtes-vous particulièrement brillant ? Couchez tout cela dans votre cahier personnel, vous verrez, c'est très valorisant.

Allons encore un peu plus loin. Demandez-vous ce que vous avez accompli qui vous a rendu fier. Puis dans quels types de situations vous sentez-vous vraiment à l'aise aujourd'hui ? Vous savez, ce genre de situation où tout coule de source, où tout vous semble facile et où vous apprenez très vite.

Une autre façon de définir vos talents, c'est de penser à ce que les autres disent de vous. En effet, il est parfois plus difficile de nous avouer nos talents, alors qu'en considérant le regard que les autres portent sur nous, ça paraît plus simple. Alors, n'hésitez pas à interroger les personnes des différents milieux que vous côtoyez, vos proches, vos collègues, vos partenaires de sport, etc.

On dit de moi que je suis...

Au regard de tout ce qui vient d'émerger, il est temps d'identifier les éléments concrets de votre personnalité sur lesquels vous pouvez compter pour réussir vos projets. Notez vos six talents les plus importants en termes de caractéristiques positives sur lesquelles vous avez pu construire quelque chose dans votre vie. Prenez soin de faire la différence entre ce que vous avez appris et ce pour quoi vous avez des aptitudes naturelles. En effet, l'accumulation de connaissances n'est pas un talent en soi ; mais la maîtrise parfaite de ces connaissances en est un, ainsi que la capacité à apprendre facilement certaines choses.

La meilleure stratégie pour y parvenir, c'est d'observer tous les endroits de votre vie où vous avez utilisé vos talents à bon escient. Chaque fois que vous faites quelque chose dont vous êtes fier, demandez-vous quel(s) talent(s) vous a (ont) été le plus utile(s) pour accomplir votre tâche. Puis, apprenez à les étaler sur votre tartine… Je veux dire par là que vous devez prendre le temps de les développer en identifiant ceux sur lesquels vous pouvez miser pour soutenir votre carrière, vos projets, vos collaborateurs. Apprenez à vous observer en étant réaliste. N'hésitez pas à écouter ce que les autres disent à propos de vous en ce qui concerne votre personnalité. Il est certain qu'ils feront des projections sur vous et que tout n'est pas bon à prendre. Mais en faisant le tri entre ce que les autres disent et ce que vous observez de vous-même, vous pouvez faire des recoupements qui vous en apprendront long sur vous-même. Comme je l'ai déjà dit, si nous acceptons rarement les critiques de notre entourage, il n'est pas rare que nous rejetions aussi leurs éloges et que nous acceptions mal d'être reconnus. Pourquoi ne passeriez-vous pas une semaine à vous observer en train d'utiliser vos talents naturels ? Vous pourriez, par exemple, prendre quelques instants le soir pour consigner dans votre cahier tout ce que vous avez constaté en repassant le film de votre journée. Je vous garantis que c'est extrêmement enrichissant. Une fois ce « réassemblage » effectué, il ne restera qu'à vous demander quels sont les talents les plus utiles pour votre carrière, mais aussi pour assumer votre mission de manager.

Et pour ceux qui n'ont pas le temps, ou qui n'ont pas envie de se casser la tête à réfléchir, voici une série de talents qui, je l'espère, vous faciliteront la tâche. Mais celle-ci est loin d'être exhaustive :

Accommoder
Accompagner
Aménager
Analyser
Animer
Avoir de l'empathie
Avoir de l'humour
Avoir du charisme
Avoir l'esprit de compétition
Avoir l'esprit logique
Avoir l'esprit ouvert
Avoir l'esprit pratique
Avoir la capacité à s'adapter
Avoir une vision systémique des choses
Budgéter
Calculer
Coacher
Collaborer
Commander
Communiquer
Concevoir
Conseiller
Convaincre
Crédibiliser
Créer
Créer de l'harmonie
Créer du consensus
Créer du lien
Critiquer
Décider
Défendre
Déléguer
Démêler, Débrouiller
Développer
Diriger
Discipliner
Donner du pouvoir
Donner le ton
Écouter
Écrire
Enquêter
Enrôler
Enseigner
Être accessible
Être ambitieux
Être attentionné
Être audacieux
Être authentique
Être avenant
Être aventureux
Être bienveillant
Être conscient de la réalité, réaliste
Être diplomate
Être discipliné
Être dynamique
Être entreprenant
Être entrepreneur
Être équitable
Être factuel
Être généreux
Être honnête
Être idéaliste
Être indépendant
Être ingénieux
Être intelligent
Être juste
Être loyal
Être novateur
Être optimiste
Être ordonné
Être passionné
Être perfectionniste
Être pragmatique
Être proactif
Être prudent
Être réaliste
Être sensé
Être stratégique
Être studieux
Être sympathique
Être tolérant
Être un bon communiquant
Étudier
Faire confiance à son intuition
Faire des recherches
Faire fonctionner
Faire réfléchir des groupes
Fédérer des équipes
Focaliser
Former
Fourmiller d'idées
Futuriste

→

Garder son calme
Gérer l'argent
Gérer le temps
Gérer les conflits
Guider
Harmoniser
Humaniser
Identifier les besoins
Identifier les problèmes
Imaginer
Innover
Inspirer confiance
Inspirer les autres
Instaurer une dynamique
Interviewer
Inventer
L'esprit de compétition
L'organisation
L'originalité
La confiance
La patience
La précision
La spiritualité
Manager les crises
Manager les gens
Manager les projets
Manier les chiffres
Maximiser
Motiver
Négocier
Parler en public
Penser globalement
Persuader
Planifier
Poser des questions
Positiver
Prendre des décisions
Présenter quelque chose
Prévoir
Produire
Rassurer
Réaliser
Rédiger
Rendre compte
Rendre les choses crédibles
Rénover
Réparer
Résoudre les problèmes
Restaurer
Trouver les mots justes
Vendre
Voir « grand »
Voir l'avenir, être visionnaire
Voir les choses du bon côté
Voir les détails
....
....

Extrayez de cette liste vos 5 principaux talents et classez-les par ordre d'importance. Puis prenez le temps de réfléchir à la façon dont ils s'expriment dans votre vie et dans quelles situations vous les utilisez le mieux.

Il se peut que vous vous rendiez compte en faisant cet exercice que vous n'utilisez pas assez vos talents naturels, dans ce cas, il serait judicieux de réfléchir à la façon dont vous pourriez les mettre en avant. En faisant cela, vous acquérez davantage d'aisance et de liberté, car comme je l'ai dit plus haut, utiliser nos talents nous apporte une grande satisfaction personnelle. Ils nous garantissent presque systématiquement le succès dans ce que nous faisons.

Mes talents	La façon dont ceux-ci s'expriment dans ma vie
1.	
2.	
3.	
4.	
5.	

Identifiez les talents sur lesquels vous pouvez vous appuyer pour être un excellent manager, de même que ceux sur lesquels vous pouvez compter pour mener à bien votre carrière. Enfin, sachez qu'il y a toujours deux faces sur une pièce… Comme Anne, dont j'ai donné l'exemple plus haut, vous avez les défauts de vos qualités, et vice versa.

Par exemple, si une personne est ambitieuse, ce qui constitue un attribut essentiel pour faire carrière et réaliser de grands projets, on peut aisément imaginer que cette ambition est associée à un esprit de compétition très développé et à un désir de plaire à n'importe quel prix ; que ce trait de caractère peut la rendre arrogante dans certaines situations ; qu'il peut lui arriver de négliger les compétences des personnes qui l'entourent et d'être peu coopérative, du fait de son besoin de briller. Tout ceci n'est pas inéluctable, car une personne peut très bien être ambitieuse et désireuse de faire évoluer les autres autant qu'elle-même. Comme je vous l'ai dit, **un être humain, c'est très complexe et il faut à tout prix éviter de rentrer dans les stéréotypes et les raisonnements trop rapides**.

Prenez chaque trait de caractère vous concernant et réfléchissez aux aspects positifs et négatifs de chacun de vos talents. L'idée n'est pas de vous invalider, mais de vous permettre d'avoir une vision plus claire de votre personnalité. Surtout, gardez votre sens de l'humour, ce n'en sera que plus constructif.

Pourtant, je vous conseille de ne pas trop approfondir cette réflexion. En effet, je pense qu'il est totalement improductif de donner une importance démesurée aux points que nous sommes censés améliorer. Nous avons tous nos petits défauts. Il est certain que nous ne sommes pas parfaits. Mais s'il est important d'apprendre à connaître tous les aspects de sa personnalité, je trouve que notre société nous incite à trop nous focaliser sur « les choses qui ne vont pas chez nous » et qu'à force de rester centré sur ce qui ne va pas, on oublie ce qui va.

Imaginons que vous soyez en relation avec une personne dont vous n'aimez pas certains comportements. Disons, pour continuer sur la même idée, que, comme Anne, elle est plutôt perfectionniste et que vous ne supportez pas son côté tatillon. Il y a de fortes chances que vous vous polarisiez tellement sur son défaut, que vous finissiez par être incapable d'apprécier cette personne pour ses qualités, qui sont certainement nombreuses. Que serait le monde sans perfectionnisme... Votre ordinateur tomberait en panne à tout bout de champ et les fusées n'auraient jamais décollé. Par ailleurs, demandez-vous pourquoi les comportements de cette personne vous irritent tant. Cela reflèterait-il un aspect de votre personnalité que vous refusez de voir en face ?*

En ce qui vous concerne, c'est la même chose. Ne perdez pas votre énergie à chercher à améliorer vos faiblesses. Apprenez à les considérer avec honnêteté et trouvez rapidement des remèdes, surtout si elles sont nuisibles à votre carrière ou à votre entourage, ou cherchez des idées pour les utiliser à bon escient.

En travaillant à développer vos talents, vous allez augmenter vos performances en flèche et vous allez gagner une belle confiance en vous. Vous risquez même d'avoir du succès...

* Voir p. 159 : « Petites contradictions intimes ».

Mon expertise

À présent, je vous propose de faire un point sur votre parcours pour identifier les domaines d'expertise que vous avez développés durant vos études, vos activités professionnelles et vos loisirs, afin de vous les approprier. Bien trop souvent, nous n'avons pas conscience de l'étendue de nos compétences. Encore moins de celle de notre expertise. Alors loin de nous l'idée de clamer nos talents. Nous sommes tellement occupés à être en mouvement que nous nous posons rarement ce genre de question, sauf dans le cas d'un bilan de compétence. Mais faire le point ne suffit pas. Il nous faut aussi nous approprier ces compétences et cette expertise, c'est-à-dire savoir en parler et les mettre en avant.

Ne considérez jamais que c'est aux autres de prendre conscience de votre valeur ajoutée, si vous ne savez pas la mettre vous-même en avant. Bien sûr que c'est une éventualité, mais **si vous voulez qu'on vous reconnaisse pour ce que vous savez vraiment faire, il vaut mieux que vous en soyez vous-même convaincu et que vous sachiez défendre votre expertise**.

Vous l'aurez remarqué, je fais délibérément une distinction entre « talents » et « expertises ». **Nos talents s'apparentent davantage à quelque chose d'inné, alors que notre expertise correspond aux connaissances et aux talents que nous avons développés au fil du temps.** Un talent qui n'est ni utilisé, ni développé ne nous donne aucun avantage.

Cette nouvelle introspection vous permet de plonger une fois de plus dans votre passé et de faire le point afin d'en ressortir l'essentiel. C'est aussi l'occasion de vous rendre compte de ce que vous avez en votre possession pour devenir un meilleur manager et mesurer la distance qui vous sépare de votre excellence dans ce domaine.

L'expertise que j'ai développée durant mes années d'études

Nous allons commencer par le commencement et observer ce que vous avez appris durant vos années d'études, car c'est durant cette période que vous vous êtes construit et que vous avez développé la majeure partie de vos comportements. Pour simplifier votre tâche, je vous invite à créer un tableau dans lequel vous pourrez faire la liste de tout ce que vous savez, de toutes les connaissances que vous avez accumulées. Faites cet exercice année par année ou diplôme après diplôme en précisant les dates. Demandez-vous :

Quels sont les savoirs ou connaissances que j'ai acquis durant mes années d'études ?

Une fois cette première liste établie, vous n'avez plus qu'à faire la même chose en vous demandant ce que vous avez développé comme savoir-faire. Durant vos années d'études, vous avez développé des aptitudes particulières pour certaines matières ou sujets qui vous passionnaient particulièrement. Pour ma part, durant mes études de commerce, je me suis passionnée pour le marketing et la publicité (ce n'était pourtant pas ma matière principale). J'ai dévoré le *Mercator*, alors que la plupart des élèves de ma classe trouvaient le livre en question imbuvable…

Listez année par année les domaines dans lesquels vous avez développé des savoir-faire particuliers. Demandez-vous :

Quels sont les savoir-faire que j'ai développés durant mes années d'études ?

Et pour finir, je vous invite à considérer vos savoir-être. Ce point est particulièrement important, car ce sont nos savoir-être qui nous permettent de prendre notre place dans la communauté. Revenez à la question du chapitre de vos talents et demandez-vous comment vous vous comportiez avec vos camarades de classe lorsque vous étiez enfant. Faites cela de façon chronologique pour chaque année d'études afin d'être certain de ne rien oublier.

Cette dernière question peut paraître épineuse pour certains. Personnellement, lorsque je me suis interrogée sur mon savoir-être, j'ai ressenti un malaise, car comme beaucoup d'enfants je ne me sentais pas à ma place (surtout en période d'adolescence). Loin de moi l'idée de faire remonter à la surface les mauvais souvenirs. Il peut être justement plaisant de faire le tri, afin de faire ressortir le bon côté de votre caractère. Car ces expériences ont forgé votre personnalité et vous ont fait faire des choix que vous le vouliez ou pas. Je ne dirais pas que nous reproduisons toujours nos schémas de comportement de notre enfance, certes nous évoluons, mais nous faisons cela en suivant une ligne directive qui a pris racine dans nos jeunes années. Vous interroger sur la façon dont vous vous comportiez vis-à-vis des autres à l'aube de votre vie, vous permettra de prendre conscience des atouts que vous avez en votre possession pour développer votre capacité à vous manager vous-même et à manager les autres. Une matière qui vous sera fort utile pour évoluer et avancer.

Quels sont les savoir-être que j'ai développés durant mes années d'études ?

L'expertise que j'ai développée durant ma carrière professionnelle

À présent, faites le même exercice pour vos expériences professionnelles, sans oublier les petits boulots que vous avez faits lorsque vous étiez étudiant. Demandez-vous :

Quelles sont les connaissances ou savoirs que j'ai acquis tout au long de ma carrière professionnelle ?

Quels sont les savoir-faire que j'ai développés ?

Quels sont les savoir-être que j'ai développés ?

L'expertise que j'ai développée durant mes loisirs

Et comme il n'y a pas que le travail et les études dans la vie… concentrez-vous maintenant sur vos loisirs, vos passions, vos centres d'intérêt, et faites le même type d'exercice.

Il est important de ne pas négliger cette étape, car bien souvent nos activités extraprofessionnelles sont cohérentes avec ce que nous sommes et en disent long sur notre personnalité. Faites le point sur vos loisirs et tout ce que vous avez appris en dehors de votre cursus scolaire. Demandez-vous :

Dans quel domaine suis-je particulièrement doué ?
Qu'est-ce que j'ai acquis comme savoir dans chacun de ces domaines ?
Quels savoir-faire ai-je développés dans chacun de ces domaines ?
Quels savoir-être ai-je développés dans chacun de ces domaines ?

Synthèse de mon expertise

Reprenez ce qui est ressorti durant votre introspection dans ces trois domaines (1 – études ; 2 – carrière ; 3 – loisirs). Puis choisissez 6 de vos atouts les plus importants, tous domaines confondus (deux savoirs, deux savoir-faire, deux savoir-être), ceux qui vous paraissent essentiels pour réaliser vos objectifs et résumez-les en quelques mots simples. **Ce sont ces six atouts qui forment votre expertise.**

1.
2.
3.
4.
5.
6.

Réfléchissez à la façon dont vous pouvez faire ressortir leur cohérence dans les milieux où vous évoluez aujourd'hui, afin qu'ils soient en adéquation avec votre personnalité. Et lorsque ce sera fait, interrogez-vous sur ce qui manque pour mettre en avant cette cohérence (par exemple lorsque vous vous présentez, ou dans la façon dont vous permettez à votre environnement de vous percevoir).

Racontez par écrit quels sont vos atouts, comme si vous souhaitiez l'expliquer à quelqu'un. (Il n'y a pas de place à l'humilité dans cet exercice. Faites tomber vos barrières et vos craintes à raconter la personne que vous êtes.) Puis, relisez le texte que vous avez écrit plusieurs fois à voix haute, afin de faire les ajustements nécessaires jusqu'à ce que vous soyez totalement satisfait de ce que vous dites et totalement certain que vous n'avez rien omis.

Nous sommes en grande partie responsables de ce que nous sommes et de l'image que nous donnons de nous-mêmes. C'est à nous que revient la tâche de faire connaître notre véritable personnalité. En nous appropriant nos atouts, nous gagnons en assurance, développons notre capacité à nous faire reconnaître et à prendre notre place dans les organisations.

Ma différence

La meilleure façon de prendre votre place dans votre environnement professionnel, c'est de miser sur votre différence, sur ce que vous avez d'unique par rapport aux autres managers qui travaillent dans votre entreprise et même dans tout votre secteur d'activité. Car, disons-le, si un jour vous souhaitez changer d'établissement, c'est cette différence qui deviendra votre atout principal. Mais encore faut-il l'avoir identifiée et savoir la mettre en avant.

Notre différence est étroitement liée à nos talents, mais pas seulement. Certaines personnes ont même mis en avant leur handicap et ont su le transformer en force. Bien sûr, cela demande une bonne dose d'optimisme et une certaine audace pour oser être soi-même lorsqu'on n'est pas comme les autres. Cela demande surtout de cesser de vouloir plaire à tout le monde et de miser davantage sur l'authenticité que sur l'apparence, voire sur la bienséance dans certains cas.

Le handicap n'a pas besoin d'être grand. Le simple fait d'être une femme peut en être un dans certains milieux. Les façons de réagir face à certaines situations sont nombreuses. Vous pouvez vous résigner ou en jouer, si cela vous amuse et que cela apporte quelque chose à vos ambitions et votre projet de vie.

Dans son livre *L'art de la guerre*, Sun Tzu nous dit qu'il faut savoir tirer avantage du terrain auquel nous sommes confrontés. Savoir faire avec… Selon lui, cinq points régissent la réussite et doivent être inclus dans les phases de préparation de n'importe quelle tactique.

1. Le **TAO** : votre moralité et la motivation qui est à l'origine de vos actes.
2. Le **TIEN** : le timing. À certains moments, il est nécessaire de passer à l'action ; à d'autres, il est préférable d'attendre.
3. Le **DI** : le terrain. L'étude des obstacles que nous avons à surmonter et de la distance que nous devons parcourir pour atteindre nos buts.
4. Le **JIANG** : les qualités de leader. Selon lui, être sage, confiant, bienveillant, courageux, strict.
5. Le **FA** : la méthode ou l'art de diriger.

J'aimerais m'attarder un peu sur le DI, l'étude du terrain, car il me semble que c'est principalement sur ce point que nous avons quelques lacunes.

« La Terre comporte le loin et le proche, le danger et la facilité, des terrains vagues et des cols étroits. Tous détermineront vos chances de vie et de mort. »
Sun Tzu

Étudier le terrain, le domaine dans lequel nous évoluons, est une chose que nous faisons rarement. Cela ne concerne pas exclusivement notre environnement extérieur, mais aussi nos « ennemis », nos « soldats », nous-mêmes et tout ce qui constitue les atouts qui nous permettront de « gagner la guerre »*. Bien souvent,

* Rappelons que pour Sun Tzu, l'art de la guerre, c'est de ne pas livrer bataille, mais de gagner la guerre en mettant en place des stratégies qui préservent la vie de ses soldats. Et que s'il y a bataille, c'est que nous avons manqué de subtilité et d'intelligence.

nous « faisons avec » et nous contentons de saisir les opportunités qui se présentent à nous, au gré des situations, sans vraiment mettre en place de stratégies qui nous permettront d'obtenir ce que nous voulons.

Notre originalité, notre capacité à ouvrir de nouvelles voies, font de nous des personnes uniques. Nous apportons de la valeur là où règne l'uniformité. Et nous sommes à même de remettre en question ce qui est acquis et visons ainsi à l'amélioration des choses, même si ce n'est pas toujours si simple.

Réfléchissez à ce qui vous rend si spécial afin de vous démarquer de ceux qui semblent, apparemment, faire un travail comparable au vôtre. Quels atouts possédez-vous pour vous distinguer des autres ?

Osez identifier les traits de caractère, ainsi que les connaissances qui font de vous un être unique. Et pensez déjà à récolter quelques exemples qui pourront illustrer vos atouts. En effet, ce sont des arguments essentiels lorsque vous chercherez à vous mettre en avant, car ce n'est pas seulement votre valeur ajoutée qui convaincra les autres, mais principalement votre différence. Et vous avez tout intérêt à savoir la défendre.

Pour vous démarquer, vous devez savoir avec qui vous êtes en compétition, quelle que soit la position que vous avez dans l'entreprise. La compétition est un fait que vous ne devez pas négliger. Bien sûr, vos collègues ou vos concurrents peuvent très bien devenir des partenaires. Mais un sentiment de compétition n'est pas inutile, car il demande à chacun de se surpasser et de mettre en avant son excellence. C'est parce qu'il a toujours eu envie de se surpasser que l'être humain a transcendé et maîtrisé de nombreux éléments. C'est comme pour les entreprises, la compétition entre Microsoft et Apple est une merveilleuse chose pour nous, les utilisateurs. Grâce à elle, nos ordinateurs sont de plus en plus fiables et performants. Sans compétition, pas d'évolution.

Pensez à vos concurrents, actuels et potentiels et établissez la liste des atouts qui sont les plus adéquats pour mener à bien votre mission et réaliser vos ambitions.

Qu'ont-ils de commun entre eux, et quelles sont les différences que vous avez avec eux ?
Sur quels éléments porte la compétition qu'il y a entre vous ?
Pouvez-vous identifier une personne en particulier avec qui vous êtes en compétition et quelles sont les différences que vous avez entre vous ?

Mes valeurs ou principes

Nos valeurs sont des principes ou concepts qui ont un rapport avec ce que nous considérons être bien pour nous ou pour les autres. Ce sont des étiquettes que nous avons mises sur un certain nombre d'expériences personnelles, liées à ce que nous aimons et à ce qui nous motive vraiment. Elles ne sont pas le fruit du hasard, car nous les avons adoptées pour vivre les situations courantes de la vie durant notre enfance et, au fil du temps, nous nous sommes construit un squelette qui nous a structurés. À partir des expériences que nous avons vécues, notre inconscient a mis en place des mécanismes de protection et de fonctionnement qui nous motivent en profondeur, mais qui nous limitent aussi. Nos valeurs constituent une interprétation particulière du monde, une formidable distorsion. Elles ont un lien direct avec notre vision et notre mission de vie, avec nos projets et le rôle que nous nous attribuons dans ceux-ci, ainsi que la façon dont nous allons personnellement nous impliquer pour les réaliser.

Nous avons des valeurs et principes pour tous les domaines de notre vie : pour le travail, les loisirs, les vacances, la vie de famille, la vie en société, les relations avec les personnes en général, etc. Parfois nous les choisissons, mais bien souvent elles nous sont transmises par l'environnement dans lequel nous avons vécu et les personnes qui nous ont éduqués, selon des critères individuels ou sociaux qui sont considérés comme étant les plus élevés dans la hiérarchie et qui nous servent de référence.

Une valeur s'exprime d'habitude à l'aide d'une nominalisation comme : l'indépendance, l'honnêteté, la persévérance, la liberté, la combativité, l'amour, le courage, la générosité, le respect, l'amitié, la tolérance, l'efficacité, la responsabilité, l'écologie, etc. Mais il nous arrive d'utiliser une expression verbale pour la définir, comme : se faire plaisir, écouter les autres, être accueillant, etc.

Chacun de ces mots ou de ces expressions peut avoir un sens différent selon la façon dont nous les interprétons. Ils sont le contexte dans lequel nous vivons les choses, mais peuvent parfois être le carcan dans lequel nous les vivons, tout dépend de la valeur, de l'environnement, du sens et de l'importance que nous donnons à la valeur de ces mots dans notre vie. Certaines de nos valeurs sont si importantes à nos yeux que nous pourrions risquer nos vies pour elles et bon nombre de scénaristes hollywoodiens se sont inspirés de cette caractéristique humaine pour nous faire aimer leurs histoires.

Il est extrêmement important d'identifier ses propres valeurs, car elles constituent le socle sur lequel nous nous appuyons. Que nous en soyons conscients ou pas, ce sont elles qui donnent du sens à notre vie, parce que nous nous définissons, nous décidons et nous agissons en fonction de nos principes ou valeurs fondamentales.

Elles forment aussi les références, concernant le monde ou nous-mêmes, qui nous incitent à porter des jugements. Et une des façons les plus simples pour les dénicher, c'est d'observer ce qui nous met en colère le plus souvent. Essayez ! Demandez-vous ce qui n'est pas en accord avec votre vision idéale du monde et vous trouverez les valeurs qui dirigent votre vie.

Quels sont les agissements qui ont le don de m'énerver ?
Quels sont les aspects de notre société qui m'irritent la plupart du temps ?

Identifier mes valeurs et les choisir

En identifiant vos valeurs les plus importantes dans tous les domaines de votre vie (travail, famille, amis, loisirs, vacances, etc.), vous obtenez une sorte de cartographie éthique personnelle qui pourra vous en apprendre beaucoup sur vous-même. Elle vous permettra de prendre en main les rênes de votre existence car, comme je l'ai écrit plus haut, on ne choisit pas toujours consciemment ses valeurs. Et il est probable que réalisiez que vous devriez en abandonner quelques-unes pour les remplacer par d'autres, plus appropriées aux situations que vous vivez. Une façon de sortir du paradigme dans lequel vous vous êtes peut-être enfermé sans vous en rendre compte.

Prenons le contexte des voyages. Il est possible qu'en observant les valeurs et principes fondamentaux pour vous, vous vous rendiez compte qu'ils ne sont pas en accord avec ceux des personnes avec qui vous partez en vacances, ou avec ceux du pays où vous vous rendez. Et si vous voulez vivre en paix, il serait peut-être judicieux de lâcher prise. J'ai pour ma part remarqué que la notion de ponctualité n'était pas partagée par toutes les ethnies et qu'il valait mieux mettre ma valeur « intégrité » entre parenthèses lorsque je partais en voyage si je ne voulais pas passer mon temps à être contrariée… un très bon exercice de tolérance qui permet de faire évoluer ses propres limites et d'accepter que les autres ne fonctionnent pas toujours comme nous.

C'est la même chose dans le milieu professionnel. Chaque individu est différent et possède sa propre cartographie de principes et de valeurs. Et comme chacun cherche bien souvent à avoir raison et considère que ses valeurs sont les plus justes, c'est une voie toute tracée vers les conflits. La plupart des guerres sont des guerres de valeurs. Lorsque nous nous sentons mal dans une situation, il est très utile d'identifier les valeurs qui ont été transgressées par soi-même ou par les autres. Cela nous permet de prendre du recul et de vérifier si notre mal-être est fondé car, bien souvent, nous sommes l'objet d'interprétations de part et d'autre. C'est le meilleur moyen pour rétablir la fluidité dans une relation.

Je ne suis pas en train d'insinuer qu'il ne faut pas avoir de valeurs, mais que celles-ci ne doivent pas devenir un carcan et qu'elles peuvent être choisies avec soin afin de s'assurer qu'elles servent notre mission.

En tant que manager, vous devez plus que quiconque savoir composer avec les mentalités des individus et faire de votre mieux pour les accepter tels qu'ils sont, sans chercher à les changer, tout en vous assurant que chacun donne le meilleur de lui-même. Ce qui n'est certainement pas une tâche facile. Pour cela, vous devez prendre le temps de vous interroger sur leurs modes de fonctionnement et particulièrement sur leurs systèmes de valeurs, afin de vous assurer de les respecter. Souvenez-vous qu'elles constituent le socle d'un individu et si vous y touchez, vous l'attaquez dans ses fondements. Pour instaurer un climat de confiance et de respect mutuels, mieux vaut éviter de vous en prendre à ce qu'il considère, plus ou moins consciemment, comme ce qui est le plus important pour lui.

Par ailleurs, au sein de votre équipe, il est fort intéressant de prendre le temps de partager ses valeurs. En nous interrogeant mutuellement sur celles-ci, nous apprenons à nous comprendre les uns les autres et à trouver des accords qui permettent à toute la communauté de mieux fonctionner.

Mais avant toute chose, vous devez identifier les vôtres. Puis les passer au crible et vérifier si elles servent votre cause et vos projets, afin d'en adopter de nouvelles pour plus de fluidité et d'efficacité si cela est nécessaire. Prenez le temps d'analyser votre échelle de valeurs afin de découvrir s'il existe des conflits entre vos valeurs qui vous freinent et celles qui vous portent. Rien n'est taillé dans le marbre et l'intelligence d'un individu se fonde sur sa capacité à se remettre en question dans certaines situations.

« La vraie valeur d'un homme se détermine d'abord en examinant dans quelle mesure et dans quel sens il est parvenu à se libérer du Moi. »
Albert Einstein

Sachez que nous nous efforçons davantage d'éviter la souffrance plutôt que de rechercher le plaisir. Et nos efforts pour tenter de ressentir la satisfaction que nous procurent nos valeurs sans risquer de nous retrouver face aux travers de certaines situations nous conduisent bien souvent vers la confusion. Il est donc pertinent d'avoir conscience de ce que nous cherchons à éviter, afin de faire en sorte d'y être le moins possible confrontés. De même qu'il est judicieux de chercher à identifier les situations que les personnes qui nous entourent cherchent à éviter elles aussi pour les respecter. Cela facilite grandement les relations.

Bien souvent, nous cherchons à éviter : l'ennui, la routine, l'agressivité, les conflits, le stress, l'intolérance, la grossièreté, la discrimination, les familiarités, l'indifférence, la mesquinerie, l'hypocrisie, etc.

Pour résumer, il y a d'une part vos valeurs personnelles, qui correspondent à votre façon bien à vous de considérer le monde, d'autre part celles des autres, et leur vision du monde parfois bien différente de la vôtre… Puis il y a les situations que vous cherchez à éviter ; et celles que les autres cherchent eux aussi à éviter… Et enfin, il y a les valeurs et principes qu'il serait judicieux d'adopter pour que vous trouviez votre équilibre avec votre entourage et avec vous-même.

Voici une série de questions qui pourront vous aider à faire le tri dans tout cela :

Sur un plan général, quelles sont mes valeurs ou principes personnels ? (En identifier une dizaine.)

Qu'est-ce que je veux éviter dans la vie, qu'est-ce que je n'aime pas, que je rejette ?

Quelles valeurs ou principes devrais-je adopter pour façonner mon destin et réaliser pleinement mon potentiel dans la mesure du possible ?

Quelles autres valeurs ou principes devrais-je ajouter à ma liste de priorités pour plus d'équilibre et d'efficacité ?

Prenez les situations dans lesquelles vous êtes confrontés à des difficultés, et interrogez-vous sur les valeurs qui sont en jeu. Cela vous permettra de relativiser et de prendre conscience que vous êtes en conflit avec des valeurs que vous n'avez pas choisies.

Interrogez-vous à présent sur vos valeurs professionnelles et consignez vos réponses dans votre cahier :

Quelles sont mes principales valeurs en ce qui concerne le travail ? (Identifiez-en une dizaine.)

Est-ce que mes valeurs sont en accord avec mes ambitions et mes objectifs ?

Est-ce que mes valeurs sont appropriées avec le bon fonctionnement de mon équipe ?

Quelles sont celles que je devrais mettre en avant pour être en parfait accord avec ma vision et ma mission ?

Pensez aussi à faire le point sur ce que vous cherchez à éviter afin de ne pas vous retrouver en porte-à-faux. Pour vous faciliter les choses, vous trouverez en page suivante un tableau qui comporte un choix de valeurs possibles, mais vous pouvez en trouver d'autres si celles-ci ne vous correspondent pas.

Lorsque vous les aurez identifiées, classez-les par ordre d'importance en les comparant deux à deux et en vous demandant quelle valeur est la plus importante pour vous. Par exemple, voici une liste de valeurs prises au hasard : passion, liberté, aventure, joie de vivre, réalisation de soi, contribution, créativité, santé, succès, amour… Interrogez-vous de cette façon : Qu'est-ce qui est le plus important pour moi ? La passion ou la liberté ? La passion ou l'aventure ? La passion ou la joie de vivre ? Et ainsi de suite, jusqu'au bout de la liste. Lorsque vous avez mis en évidence votre valeur la plus importante, faites de même avec les valeurs restantes jusqu'à obtenir votre classement.

Une dernière chose : il ne s'agit pas de choisir les « bonnes » valeurs, mais d'être honnête avec vous-même et d'identifier celles qui vous importent vraiment.

VALEURS	CLASSEMENT	VALEURS	CLASSEMENT
Abondance		Honnêteté/Franchise	
Action		Humanisme	
Accueillir		Imagination	
Adaptabilité		Indépendance	
Amitié		Individualisation	
Ambition		Insertion/Englobement	
Amour/Compassion		Intégrité	
Analyse/Compréhension		Intelligence/Réflexion	
Apprentissage/ Croissance personnelle		Intimité	
Assurance/Estime de soi		Investissement	
Avenir/Vision		Joie de vivre/Bonne humeur	
Aventure		Liberté	
Beauté		Loyauté	
Bienveillance		Organisation/ Arrangement	
Calme/Tranquillité		Originalité	
Charisme		Paix	
Combativité		Passion	
Communication		Plaisir	
Coopération		Positionnement/Décision/ Commandement	

VALEURS	CLASSEMENT	VALEURS	CLASSEMENT
Compétition		Avoir un impact sur la vie des autres	
Compassion		Famille	
Concentration/ Focalisation		Générosité	
Confiance		Harmonie	
Confort		Positivité	
Connexion/Lien		Pouvoir	
Contextualisation		Prudence	
Contribution		Optimisme	
Conviction/Valeurs		Réalisation de soi	
Courage		Reconnaissance	
Créativité		Relationnel/Réseau	
Défi		Résolution/Restauration	
Dépassement de soi		Respect/Dignité	
Détermination		Responsabilité	
Développement/ Optimisation		Réussite	
Discipline		Persévérance	
Don		Philanthropie	
Don de soi		Sagesse	
Écologie		Santé/Vitalité	
Écoute		Sécurité	
Efficacité		Sentiment d'exaltation	
Élégance		Service	
Empathie		Souplesse/Tolérance	
Enthousiasme		Soutien	
Épanouissement		Spiritualité	
Équilibre		Stratégies	
Équité/Égalité		Succès	
Esthétisme		Ténacité	
Éthique		Transparence	
Exemplarité		Tolérance	
Excellence		Vitalité	

Voir aussi à la fin du livre un jeu de cartes qui contient des valeurs et que vous pouvez manipuler à votre guise pour les identifier et les classer.

Le top 10 de mes valeurs générales

1.	....	6.	....
2.	....	7.	....
3.	....	8.	....
4.	....	9.	....
5.	....	10.	....

Comme je l'ai mentionné plus haut, nous avons des valeurs pour tout et il est possible que vos valeurs professionnelles ne figurent pas dans cette liste, car nous n'avons pas les mêmes priorités dans notre vie et au travail. Si c'est votre cas, identifiez vos 10 valeurs professionnelles et classez-les aussi par ordre d'importance.

Le top 10 de mes valeurs professionnelles

1.	....	6.	....
2.	....	7.	....
3.	....	8.	....
4.	....	9.	....
5.	....	10.	....

Approfondir le sens de mes valeurs

Chacun a une définition très personnelle des mots qu'il utilise pour communiquer. Prenez par exemple, le mot « liberté ». Il n'a pas la même signification pour tout le monde et il ne suffit pas de mettre à jour notre liste de valeurs pour savoir ce que nous pensons et ressentons réellement. Alors nous devons réfléchir à chacune des significations qu'elles ont pour nous.

D'ailleurs, si vous souhaitez améliorer vos relations avec une personne, il est judicieux d'échanger avec elle sur ce sujet. Mais avant tout, il est essentiel de privilégier et d'utiliser les mots justes pour définir vos pensées en vous demandant ce que chacune de vos valeurs signifie pour vous.

> **Exemple de valeur :** la liberté.
> 1er exemple de signification : « J'aime faire ce que je veux, sans que quelqu'un vienne me dire ce que je dois faire ! »
> 2e exemple de signification : « J'aime voyager dans des lieux déserts ou naviguer sur l'océan et me sentir seul au milieu des éléments ! »
> 3e exemple de signification : « J'œuvre pour que dans le monde les gens ne soient plus opprimés ! »

Je vous invite à reprendre **vos valeurs professionnelles** et à remplir le tableau suivant en vous posant les questions suivantes :

Quel est le sens de ce mot pour moi ?
Qu'est-ce que cette valeur m'a apporté dans la vie ou, au contraire, a-t-elle été un frein dans l'accomplissement de mes objectifs ?

Dessinez la flèche correspondante dans la colonne de droite :
Cette valeur vous a apporté : ↗
Cette valeur ne vous a rien apporté de plus : →
Cette valeur vous a freiné : ↘

Valeur 1 :	Sens :	Apport :
Valeur 2 :	Sens :	Apport :
Valeur 3 :	Sens :	Apport :
Valeur 4 :	Sens :	Apport :
Valeur 5 :	Sens :	Apport :
Valeur 6 :	Sens :	Apport :
Valeur 7 :	Sens :	Apport :
Valeur 8 :	Sens :	Apport :
Valeur 9 :	Sens :	Apport :
Valeur 10 :	Sens :	Apport :

(Si vous avez du courage, faites cela pour tous les domaines de votre vie, principalement pour ce qui concerne vos relations avec les autres. Cela vous apportera beaucoup.)

Sous l'éclairage de ce que vous avez écrit, vous êtes maintenant à même de créer une nouvelle liste des valeurs dont vous avez besoin aujourd'hui pour être en parfait accord avec vous-même. L'intérêt de cela, c'est de ne plus être l'esclave de vos valeurs et de les choisir consciemment afin qu'elles vous permettent de vous surpasser et de réaliser plus facilement vos objectifs. Lorsque nous organisons notre vie autour de nos valeurs et des objectifs qui découlent de celles-ci, nous avançons à grands pas sur la voie de l'accomplissement. Plus nous satisfaisons nos besoins, nos désirs et nos valeurs, plus nous sommes en intégrité avec nous-mêmes. L'essentiel dans la vie est de rester centré sur l'important…

Le top 10 de mes nouvelles valeurs professionnelles

1.	....	6.	....
2.	....	7.	....
3.	....	8.	....
4.	....	9.	....
5.	....	10.	....

Voir aussi la partie sur l'éthique et le management (p. 14).

Aucune valeur n'est bonne ou mauvaise en soi. Mais parfois, nous en faisons de mauvais usages. Toute cette démarche est une invitation à réfléchir sur ce qui nous guide dans notre vie, d'en prendre conscience pour finir par faire des choix réfléchis.

Dernier rappel, cette liste ne restera qu'un amas de mots jetés les uns derrière les autres si vous ne vous organisez pas pour vous en servir pour l'utiliser comme référence dans votre vie de tous les jours. Je vous invite donc à dresser votre liste de valeurs et principes sur un support que vous pourrez consulter à tout moment au cours de votre journée. Ou vous demander ce que vous pourriez faire quotidiennement pour les mettre en œuvre et faire en sorte qu'elle prenne une place respectable dans votre vie. Et n'oubliez pas que nous avons des valeurs pour chaque domaine de notre existence et que celles-ci ne sont pas toujours synchrones.

Mes croyances

Tout comme nos valeurs, nos croyances font partie de ce que nous considérons spontanément comme étant la réalité, mais elles ne sont que la représentation intérieure de notre conception du monde dans lequel nous vivons, car nous ne vivons pas directement dans la réalité, mais dans notre propre perception de celle-ci. Elles représentent une partie de notre « carte du monde » et nous aident à naviguer dans la vie au travers des expériences que nous traversons au quotidien, tout comme une carte routière nous donne des repères pour avancer vers notre destination et le code de la route nous permet d'interpréter et de comprendre ce qui se passe afin de nous fixer des règles (nos valeurs) : ce que nous considérons comme possible ou impossible de faire, d'être ou d'avoir.

À travers les premiers exercices de ce livre, vous avez certainement commencé à comprendre qu'il y a une différence entre notre perception de la réalité et la réalité elle-même. Notre cerveau capte ce qui se passe autour de nous, à travers nos sens et procède à un filtrage d'informations afin de pouvoir les utiliser. Sans ce filtrage, nous risquerions d'être débordés par un trop-plein d'informations. Ainsi, entre un événement brut qui se produit dans le monde dans lequel nous vivons, comme par exemple une personne qui nous fait une réflexion, et ce que nous allons en percevoir, notre cerveau aura procédé à des omissions. Il aura retiré des informations qui lui semblent inutiles ou secondaires, des généralisations, émis des interprétations sur ce qu'il se passe, tiré des conclusions, fait des liens entre des éléments sous forme de causes et d'effets ou d'équivalence, et tout cela, en quelques secondes. Nous naviguons donc au travers de notre propre représentation de ce qui s'est réellement passé, colorée et aromatisée par nos a priori, nos jugements et nos croyances sur le monde. **Ce qui façonne notre vie, c'est la signification que nous attribuons aux événements que nous vivons.**

Nous développons ces croyances en fonction de notre éducation, notre culture, nos expériences passées, ce sur quoi nous nous focalisons, etc., et nous agissons ensuite d'après ces croyances. Ainsi, si nous prenons plusieurs personnes vivant la même situation, par exemple faire l'objet d'une remarque, certaines se mettront en colère et considéreront être victimes d'un manque de respect ; d'autres se sentiront coupables, se retrouveront complètement déstabilisées et incapables de faire quoi que ce soit ; tandis que d'autres encore prendront cela pour une aide précieuse qui leur permettra de progresser et de devenir plus efficaces… Pourtant, une seule et même chose s'est produite, elles ont toutes fait l'objet d'une réflexion.

J'insiste une fois de plus sur le fait que ce qui est intéressant de comprendre ici, c'est que **nous vivons dans notre propre réalité, et que nous avançons par rapport à notre manière de percevoir et de comprendre le monde**. Et que notre représentation du monde, nos croyances ont parfois bien besoin d'être mises à jour et d'évoluer. Nous avons tout intérêt à vérifier si elles nous apportent satisfaction, si elles nous rendent heureux, efficaces, et nous permettent de nous épanouir. Car si nous ne pouvons pas changer la réalité, nous pouvons changer la façon dont nous nous la représentons. Prendre conscience que **NOTRE réalité n'est pas LA réalité** nous donne la flexibilité et l'ouverture d'esprit nécessaires pour prendre les choses différemment et avoir plus de choix dans nos interprétations.

L'avantage de cette démarche, c'est qu'en changeant notre propre réalité, nous permettons au monde extérieur de changer lui aussi, tout simplement parce que nous sommes en interaction avec les choses de manière différente à travers nos pensées, nos émotions, nos paroles et nos actions.

La réalité reste toujours insaisissable, alors il est judicieux d'être flexible, ouvert d'esprit tout en observant si nos conceptions des choses nous rendent la vie meilleure ou plus difficile. Si elles ne nous aident pas, observons-les sous un autre angle. Ce que nous voyons à l'extérieur est la projection de notre monde intérieur, alors construisons notre système de croyances en fonction de ce qui nous permet de trouver le meilleur de nous-mêmes et des autres. Adoptons celui qui nous guide et nous aide à avancer efficacement.

La plupart d'entre nous pensent que ce sont les événements extérieurs qui contrôlent notre vie ou que c'est notre environnement qui fait de nous ce que nous sommes aujourd'hui. Permettez-moi de vous dire que rien n'est plus faux. Ce ne sont pas les événements de notre vie qui nous influencent, mais nos croyances. Ou plutôt la signification que nous prêtons à ces événements – la façon dont nous les interprétons – qui détermine ce que nous sommes aujourd'hui et ce que nous serons demain.

« Ce sont nos croyances qui font la différence entre une vie heureuse et une vie malheureuse ! Ce sont elles qui transforment certaines personnes en héros et en condamnent d'autres à une vie de désespoir tranquille ! »

Anthony Robbins, coach en développement personnel

Si nos croyances nous guident lorsque nous prenons des décisions et nous permettent d'éviter la souffrance ou d'éprouver du plaisir plus rapidement, elles constituent une sorte de raccourci qui nous évite de repartir à zéro chaque fois que nous devons prendre une décision. Parfois, dans les moments où nous ressentons de grandes craintes, une profonde douleur ou des émotions très intenses, nous nous appuyons sur nos croyances dans l'espoir d'y trouver un soulagement.

On peut considérer de nombreux domaines de croyances, en voici quelques-uns :

- Nos croyances concernant la communauté (de la plus petite à la plus vaste – les amis, la famille, les habitants de notre ville, ceux de la région, du pays, du continent dans lequel nous vivons, et l'humanité tout entière).
- Nos croyances concernant notre relation aux autres (en one-to-one – enfants, parents, compagne ou compagnon, amis, hommes, femmes, etc.).
- Nos croyances concernant nous-même.
- Nos croyances concernant l'amour ou la compassion.
- Nos croyances concernant l'intelligence, l'intuition.
- Nos croyances concernant la spiritualité, la religion.
- Etc.

Comme je l'ai déjà dit, dès que nous adoptons une croyance, nous oublions malheureusement qu'elle n'est qu'une hypothèse, nous la traitons comme une réalité et nous la remettons rarement, sinon jamais, en question.

Adopter des croyances qui me soutiennent

Si nous voulons créer des changements importants et durables dans notre comportement, nous devons modifier les croyances qui nous emprisonnent. L'un des plus grands enjeux de notre vie consiste à savoir comment interpréter nos « échecs ». La façon dont nous affrontons les « défaites », et les causes que nous leur attribuons jouent sur notre avenir. Notre réaction dans l'adversité et face aux difficultés influencera notre vie plus que toute autre chose.

Selon la PNL*, il existe 3 types de croyances :

1. des croyances ayant des références dans la durée, elles sont censées être *permanentes* ;
2. des croyances ayant des références qui touchent tous les domaines de notre vie, elles sont *globales* ;
3. des croyances ayant des références à propos de qui nous sommes, elles sont *personnelles.*

Les leaders considèrent rarement ou jamais un problème comme permanent. Ceux qui ne sont pas des leaders considèrent que le moindre problème est permanent. Pour un gagnant, le problème n'est jamais global, c'est-à-dire qu'il n'a jamais l'impression que ce problème domine l'ensemble de sa vie. Il ne considère pas un échec comme étant lié à un défaut de sa personnalité, mais comme un défi pour l'inciter à modifier son attitude.

Par exemple, pendant des années on a cru qu'aucun être humain ne pourrait courir 1,66 kilomètre en 4 minutes. On pensait que c'était physiquement impossible. Pourtant, Roger Bannister a réfuté cette croyance lorsqu'il a réussi à parcourir cette distance en 3,59 minutes le 6 mai 1954 (voir le film de Charles Beeson *Four minutes*). D'après ses propres explications, il s'y est pris de cette façon : il visualisa maintes fois son triomphe avec une telle intensité que son cerveau, imprégné de sa certitude de réussir, envoya un ordre irrévocable à son système nerveux et il obtint des résultats physiques qui correspondaient à l'image mentale sur laquelle il s'était concentré. Et en l'espace d'un an, plusieurs autres athlètes suivirent ses traces. Convaincus, eux aussi, qu'ils pouvaient réussir, ils répétèrent le même exploit. Par la suite, Bannister devint neurologue, puis Premier ministre des Sports britanniques, après avoir été anobli en 1975.

Une croyance n'est qu'une certitude à propos de la signification de quelque chose que nous avons vécu. Mais le passé n'est pas notre unique source de certitude et nous n'avons pas besoin de

---

* Programmation Neuro-Linguistique, étude menée par Richard Bandler, psychologue et John Grinder, linguiste dans les années 1970 aux États-Unis.

nous y limiter. Tout comme Roger Bannister, nous pouvons employer notre imagination pour créer des cadres de référence, ce qui engendrera une certitude à propos de choses que nous n'avons pas encore tenté d'accomplir. Et nous pouvons transformer n'importe quelle idée en croyance si nous trouvons suffisamment de cadres de références passées pour la soutenir ou si nous pouvons en imaginer.

La force qui détermine ce que nous tentons ou ce que nous ne réussissons pas à accomplir dans nos vies est régie par nos croyances à propos de ce que nous sommes capables de réaliser, ce qui est possible ou impossible, de qui nous sommes. C'est en fonction de leurs croyances que certains deviennent des héros, alors que d'autres se résignent à se demander toute leur vie ce qu'ils auraient bien pu accomplir. Elles font toute la différence entre une vie malheureuse et une vie remplie de dynamisme et d'accomplissements.

Les grands leaders sont rarement « réalistes » d'après les critères des autres. Néanmoins, ils sont précis et confiants. Le Mahatma Gandhi était convaincu qu'il pouvait obtenir l'indépendance de l'Inde en s'opposant à la Grande-Bretagne de façon pacifique et non violente, ce qui ne s'était jamais produit auparavant. Il n'était pas réaliste, mais les événements ont effectivement prouvé qu'il avait raison. **La plupart des personnes qui ont réalisé de grandes choses avaient l'intime conviction qu'ils étaient capables de les réaliser et n'avaient que faire des opinions des autres.**

Malheureusement, la plupart d'entre nous ne décidons pas consciemment de ce que nous allons croire. Et une fois que nous adoptons une croyance, nous avons tendance à la prendre pour parole d'évangile et à oublier que ce n'est là qu'une façon subjective de percevoir la réalité.

Les émotions et l'imagination sont les deux sources d'énergie les plus puissantes dont nous disposons. Lorsque nous avons une croyance qui éveille certaines de nos peurs, nous avons tendance à lui donner plus de pouvoir. Et notre imagination, qui colle toujours à nos croyances, la renforcera davantage.

Lorsque nous nous concentrons sur des croyances qui éveillent certaines de nos peurs, nous perpétuons ce sentiment qui se répercute dans notre existence. Du coup, nos peurs trouvent un écho en nous et peuvent se manifester dans notre vie par des symptômes physiques ; des émotions négatives ; provoquer des conséquences désavantageuses sur le déroulement de certains projets ou événements ; ou se réfléchir à travers le comportement troublant d'autres personnes.

Aller plus loin en élevant mes croyances au rang de convictions

Nos croyances comportent différents degrés de certitude et d'intensité émotionnelle et il est important d'en connaître le niveau de profondeur qu'on peut identifier sur 3 échelons.

1. **L'opinion.** C'est quelque chose dont nous sommes quasiment certains, mais cette certitude peut être temporaire et changer facilement. Elle s'appuie sur des références branlantes et aléatoires, souvent fondées sur des impressions. Une opinion n'est généralement pas solide.
2. **La croyance.** Elle se forme quand nous commençons à établir une base de référence beaucoup plus large, qui suscite en nous de puissantes émotions. Elles peuvent revêtir diverses formes et provenir de nos expériences personnelles, d'informations obtenues par des sources extérieures, et peut-être même de situations que nous avons imaginées…
3. **La conviction.** Elle éclipse une croyance, en raison de l'intensité émotionnelle qu'une personne associe à son idée. Lorsque celle-ci a une conviction, elle peut aller jusqu'à se mettre en colère lorsque quelqu'un la met en doute. Elle n'est pas disposée à remettre en question ses références, même un seul instant ; elle résiste totalement à toute nouvelle donnée, de façon parfois obsessionnelle. Les personnes qui agissent par conviction sont si passionnées qu'elles sont prêtes à risquer un rejet ou à subir des moqueries des autres au nom de

cette conviction. Les convictions ferventes appartiennent à quelqu'un qui a un degré élevé d'engagement et de dévouement pour une idée, un principe ou une cause. Elles ont un lien avec ses valeurs profondes.

En fonction des passions qu'elles nous inspirent, **les convictions nous poussent à agir**. Par exemple, une personne qui se préoccupe des droits des animaux a une croyance, mais celle qui a élevé sa croyance au rang de conviction, passe son temps libre à éduquer avec passion le public à propos de questions telles que les tests faits sur les animaux en laboratoire, les conséquences nocives d'un régime à base de viande, etc.

Nous supposons souvent que le secret de la réussite est une question de génie. Pourtant, le véritable génie c'est la capacité de canaliser nos ressources les plus puissantes en nous mettant dans un état mental de certitude et de conviction absolue. Il va de soi que nos probabilités de réussite dans n'importe quel domaine augmentent si l'engagement d'atteindre notre objectif est étayé par la certitude absolue que nous en sommes capables.

« L'imagination est plus puissante que la connaissance. »
Albert Einstein

Il a été prouvé à maintes reprises que notre cerveau est incapable de faire la distinction entre un événement que nous imaginons avec une grande précision et un événement qui se produit réellement. Une fois que vous aurez compris ce principe, cela transformera votre vie. Bien des gens ont peur d'entreprendre quelque chose de nouveau tout simplement parce qu'ils ne l'ont jamais fait. Pourtant, l'essence même de la réussite des leaders est qu'en dépit de leurs échecs passés, ils continuent de s'imaginer qu'ils obtiendront les résultats désirés. C'est ainsi qu'ils forgent en eux le sentiment de certitude qui leur permet d'exploiter leur véritable potentiel.

En 1879, Thomas Edison dépose son premier brevet concernant l'ampoule électrique et nous pouvons tous tenter d'imaginer

> **« Je n'ai jamais considéré que j'avais échoué 700 fois, mais plutôt que j'avais réussi à prouver qu'on ne pouvait pas faire une ampoule de ces 700 manières différentes. »**
> **Thomas Edison, inventeur et industriel américain**

combien la révolution fut grande. Mais savez-vous qu'avant de mettre sur pied son invention, il échoua plus de 700 fois ? (J'ai toujours été épatée par la capacité qu'ont les grands inventeurs à revenir ainsi à la tâche, là ou d'autres auraient définitivement abandonné sans même un regret.) N'importe qui aurait considéré avoir fait tout ce qu'il avait pu dès la 100e tentative et même bien avant. Seulement voilà, le découragement (même s'il a dû certainement y faire face) ne prit pas le dessus, parce qu'il était totalement focalisé sur son objectif : inventer l'ampoule électrique. Il a même dû certainement se focaliser sur les avantages que les gens pourraient retirer d'une telle invention.

Les convictions sont stimulantes en raison de la passion qu'elles suscitent en nous et parce qu'elles nous forcent à agir. Et **si nous voulons acquérir une maîtrise dans un domaine quelconque, il nous faut élever nos croyances au niveau de convictions pour les réaliser**. Voici comment :

1. Choisissez une croyance qui vous donne du pouvoir ou qui vous porte. Par exemple : « Je suis le meilleur manager de mon entreprise ! »
2. Renforcez cette croyance à l'aide de nouvelles références. En notant par exemple tous les moments où vous faites preuve de perspicacité en management, en demandant l'avis de vos collaborateurs sur vos méthodes en vue de vous améliorer ou en proposant à un manager reconnu par ses collaborateurs de devenir votre mentor…
3. Plus vous accumulerez de références, plus votre conviction aura un caractère émotif et plus vous la renforcerez.
4. Choisissez avec soin vos références et réfléchissez aux sources sur lesquelles elles se basent.
5. N'hésitez pas à faire des recoupements et à vous informer largement et avec précision en accumulant des informations à propos du sujet qui vous intéresse.

6. Trouvez un élément déclencheur ou créez-le.
7. Demandez-vous ce qu'il vous en coûtera si vous n'adhérez pas à cette conviction.
8. Posez-vous des questions qui créent une intensité émotive en vous. Par exemple, si vous voulez devenir le meilleur manager de votre entreprise, réunissez les managers qui ont une bonne réputation et, de votre propre initiative, montez un groupe d'échange de pratique ; montez l'élection du « meilleur manager de la boîte ! » ; créez une bibliothèque d'ouvrages sur le management ; créez un blog sur le management dans lequel vous pourrez partager vos expériences et communiquer avec des managers de tous milieux ; ou encore, gérez un groupe de managers sur LinkedIn ou Viadeo…
9. Passez à l'action.
10. Chaque action que vous entreprendrez renforcera votre engagement et élèvera le degré d'intensité de vos émotions et de vos convictions.

Pensez aux effets à long terme que cela aurait sur votre vie si vous aviez un sentiment de certitude plus ancré pour **renforcer vos croyances positives**.

Avant de faire cela, vous devez à tout prix vérifier vos croyances (au sens global du terme) et leurs conséquences dans votre vie, afin de vous assurer qu'elles vous donnent du pouvoir.

M'interroger sur mes croyances

Le seul moyen de prendre conscience de ses croyances, c'est de se questionner à leur sujet. Si vous n'obtenez pas les résultats que vous attendez dans votre vie, demandez-vous ce que vous devriez croire pour réussir. Ou qui réussit dans ce domaine et quelles différences y a-t-il entre les croyances de ces personnes et les vôtres ? Si nous modifions la signification d'un événement dans notre esprit, les sentiments qui y sont attachés se transforment eux aussi. Ce qui nous pousse à modifier nos actions et, par le fait même, notre avenir.

L'ensemble de nos croyances peut être divisé en deux autres catégories :

- celles qui nous portent et qui nous permettent d'être bien dans notre peau, de réaliser nos rêves et nos projets ;
- celles qui nous limitent, qui nous empêchent de nous exprimer dans ce monde, et qui nous font faire des choses qu'au fond, nous ne voulons pas ; qui parfois même, nous coupent des personnes que nous aimons…

Nous devons à tout prix nous assurer de choisir **consciemment** la signification de ce que nous pensons afin que nos convictions profondes concordent avec l'avenir que nous voulons réaliser.

Rien dans la vie n'a de significations autres que celles qu'on leur prête.

Voici une nouvelle série de questions à vous poser. Surtout, prenez tout votre temps pour y répondre et scruter le fond de vos pensées.

Mes croyances concernant moi-même, mes capacités et l'impact que j'ai sur les autres :

❶ Qu'est-ce que je pense de positif à propos de moi ?

❷ Quelles sont mes croyances limitantes me concernant ?
Quels jugements ai-je à mon égard ?

❸ Quelles sont les conséquences de ces croyances limitantes sur moi-même ?

❹ Quelles sont les conséquences de ces croyances limitantes sur les autres ?

❺ Quelles sont les croyances positives qui pourraient remplacer mes croyances limitantes sur moi-même ?

Réinventez vos croyances et osez de nouvelles croyances qui vous soutiennent !

❻ Quelles sont les conséquences de ces nouvelles croyances sur moi-même ?

❼ Quelles sont les conséquences de ces nouvelles croyances sur les autres ?

❽ Que puis-je faire pour que ces nouvelles croyances prennent place dans ma vie ?

❾ Comment saurais-je que ces nouvelles croyances ont remplacé les anciennes ?

→

Mes croyances à propos des personnes avec qui je travaille :

❶ Quelles sont mes croyances positives à propos des personnes avec qui je travaille ?

❷ Quelles sont mes croyances limitantes concernant les relations avec les autres ? Qu'est-ce que je pense que les autres pensent de moi ? Quelles sont les intentions des autres me concernant ?

❸ Quelles sont les conséquences de ces croyances limitantes sur moi-même ?

❹ Quelles sont les conséquences de ces croyances limitantes sur les autres ?

❺ Quelles sont les croyances positives qui pourraient remplacer mes croyances limitantes sur ma relation à ma cible ou aux personnes avec qui je travaille ?

Réinventez vos croyances et osez de nouvelles croyances qui vous soutiennent !

❻ Quelles sont les conséquences de ces nouvelles croyances sur moi-même ?

❼ Quelles sont les conséquences de ces nouvelles croyances sur les autres ?

❽ Que puis-je faire pour que ces nouvelles croyances prennent place dans ma vie ?

❾ Comment saurais-je que ces nouvelles croyances ont remplacé les anciennes ?

Mes croyances concernant mon domaine d'activité et l'univers dans lequel je travaille :

❶ Quelles sont mes croyances positives à propos de mon domaine d'activité ?

❷ Quelles sont mes croyances limitantes concernant mon domaine d'activité ?

❸ Quelles sont les conséquences de ces croyances limitantes sur moi-même ?

❹ Quelles sont les conséquences de ces croyances limitantes sur mes projets ?

❺ Quelles sont les croyances positives qui pourraient remplacer mes croyances limitantes sur mon domaine d'activité ?

Réinventez vos croyances et osez-en de nouvelles qui vous soutiendront à l'avenir !

❻ Quelles sont les conséquences de ces nouvelles croyances sur moi-même ?

❼ Quelles sont les conséquences de ces nouvelles croyances sur mes projets ?

❽ Que puis-je faire pour que ces nouvelles croyances prennent place dans ma vie ?

❾ Comment saurais-je que ces nouvelles croyances ont remplacé les anciennes ?

L'une des façons les plus efficaces d'améliorer notre vie est de **définir et de renforcer toute croyance qui nous permettra de nous rapprocher de nos objectifs.** Alors, passez en revue les listes que vous venez de dresser sur vos croyances positives (celles que vous avez déjà et celles qui remplacent vos croyances limitantes) et encerclez les trois plus importantes dans chacun des trois domaines (vous, les personnes de votre entourage professionnel et votre domaine d'activité). De quelle façon ces croyances renforcent-elles très précisément votre confiance en vous ? De quelle façon forgent-elles votre caractère ou contribuent-elles à améliorer la qualité de votre vie ? Si ces croyances étaient plus profondément ancrées, en quoi pourraient-elles avoir une influence encore plus positive sur votre vie ? Transformez toutes ces croyances positives en convictions. Construisez en vous la certitude absolue qui guidera votre comportement dans la direction que vous souhaitez adopter.

Puis débarrassez-vous des croyances qui ne vous sont d'aucune utilité. Choisissez deux des croyances les plus négatives dans chacun des trois domaines. Et analysez vos certitudes limitantes en vous demandant en quoi chacune de ces croyances est un obstacle à votre réussite. Si c'est une personne qui vous a communiqué ces croyances, avait-elle le meilleur modèle de comportement ? Et si vous ne vous débarrassez pas de certaines de vos croyances, qu'est-ce que cela vous en coûtera sur le plan personnel ou professionnel, ainsi que sur le plan de vos relations en général ?

Visualisez les conséquences négatives que ces croyances entraîneront et décidez une fois pour toutes que vous n'êtes plus disposé à payer ce prix. Focalisez-vous sur vos nouvelles croyances positives qui remplacent les anciennes. Renforcez-les en visualisant et en anticipant les avantages incommensurables qu'elles vous apporteront lorsqu'elles auront pris une place plus conséquente dans votre vie.

Et l'une des décisions les plus courageuses et bénéfiques à prendre est de laisser tomber aussi toutes nos croyances négatives que nous avons envers les autres ; de laisser tomber l'idée que les sentiments que nous éprouvons sont causés par les personnes qui nous entourent ; de reconnaître que nous sommes responsables de ce nous ressentons et percevons, et qu'il est futile de s'en prendre aux autres ou de se considérer comme une victime. Cela nous empêche de reconnaître nos peurs qui resurgiront jusqu'à ce que nous le fassions.

Le pouvoir des rengaines

Vous connaissez bien ce pouvoir pour l'avoir utilisé à des fins déprimantes des tas de fois… Vous savez, la petite voix qui vous rebat les oreilles lorsque vous avez fait une erreur : « Pauvre idiote ! (ou pauvre idiot !) » ; « Décidément, ma pauvre fille (mon pauvre garçon), t'es trop ceci, t'es pas assez cela ! » ; « Je savais bien que tu n'y arriverais pas ! » ; etc. À force de vous ressasser ce genre d'idées, vous risquez de finir par le croire.

Alors, je vous propose d'utiliser le même processus, mais à des fins constructives, cette fois. Afin d'intégrer totalement vos nouvelles croyances, faites-vous un petit cocktail de croyances positives et rabâchez-les, jusqu'à ce que vous les ayez toutes intégrées… Répétez-vous ces nouvelles croyances le plus souvent possible. Écrivez-les dans votre agenda, collez-les sur les murs, mettez-les en fond d'écran de votre ordinateur, etc.

« On ne se débarrasse pas d'une habitude en la flanquant par la fenêtre ; il faut lui faire descendre l'escalier marche après marche. »
Mark Twain, écrivain américain

Ce que nous dit Mark Twain est évident, mais la meilleure façon d'y arriver, c'est de remplacer ses mauvaises habitudes par de nouvelles qui nous sont plus bénéfiques.

Courte explication sur les connexions neuronales

Lorsqu'on fait (ou qu'on se dit) quelque chose pour la première fois, on crée dans notre cerveau ce qu'on appelle une connexion neuronale, une sorte de lien. Si nous ne recommençons pas, cette connexion s'étiole totalement, mais si nous refaisons la chose un certain nombre de fois, la connexion se renforce, jusqu'à devenir hyper-musclée et former une habitude, une voie que notre cerveau empruntera systématiquement, et il deviendra très difficile de s'en défaire (les fumeurs sauront de quoi je parle !).

La seule façon d'y arriver, c'est de proposer une autre voie à notre cerveau (une voie que nous aurons choisie délibérément et qui nous apportera plus d'avantages que la voie que nous ne voulons plus emprunter). Puis de renforcer cette nouvelle voie jusqu'à former une nouvelle habitude (en général, cela prend au minimum 21 jours), jusqu'à ce que celle-ci devienne plus musclée que l'autre.

Mais l'ancienne voie ne disparaîtra jamais, elle deviendra seulement plus petite. C'est pour cette raison qu'un ex-fumeur risquera toujours la rechute.

Conclusion : *la meilleure façon de prendre une nouvelle habitude, c'est de se focaliser dessus pendant un minimum de 21 jours.*

Pourquoi ne pas fabriquer votre propre jeu de cartes (comme celui proposé en annexe, p. 281) sur vos nouvelles croyances ? Par exemple, inscrivez toutes vos nouvelles croyances sur du papier bristol. Choisissez une carte chaque matin et gardez-la à l'esprit toute la journée. Certaines nécessiteront davantage de rengaines. Alors, gardez-les plusieurs jours. Passez toutes vos cartes en revue, jusqu'à ce qu'elles vous soient totalement familières. Ne les laissez mourir dans le fond d'un tiroir que lorsque vous les aurez intégrées et que vous vous direz : « Je sais, je sais… »

Même si ça vous paraît ringard et que vous pensez que ce sont des bêtises, ça vaut le coup d'essayer, non ?

Et pour toutes les fois où vos anciennes croyances ont la vie dure, toutes les fois où vous vous critiquez, où vous critiquez les autres, voire l'humanité tout entière, j'ai un autre truc à vous proposer. Prenez un élastique (vous savez, ceux qu'on utilise en bureautique) et mettez-le autour de votre poignet gauche. Puis à chaque fois que vous vous dites un truc pas *glop*, faites-le claquer. Je sais, ça fait mal ! Mais à force, votre cerveau associera vos pensées négatives à la douleur et finira par faire un blocage. C'est le processus inverse du réflexe de Pavlov. Pour tout vous dire, moi, j'en avais mis deux ! Et ça m'a permis d'éliminer la grande majorité de mes pensées négatives et mangeuses d'énergie.

Et maintenant ?

Ce travail d'introspection n'est pas facile, j'en suis totalement consciente. Et pour vous faciliter la tâche, je vous propose de croiser ce travail avec les profils qui vous sont présentés dans la prochaine étape. Si j'ai choisi de vous faire faire ce travail d'introspection avant de vous présenter ces profils, c'est que j'ai remarqué que ce type d'outils, même s'ils sont extrêmement utiles, ne nous permettent pas toujours de faire une différence dans notre vie, car il n'est pas facile de nous les approprier.

J'ai moi-même utilisé un bon nombre des tests qui existent sur le marché, tant sur moi-même que sur les personnes que j'accompagne, et je me suis rendu compte que tant que nous ne nous interrogions pas nous-mêmes sur notre perception du monde, notre mission, nos atouts, nos valeurs et nos croyances, nous avions des difficultés à nous les approprier totalement. Que cela restait souvent extérieur à nous.

D'un autre côté, il n'est pas facile de nous voir tels que nous sommes. Du coup, ces profils nous offrent la possibilité d'ouvrir des portes sur des aspects de notre personnalité dont nous n'avons pas toujours conscience. L'un ne va donc pas sans l'autre. Et si nous voulons apprendre à nous connaître et à développer nos talents, nous devons non seulement nous regarder dans un miroir, mais prendre en considération les regards extérieurs. Ces profils nous apportent ce regard extérieur.

ÉTAPE 2
ÉTUDIER NOS MODES DE COMPORTEMENTS RELATIONNELS : LE PROFIL DES 5 ÉLÉMENTS®

Afin d'apprendre à mieux vous connaître…
À mieux comprendre la façon dont vous communiquez avec votre entourage.
Et à avoir une meilleure maîtrise de vos comportements relationnels (dans le sens de vous en rendre maître)…
À mieux percevoir le sens de ce qui se joue à travers les relations humaines, en général…
À repérer facilement les profils et les talents de vos collaborateurs pour mieux les guider, afin qu'ils donnent le meilleur d'eux-mêmes…
À connaître et à appliquer les recettes d'une équipe performante…
À utiliser au mieux les profils et les talents de vos collaborateurs pour faire émerger un esprit de coopération au sein de vos équipes et à réaliser brillamment vos missions professionnelles…
À développer votre excellence en tant que manager pour que vous deveniez l'élite française et que vous releviez la cote des managers de l'Hexagone sur l'échelle européenne…

Voici un outil psychométrique que j'ai construit au fil du temps et que j'ai appelé « 5 Elements Profil® » (le Profil des 5 Éléments®) en hommage au film de Luc Besson. Et parce que la quête ultime de l'être humain, c'est de trouver son équilibre et de développer sa quintessence, ce qu'il y a de meilleur en lui. Ou tout du moins, de s'en approcher.

Mais avant de vous le présenter, je vais partager avec vous mes sources, parce que chacun des éléments qui m'ont servi à le construire a de l'importance et vous permettra de mieux comprendre son fonctionnement.

Comment ai-je construit le Profil des 5 Éléments® ?

La lutte pour le pouvoir

J'ai toujours été intriguée par ce qui se joue à travers nos relations et, au tout début de mes investigations pour tenter de comprendre la façon dont les individus se comportent et interagissent les uns avec les autres, j'ai fait la découverte des premiers profils en lisant *La prophétie des Andes* de James Redfield. Un best-seller à l'époque, traduit en 34 langues. Et plus exactement, à travers la 4e prophétie, « La lutte pour le pouvoir ». C'était en 1995. À l'époque, je commençais tout juste à m'intéresser aux sciences humaines et je lisais tout ce qui me tombait entre les mains.

La 4e prophétie met en évidence la façon dont les êtres humains sont en interaction et en compétition permanente avec leur entourage pour acquérir de l'énergie et sont sans cesse à la recherche de leur équilibre. Lorsqu'ils l'ont perdu et qu'ils se sentent faibles, parce qu'ils sont soumis à des situations stressantes qui les rendent peu sûrs d'eux ou des émotions fortes, ils ont tendance à vouloir récupérer leurs forces en se procurant cette énergie auprès d'autres êtres humains. Ils le font en cherchant à manipuler les autres de diverses façons (quatre en l'occurrence) ou en les forçant à s'intéresser à eux. Lorsqu'ils réussissent à dominer leur entourage de cette façon, ils se sentent plus forts, alors que les autres sont affaiblis et réagissent à leur tour, pour entrer dans un cercle vicieux dont ils sont rarement conscients, qui les manipule et qui les épuise. De ce fait s'installe une lutte de pouvoir qui a des conséquences sur les relations.

Pour James Redfield, la manière dont nos parents nous traitaient ainsi que la manière dont nous nous sentions en leur compagnie, nous entraînent dans un mode de comportements qui nous permettent d'avoir notre place dans notre famille, puis, très vite, dans la société. Ces comportements deviennent peu à peu des mécanismes de domination tels que : l'interrogation, l'intimidation, l'indifférence, et la plainte.

Les quatre profils sont donc nommés comme suit :

1. **L'Interrogateur,** qui a l'habitude de briser le moral et la volonté des autres en considérant avec suspicion toutes les activités et toutes motivations. Critique hostile, il cherche des occasions de mettre les autres en tort. Tout ce que vous dites risque d'être retenu contre vous...
2. **L'Intimidateur,** qui attire l'attention par un verbe haut, par la force physique, les menaces et les éclats brusques. Il maintient les autres sous pression par crainte de remarques embarrassantes, de réactions colériques et, dans les cas extrêmes, d'explosion de fureur...
3. **L'Indifférent,** qui pense inconsciemment que s'il se rend mystérieux ou détaché, les autres le feront sortir de sa coquille. Souvent solitaire, il garde ses distances par peur que les autres ne lui imposent leur volonté et ne contestent ses décisions...
4. **Et le Plaintif,** qui ne pense pas qu'il a suffisamment de pouvoir pour affronter le monde d'une façon active et attire l'attention sur lui en provoquant un sentiment de sympathie. Très souvent pessimiste, il arbore souvent un visage soucieux, soupire, exprime ses craintes et ressasse des situations douloureuses pour qu'on s'intéresse à lui.

Je rappelle que ce sont des mécanismes de domination et je vous invite à considérer que si ces profils sont proches de la réalité, nous avons de nombreuses facettes, tant positives que négatives.

Par la suite, j'ai poursuivi mes recherches en étudiant **l'analyse transactionnelle** à travers les travaux d'Éric Berne et son livre : *Des jeux et des hommes.*

Success Insights et DISC

J'ai passé pas mal de temps à observer ces mécanismes dans le laboratoire de ma propre vie, puis en 1999, j'ai découvert la méthode *Success Insights*, grâce à une de mes amies coaches.

Ces profils sont assez similaires à ceux de James Redfield et d'Éric Berne mais l'outil est intéressant parce que l'angle d'approche est plus positif. Il est lui-même tiré de la méthode *DISC* de William Moulton Marston, qui représente les profils par quatre couleurs, définis comme suit :

1. **L'Interrogateur devient le Jaune :** il est optimiste, sociable, charmant, enthousiaste et stimulant…
2. **L'Intimidateur devient le Rouge :** il est déterminé, résolu, exigeant, aventureux et a l'esprit de compétition…
3. **L'Indifférent devient le Bleu :** il est prudent, formel, organisé, précis et logique…
4. **Et le Plaintif devient le Vert :** il est bienveillant, patient, partageur, aimable et fiable.

Comme le *DISC*, le test *Success Insights* révèle un style naturel et un style adapté, correspondant aux comportements que nous avons lorsque nous sommes avec des personnes de confiance, des amis ou des membres de notre famille ; et ceux que nous adoptons en société ou au cours de notre évolution personnelle, afin de nous adapter à notre environnement.

Pour la petite histoire, William Moulton Marston (1893-1947) était également connu sous le nom de plume de Charles Moulton. C'était un psychologue américain, théoricien féministe, inventeur, écrivain de bandes dessinées et créateur du personnage de *Wonder Woman* (ma préférée !).

La méthode *Success Insights* a scindé les profils *de Marston* en deux, tout en conservant les couleurs mais en les nommant ainsi :

- Le Promoteur (qui correspondrait au Jaune pur).
- Le Motivateur (un mélange entre le Jaune et le Rouge).
- Le Conducteur (qui correspondrait au Rouge pur).
- L'Organisateur (un mélange entre le Rouge et le Bleu).
- L'Évaluateur (qui correspondrait au Bleu pur).
- Le Coordinateur (un mélange entre le Bleu et le Vert).
- Le Supporteur (qui correspondrait au Vert pur).
- Le Facilitateur (un mélange entre le Vert et le Jaune).

La façon de nommer ces profils est intéressante et leur caractère positif est assez parlant. Comme les outils précédents, **l'idée est d'apprendre à identifier nos comportements et à mieux comprendre les schémas que nous avons mis en place dans notre sphère relationnelle**.

À la même époque, j'ai aussi étudié le livre de Jean-Jacques Crèvecœur et Ananou Thiran : *Relations et jeux de pouvoir*. Un pavé passionnant et joyeusement illustré. C'est alors que j'ai commencé à utiliser mes recherches pour construire des séminaires sur la Gestion du Stress et, en 2004, pour créer un jeu de société destiné aux entreprises et que j'ai appelé Dé-Stress®.

AEC ou Arc-En-Ciel

Puis en 2010, dans le cadre d'animation de séminaires sur le management, j'ai travaillé pour une entreprise suisse qui utilisait encore un autre outil appelé *AEC* ou *Arc-En-Ciel*, issu des travaux de William Moulton Marston, de Carl Gustav Jung et d'Eduard Spranger. Il m'a été assez facile de me l'approprier, car il rassemble bon nombre de modèles que je connaissais déjà, même si je reconnais certains conflits dans les termes (ce qui est inévitable lorsqu'on se borne à résumer un comportement avec un seul mot…).

Voici ce que cela donne :

- L'Expansif (correspondrait au Jaune pur).
- Le Promouvant (serait un mélange entre le Jaune et le Rouge).
- Le Directif (correspondrait au Rouge pur).
- L'Organisant (serait un mélange entre le Rouge et le Bleu).
- Le Normatif (correspondrait au Bleu pur).
- Le Coordonnant (serait un mélange entre le Bleu et le Vert).
- Le Coopératif (correspondrait au Vert pur).
- Et le Facilitant (serait un mélange entre le Vert et le Jaune).

Le fait que cet outil prenne en compte les types psychologiques de Carl Gustav Jung est enrichissant parce que ce dernier considère que l'individu a deux façons de se charger en énergie : l'introversion et l'extraversion. Il a observé que nous avions tendance à équilibrer notre énergie et à nous sentir dynamisés soit par notre environnement extérieur à travers des activités et des expériences (extraversion), soit de nous-même à travers notre univers intérieur, nos idées, nos souvenirs et nos émotions (introversion)*. Ce qui nous donne deux orientations supplémentaires pour encore mieux comprendre comment nous fonctionnons. Et une idée sur la façon dont chacun peut sortir de son paradigme en se libérant de sa manière réactive de retrouver de l'énergie en la puisant d'une façon qu'il n'a peut-être pas encore expérimentée en faisant l'inverse de ce qu'il fait par habitude pour se protéger ou pour dominer. Ainsi on sort du simple constat et on commence à identifier des axes de progression.

HOTS Survey

J'ai aussi découvert d'autres modèles, dont un qui vaut la peine d'être présenté ici, parce qu'il est particulièrement amusant et plutôt pertinent. Ses auteurs l'utilisent pour construire « des équipes de rêve » et mener à bien des projets lucratifs.

Mark Victor Hansen et Robert G. Allen (*Le millionnaire minute*), se sont basés sur la symbolique des animaux et ont nommé leur

* Voir p. 109 la partie : « Introverti ou extraverti ? ».

outil *HOTS Survey*, Hares (Lièvres), Owls (Hiboux), Turtles (Tortues) et Squirrels (Écureuils).

- **Les Lièvres sont des concepteurs (l'équivalent des Jaunes).** Ils sont créatifs et pensent de manière spontanée. Ils aiment émettre des idées. Et habituellement, ils perdent tout intérêt pour celles-ci une fois qu'ils en ont fait le tour. Il arrive que les autres se plaignent de leur manque de constance et de suivi.
- **Les Hiboux sont des stratèges (l'équivalent des Rouges).** Ils aiment établir des priorités et planifier des stratégies menant à la réussite. Lorsqu'on leur soumet des idées, ils savent immédiatement comment les mettre en application. Ce sont des personnes d'action qui excellent à créer des relations et des plans d'action.
- **Les Tortues sont des analystes (l'équivalent des Bleus).** Tout comme nous le montre La Fontaine dans sa fable, elles pensent que la course se gagne lentement et sûrement. Elles considèrent toujours le pour et le contre d'une situation et se méfient des idées nouvelles. Elles favorisent la tradition, les solutions éprouvées et procèdent avec prudence. Elles voient rapidement les problèmes et ce qui pourrait ne pas fonctionner. Grâce à elles, l'équipe peut détecter l'échec à l'étape du concept, épargnant ainsi temps et argent.
- **Et les Écureuils sont très attachés aux détails (l'équivalent des Verts).** Ils sont excellents dans le travail étape par étape, car très axés sur les détails. Ils pensent et agissent d'une manière méthodique et logique. Grâce à eux, tout est bien organisé et se déroule sans anicroches. Ils ont besoin que leurs tâches leur soient indiquées précisément, afin qu'ils puissent facilement s'en acquitter.

Et les autres...

Comme vous l'aurez compris, **les outils pour identifier les types de personnalités et leurs comportements relationnels sont nombreux**. Et ils expriment tous à peu près la même chose.

On peut rencontrer aussi le *MBTI* ou *Myers-Briggs Type Indicator* qui s'inspire également de la pensée de C. G. Jung. Ce sont Isabel Briggs Myers et Katherine Cook Briggs qui ont construit cet indicateur typologique dont la grille de lecture permet d'identifier les types de personnalité selon un classement en 16 catégories.

L'*Ennéagramme* décrit quant à lui 9 types de personnalités représentés par une figure ésotérique en neuf points à l'intérieur d'un cercle. Celle-ci a été utilisée, et peut-être même conçue, par Georges Gurdjieff qui y voyait « la porte pour acquérir la pierre philosophale ». On a écrit et dit beaucoup de choses sur la provenance de cet outil, mais personne ne connaît réellement son origine… Certains ont donné des noms aux profils, mais personnellement je trouve que cela incite ceux qui s'en servent à coller trop facilement des étiquettes sur les personnes de leur entourage. Le mot *Ennéagramme* a été construit avec les racines grecques *ennea* qui signifie « neuf » et *gramma* dont le sens est « figure ». Quoi qu'il en soit, c'est un outil intelligent et subtil qui est souvent utilisé aux États-Unis et en Amérique du Sud.

Le *Process Communication Management* a été progressivement développé par Taibi Kahler, docteur en psychologie depuis les années 1970, en s'appuyant sur ses observations des relations et du management des entreprises américaines. Comme les autres, c'est un outil de communication et un modèle de découverte pour comprendre sa propre personnalité et celle des autres. Il propose six profils : l'Empathique, le Rebelle, le Travaillomane, le Persévérant, le Rêveur ou le Promoteur. La Nasa est l'une de ses premières clientes. Elle l'utilise pour recruter ses astronautes et constituer des équipes homogènes. Et les travaux de Tabi Kahler ont été couronnés par le prix scientifique Éric Berne en 1977.

Mon intention étant de vous permettre d'y voir plus clair, je vais arrêter là l'inventaire de mes sources et vous proposer une synthèse de mon étude, afin que vous puissiez aisément vous les approprier et les utiliser en toutes circonstances (management et vie personnelle).

Comme je l'ai dit un peu plus haut, je n'aime pas les étiquettes et je ne trouve pas qu'il soit judicieux de nommer les profils par des titres ayant un sens précis, parce que cela est toujours sujet à interprétations et qu'il est trop facile de les coller sur le front des personnes qui nous entourent : « Ce n'est pas de sa faute, il est Normatif ! ». Quoi qu'on puisse aussi aisément dire « Laisse tomber, il ne peut pas comprendre, c'est un Jaune ! », si on s'est mis d'accord sur ce que cela veut dire.

Les identifier avec des couleurs, me semblerait plus approprié, mais cela a déjà été fait par Success Insight, AEC, Nuance4, Profils4Colors, et bien d'autres encore. Alors, pour un souci de copyright, je me devais de prendre d'autres références, telles que… les éléments. Et en hommage à Aristote, j'utiliserai l'Air, le Feu, l'Eau, La Terre et l'Éther (nom que le philosophe grec donnait à l'élément plus subtil qui résulte de l'équilibre entre les 4 autres et qu'il nommait aussi la Quintessence).

J'espère que vous trouverez cet outil suffisamment simple, utile et pertinent pour l'utiliser afin de mieux vous comprendre, dans un premier temps. De mieux comprendre vos collaborateurs et de les aider à tirer parti de leur propre style et à transformer leurs talents en performance durable. Et que vous élèverez votre niveau de connaissance au point de savoir parfaitement construire des équipes homogènes.

5 Elements Profil®

Comment se construit notre personnalité ?

Pour commencer, laissez-moi vous conter la façon dont les êtres humains construisent leur personnalité.

Dès sa naissance, le petit de l'Homme est en quête d'attention, d'amour, d'énergie… Et en évaluant son entourage, il comprend très vite qu'il n'y a que deux manières d'obtenir ce qu'il veut : dominer ou ne pas être dominé. On pourrait l'exprimer aussi de cette façon : prendre le dessus sur l'autre et le soumettre à sa volonté ; ou se protéger pour éviter de devoir se soumettre.

Au fil du temps, de ses expériences, et guidé par son instinct de survie, l'enfant affine sa technique et privilégie l'une ou l'autre de ces tendances :

- Dominer par la manipulation, l'intimidation, la violence parfois (qu'elle soit verbale ou physique), en suscitant la peur autour de lui et en profitant de la faiblesse des autres… Ou par l'oppression en harcelant son entourage de questions jusqu'à le mettre en porte-à-faux, lui dire des mots blessants afin de le diminuer en lui faisant perdre son assurance voire son estime de soi…
- Ne pas être dominé, par la fuite, le retrait (jusqu'à l'isolement), la non-communication pour faire naître chez l'autre davantage d'intérêt… Ou jouer les victimes afin de faire naître un sentiment de pitié chez l'autre pour attirer son attention…

Ce qui signifie que dans les deux cas, il s'agit de prendre le pouvoir sur l'autre et de s'arranger pour le contrôler.

Je suis consciente que ce point de vue est un peu direct et cru, mais il suffit d'observer des petits enfants dans une crèche (ou simplement les siens) pour prendre très rapidement conscience de ces modes de fonctionnement. En apparence, ceux qui cherchent à ne pas être dominés semblent plus faibles que les autres. Mais en réalité, la seule différence pourrait être une forme de subtilité car, dans tous les cas, ces modes de comportement n'ont qu'un seul objectif : prendre du pouvoir sur l'autre. Parfois en prenant le dessus, parfois en laissant croire à l'autre qu'il peut prendre le dessus pour mieux le manipuler.

L'enfant naît avec un caractère qui lui est propre, une tendance naturelle et une façon bien à lui de survivre dans l'environnement dans lequel il a débarqué. (Nous ne soulèverons pas la question de savoir d'où nous vient cette tendance, car honnêtement, personne ne détient la réponse et les plus grands psychologues n'ont que des suppositions à nous proposer sur le sujet.) Et pour mieux comprendre le processus, je vous invite à considérer qu'il n'y a ni « gentils », ni « méchants ». **Juste de petits êtres humains qui essaient de survivre dans leur environnement**.

Je vous invite aussi à considérer l'autre face de cette quête : **chacun cherche à trouver son équilibre et à devenir autonome**. Ce qui veut dire qu'il cherche à faire en sorte que son équilibre ne dépende de personne d'autre que de lui.

On peut supposer que ce processus est plus important chez les êtres humains que chez les autres êtres vivants, parce que, à la naissance, ils sont incapables de survivre par eux-mêmes et sont totalement dépendants des adultes. Du coup, leur besoin d'attention, d'énergie ou d'amour (appelez cela comme vous voudrez) est une question de survie. Parfois, ils obtiennent cela naturellement et leur entourage le leur donne sans compter. Mais bien souvent ce n'est pas le cas, car leurs parents sont préoccupés ou en quête de cette même attention, ce qui les met en concurrence avec leurs propres petits… et rend les choses bien compliquées.

Chacun va faire des essais et mettre en place des petites stratégies gagnantes ou perdantes, jusqu'à ce qu'il finisse par entrer dans un schéma qu'il n'aura de cesse de mettre à l'épreuve et qu'il finira par adopter, afin de prendre sa place dans son univers. C'est là qu'intervient le phénomène de l'habitude*.

* Voir « Le pouvoir des rengaines », p. 81.

Cela ne veut pas dire qu'on va rester dans ce schéma toute sa vie, car on peut très bien se rendre compte que certaines de ces stratégies ne fonctionnent pas avec tout le monde de la même façon et qu'on devra affiner sa méthode. Mais tant qu'on manquera d'assurance et qu'on ne sera pas autonome, on procédera toujours de la même façon en cherchant soit à dominer, soit à éviter la domination. Et certains resteront dépendants de ces processus, même à l'âge adulte.

Et vous ?

Dans un premier temps, je vais vous inviter à mettre en lumière votre propre façon de fonctionner au sein de votre entourage et de faire le point sur la manière dont vous vous êtes construit. Même si cette étape n'est pas des plus évidentes, et qu'elle peut en rebuter certains, c'est en prenant conscience de ce qui se joue à travers votre façon d'appréhender vos propres relations que vous aurez la meilleure chance de comprendre la manière dont fonctionnent les autres. La seule aussi qui vous permettra de transformer ce qui ne fonctionne pas dans votre mode de management, et de vous améliorer. Parce que, à travers cette fonction et les responsabilités qu'elle engendre, vous êtes particulièrement soumis au stress. Et plus vous êtes stressé, plus vous êtes déséquilibré, en quête d'énergie et d'attention, et plus vos schémas de « domination » ont une chance de s'exprimer à travers votre mode de management. Eh oui !

Depuis la nuit des temps, il est admis que le but ultime de la vie, c'est de survivre dans son environnement. Nous admettons cela pour les êtres humains, les animaux et les végétaux. Notre instinct nous pousse à survivre et nous sommes tous d'accord avec l'idée que pour cela nous avons besoin de nourriture, d'eau, de protection contre les intempéries et les agressions extérieures. Mais la plupart du temps, nous oublions un point essentiel : **pour survivre, nous avons aussi besoin d'amour, d'attention et… d'énergie !**

Si on s'en réfère au livre d'Eric Kandel (prix Nobel de médecine) *À la recherche de la mémoire. Une nouvelle théorie de l'esprit*, p. 377, le psychologue américain Harry Harlow en a établi la preuve dès les années 1930.

Lorsque nous commençons à admettre cette idée et à la prendre en considération, nous nous retrouvons devant un nouveau paradigme, une nouvelle donnée qui vient s'ajouter à nos concepts de base, alors que nos relations semblent déjà bien compliquées. Mais en réalité, si nous étudions cette nouvelle façon d'appréhender nos liens avec les autres, certains domaines de notre vie trouvent leur équilibre, tels que notre bien-être mental, physique et émotionnel... Car **nous sommes des êtres de communauté et toute notre vie se construit à travers les relations que nous avons avec notre entourage** et la façon dont nous les appréhendons.

Lorsque nous arrivons à « dépatouiller » ce domaine, à étudier nos modes de fonctionnement et à transformer ce qui est dysfonctionnel dans notre façon de nous comporter avec les autres, nous permettons aux autres de se transformer à leur tour et ne plus utiliser leurs schémas de domination habituels. Et lorsque les relations au sein d'une équipe deviennent fluides et que nous devenons des partenaires qui œuvrent pour réaliser un objectif commun, tous les membres du système trouvent une nouvelle source d'énergie et de satisfaction qui les entraîne dans un cercle vertueux. Source d'équilibre qui incite chacun à se débarrasser de ses anciens schémas et à adopter des comportements coopératifs.

Rien n'est réel. Tout n'est que projection. Une extension de notre propre réalité. À nous de choisir une vision du monde qui nous porte et nous permet d'atteindre nos buts.

Nous avons besoin de nous défaire de nos croyances, de nos présupposés et de nos peurs. C'est notre manque d'estime de soi qui nous incite à utiliser nos schémas de domination pour tenter de reprendre du pouvoir sur l'autre. Et ce, même si l'autre n'est pas spécialement intéressé à prendre le pouvoir sur nous.

La croyance que les autres sont mieux que nous, le sentiment que nous sommes en compétition les uns avec les autres et qu'il doit systématiquement y avoir un gagnant et un perdant au sein de nos relations nous tient cantonné dans nos schémas (ces croyances n'ont pas besoin d'être identifiées pour être effectives). Et tant que nous n'avons pas rendu nos modes de fonctionnement relationnel transparents, nous sommes prisonniers de ces schémas et du système (au sens de la systémique) que nous avons créé pour les maintenir en place.

À l'instant même où nous comprenons et acceptons cela, nous pouvons choisir d'autres issues. Car, comme je l'ai dit plus haut, au fond de nous, nous aspirons à trouver notre équilibre et sommes en quête d'harmonie. C'est cette même quête qui nous pousse au déséquilibre, car on ne nous a jamais appris ce qui se joue réellement au sein de ce système qui nous manipule plus que nous ne cherchons à manipuler les autres. *(Voir la partie sur les croyances – Étape 1)*

Personne ne fait exprès de se comporter comme il le fait (même ceux qui sont les plus agressifs avec leur entourage). Nous sommes tous guidés par notre instinct de survie.

Pour vous aider à mieux comprendre, et j'espère accepter ces processus, je vous invite à supposer que nous sommes **tous des prédateurs**. Et cela même s'il est un fait que certains sont plus souvent la proie de leur entourage (les mots sont peut-être un peu forts, mais je n'en ai pas trouvé de plus adéquats). L'objectif de cette invitation étant de vous permettre de vous extraire de ce paradigme et de prendre la responsabilité des process. Non parce que c'est la réalité, mais parce que c'est une position noble qui part du principe que c'est vous qui avez le contrôle sur vos relations et sur votre tribu en général, que vous avez ce pouvoir en vous et que votre rôle est de vous le réapproprier afin de construire des relations de coopération efficaces.

Comme je l'ai dit plus haut, nous avons mis en place ces modes de comportement relationnel dès notre petite enfance et depuis et nous sommes pris dans un piège qui ne nous donne pas beaucoup de liberté d'être. Nos réactions spontanées et non réfléchies ternissent notre personnalité et ne nous permettent pas toujours de montrer à notre entourage la personne que nous sommes vraiment.

Mais en dehors du fait que certains de nos comportements peuvent nous rendre impopulaires, c'est envers nous-mêmes que ces processus engendrent le plus de dégâts car, contrairement aux apparences, ce sont eux qui génèrent notre manque d'estime et de confiance en soi, nous maintenant dans une contradiction permanente, ainsi que dans un véritable cercle vicieux.

Tous ces comportements ont pour but de prendre le pouvoir sur l'autre. Que nous soyons agressifs ou victimes, nous cherchons à gagner, même si, au bout du compte, nous perdons... notre estime de nous-mêmes. Coûte que coûte, nous voulons :

- être reconnus,
- attirer l'attention,
- avoir raison de quelque chose,
- être aimé.

Comme il est rare que nous reconnaissions nos propres besoins, nous avons tendance à les dénigrer. De ce fait, ceux-ci prennent un sens démesuré et nous devenons incapables de nous en détacher.

Bien sûr, nos comportements ne sont pas toujours aussi caricaturaux et nous avons à notre disposition tout un éventail de variantes plus « soft » de ces aspirations. Mais nous jonglons toujours vers l'une ou l'autre des quatre tendances principales que je vais vous présenter. Celles-ci sont encore plus évidentes lorsque nous sommes en état de stress.

Les 5 profils de base

Avant toute chose, je tiens à souligner que notre personnalité ne peut pas être constituée uniquement d'un seul de ces profils, même si nous avons une tendance particulière qui se révèle lorsque nous sommes stressés, et que nos enjeux relationnels sont importants ou fragilisés par la situation que nous vivons. En fonction du caractère des personnes qui nous entourent, de leurs réactions et des événements auxquels nous sommes confrontés, nous pouvons adopter des attitudes très diverses. Jusqu'à fonctionner à l'opposé de nos comportements habituels.

Ces derniers sont motivés par notre instinct de survie et notre capacité à nous adapter à notre environnement. Imaginez plutôt que ces attitudes sont des rôles que nous choisissons d'endosser en fonction des situations que nous rencontrons, même si ces choix sont rarement délibérés et davantage régis par des automatismes. Bon nombre d'entre nous gagneraient à se libérer de la signifiance des personnages qu'ils jouent et ont oublié que ce n'était que des rôles qu'ils ont eux-mêmes composés pour survivre dans leur environnement et en fonction de leur caractère, car nous avons toujours le choix de la façon dont nous nous comportons avec notre entourage.

La personnalité d'un être humain est extrêmement complexe et l'outil que je vous propose ici a pour aspiration de vous aider à en décrypter une grande partie. Il est suffisamment perspicace pour vous être utile dans votre rôle de manager et vous aider à mieux comprendre ceux que vous côtoyez. Je vous invite donc à prendre le temps de lire et d'étudier chacun de ces profils, puis d'observer la façon dont vous vous comportez, ainsi que les situations dans lesquelles vous le faites. Et enfin d'observer vos collaborateurs et les personnes qui vous entourent afin de mieux comprendre ce qui se joue au niveau relationnel avec eux. Plus loin, je vous proposerai un test. Mais, s'il vous plaît, ne vous précipitez pas pour le faire. **Ce qui est important ici, c'est de comprendre comment vous fonctionnez et comment fonctionnent**

les autres. En vous cantonnant à ce test, vous vous priverez de votre pouvoir d'analyse. Et en tant que manager, ce n'est pas recevable.

Sachez que quel que soit le profil principal d'une personne, elle peut être introvertie, extravertie, ou centrovertie (même le profil 1 – le Vent – dont on pourrait penser que la tendance naturelle est l'extraversion ou le profil 3 – l'Eau – dont on pourrait penser que la tendance naturelle est l'introversion). Cela change pas mal de choses en réalité, mais nous verrons cela un peu plus loin.

Quant au profil 5 – la Quintessence –, il va tout naturellement être centroverti et passer de l'un à l'autre assez facilement. Lorsqu'un profil commence à intégrer les qualités de son profil opposé, il commence aussi à adopter les attitudes du centroverti.

Un dernier point : la langue française m'oblige à utiliser le genre masculin pour décrire les profils. Mais il va de soi que cela n'a rien à voir avec le sexe de ceux-ci. Ils comprennent autant de femmes que d'hommes. Ce qui est loin d'être un détail, car nul doute que cela peut influencer notre jugement si nous n'y prenons garde.

Profil 1 – Le profil du VENT

Sa mission

L'optimisme, l'implication, la convivialité, la spontanéité et les plaisirs partagés.

Innover, inventer, concevoir, créer, apporter de la joie de vivre autour de lui et mettre un peu de piment dans la vie.

Ses caractéristiques

C'est un communicateur, il est doué pour transmettre efficacement des informations et faire passer ses idées. Il en a généralement beaucoup et peut passer de l'une à l'autre très rapidement.
Il est créatif, a de l'imagination et entraîne facilement les autres dans ses projets. Il a du talent pour les enrôler et les rallier à son point de vue.
Il a tendance à voir les choses en grand, à exagérer et à généraliser.
Il est plutôt rapide et proactif dans son travail et est motivé par l'action.
Il saute sans difficulté d'une activité à une autre et se met très vite en mouvement.
Il prend ses décisions spontanément.
Il n'aime pas beaucoup être seul.
Son besoin d'estime et de reconnaissance fait de lui quelqu'un qui n'hésite pas à être sur le devant de la scène.
Souvent extraverti, il existe pourtant des profils Vent introvertis, moins démonstratifs et moins exubérants, mais cela ne les prive pas de leurs qualités de communicateurs.

Ses défis à relever pour trouver son équilibre

Apprendre à se ressourcer et à se poser.
Analyser les situations avant de sauter dans l'action, évaluer les autres de manière réaliste et être plus objectif lors de prises de décisions.
Se fixer des priorités et des délais précis pour être plus efficace et ne pas partir dans tous les sens.
Intégrer les qualités de l'EAU.

Ses mauvaises habitudes

La culpabilisation, le marchandage, l'idéalisme.

Ce qu'il aime

Le contact humain, le dialogue, la convivialité, le dynamisme, la participation, l'humour, la créativité.

Ce qu'il n'aime pas

La rigueur, les règles, l'indifférence, la routine, les conflits, la distance, la froideur.

Profil 2 – Le profil du FEU

Sa mission

L'action et la réalisation, la concrétisation, la matérialisation, la prise de position.
Insuffler le mouvement et répondre aux besoins essentiels de survie.

Ses caractéristiques

Il a un talent naturel pour mobiliser les autres et les pousser à se mettre en action.
C'est un leader, même s'il ne se met pas toujours en avant ou s'il lui arrive de refuser le leadership.
Il aime la compétition et la contrôle ; que le rythme soit rapide et que les projets progressent efficacement.
Il est déterminé et prend rapidement ses décisions.
Il travaille efficacement et préfère souvent le faire seul. Il est actif sans faire de digression.
Il n'aime pas beaucoup les conseils, sauf si c'est lui qui les a demandés et analyse très vite ce qu'on lui dit.
Il a besoin d'un maximum de liberté pour se gérer ou gérer les autres.
Il peut sembler froid par son côté indépendant, parce qu'il a peu d'ouverture sur les sentiments d'autrui et qu'il ne se dévoile pas facilement. Mais il sait aussi se faire apprécier pour cela.
Il peut être introverti ou extraverti, mais plus souvent centroverti.
Ni l'introversion, ni l'extraversion ne lui font perdre d'énergie, car il sait se protéger.

Ses défis à relever pour trouver son équilibre

Faire preuve de patience, écouter, être à l'écoute des besoins des personnes qui l'entourent et les prendre en considération.
Exprimer patiemment les raisons de ses actes et de ses décisions.
Apprendre à se laisser soutenir par les autres autant que par la vie elle-même.
Intégrer les qualités de la TERRE.

Ses mauvaises habitudes

La colère, l'agressivité et le contrôle.

Ce qu'il aime

L'affirmation, la rapidité, les défis, le dynamisme, la réussite, les solutions, avoir raison.

Ce qu'il n'aime pas

L'attente, l'inaction, l'hésitation, les personnes lentes, les détails, l'absence de solution, l'absence de choix.

Profil 3 – Le profil de l'EAU

Sa mission

L'analyse, l'étude, la réflexion, l'organisation, la méthode, la justice et le cartésianisme.
Apprendre, explorer, expérimenter, découvrir et ordonner.

Ses caractéristiques

Il est analytique et prend des décisions après avoir évalué un maximum de données.

Il a besoin d'étudier une situation avant d'agir, ce qui le rend objectif.
Il aime l'organisation, les structures, s'intéresse aux détails et est orienté vers la tâche.
Il cherche à être juste et précis. Il est dépendant du recueil d'informations.
Il travaille souvent seul et n'aime pas être brusqué.
Il aime particulièrement résoudre des problèmes et sait découper une situation en petites tâches à réaliser.
Souvent introverti, il existe pourtant des profils Eau extravertis ou plutôt centrovertis, ce qui les rend plus proches des autres et de leurs émotions, et leur permet de mieux travailler en équipe.

Ses défis à relever pour trouver son équilibre

Apprendre à exprimer ses émotions dans le moment présent, à développer sa spontanéité et à être plus ouvert aux sentiments des autres.
Prendre en considération le côté positif d'une situation et faire preuve de plus d'optimisme.
Évaluer davantage la relation entre un effort à produire et les résultats à obtenir.
Intégrer les qualités du VENT.

Ses mauvaises habitudes

La négation, le pessimisme, fuir la réalité et les contacts humains, l'intellectualisation.
Il se coupe très facilement de ses émotions.

Ce qu'il aime

Les détails, la compétence, la rigueur, la clarté, la méthode, être accompagné et guidé par ses supérieurs, prendre le temps.

Ce qu'il n'aime pas

L'impatience des autres, l'approximation, la légèreté, l'incompétence.

Profil 4 – Le profil de la TERRE

Sa mission

La fraternité, la solidarité, l'appartenance, l'harmonie et la stabilité.
L'épanouissement personnel des autres.

Ses caractéristiques

Il a un don naturel pour soutenir et écouter les autres. Il sait prendre soin de ses semblables. C'est même souvent sa raison d'être principale.
Il aime les relations intimes.
Il est empathique et a du talent pour donner des conseils.
Au sein d'un groupe, il est un élément majeur qui renforce la cohésion, car il a de grandes capacités à obtenir le soutien des autres.
Se fixer des objectifs et prendre des décisions n'est pas son fort.
Il a besoin d'être encadré et se sent plus à l'aise s'il sait précisément ce qu'on attend de lui pour passer à l'action.
Il recherche la sécurité avant tout et a besoin de sentir qu'il appartient au groupe.
Selon son humeur, il peut être introverti ou extraverti. Ces deux penchants suivent la fluctuation de la confiance qu'il a en lui.

Ses défis à relever pour trouver son équilibre

Avoir confiance en lui pour prendre sa vie en main, prendre des initiatives et aller au bout de ses objectifs.
Faire face aux confrontations sans se défiler.
Faire davantage preuve d'initiative et accepter les changements rapides.
Intégrer les qualités du FEU.

Ses mauvaises habitudes

L'affliction, le découragement, un sentiment d'impuissance.

Ce qu'il aime

L'écoute, l'explication, le calme, la patience, l'encouragement, la reconnaissance, prendre le temps de connaître les gens, faire les choses à son rythme.

Ce qu'il n'aime pas

L'impatience, la froideur, les changements brusques, la pression, l'urgence, les conflits, la violence.

Profil 5 – Le profil de la QUINTESSENCE de l'ÊTRE

Ce cinquième profil est un peu particulier, car il correspond en réalité à ce vers quoi l'on tend en travaillant sur soi, en trouvant notre équilibre mental, émotionnel et relationnel et en nous acceptant tels que nous sommes. L'objectif de ce livre étant de vous permettre de développer votre Quintessence, ce dernier profil sera repris tout du long.

Sa mission

L'exemplarité, la cohérence, l'équité, le raisonnement, l'accomplissement de soi et l'ouverture d'esprit.
La quête de l'excellence, de l'équilibre, de la perfection, de l'idéal et de la transcendance.

Ses caractéristiques

Il est stable, posé et serein.
Contrairement aux autres profils, il n'a plus besoin de dominer les autres en utilisant son schéma de domination pour prendre sa place parmi eux.
Il sait prendre du recul pour se ressourcer lorsqu'il en a besoin.
Il a appris à se connaître et à s'accepter, tant pour ses talents que ses limites et sait les utiliser à bon escient ou dire sans crainte qu'il n'est pas capable de faire telle ou telle chose.
Il ne craint plus la domination des autres et garde facilement le contrôle de ses émotions lorsqu'il est pris dans une situation conflictuelle.
Il sait exprimer ce qu'il ressent sans rendre les autres responsables de ce qu'il éprouve.
Il n'a pas besoin de se mettre en avant pour se faire accepter, ce qui ne veut pas dire qu'il est effacé.

Ses défis à relever pour maintenir son équilibre

Avoir transcendé son schéma comportemental de base en intégrant les qualités du profil opposé au sien (nous verrons cela un peu plus loin).
Développer son équilibre émotionnel et sa sérénité en apprenant à gérer son stress et son énergie.
Apprendre à faire confiance à son intuition et sa sagesse naturelle.
S'apprécier tel qu'il est.
Être détaché du comportement des autres et ne plus entrer dans leurs schémas comportementaux.
Oser influencer les autres en leur montrant l'exemple et en développant son leadership, afin d'impulser des changements importants autour de lui.
Ce profil est la conjonction des 4 autres.
Quel que soit son profil principal, le profil de la Quintessence a su tirer parti de ses propres expériences et des leçons que lui a apportées la vie.

Introverti ou extraverti ?

Au cours de ses recherches, le psychanalyste suisse Carl Gustav Jung (1875-1961) a établi que nous utilisions naturellement deux directions pour équilibrer notre énergie et nous redynamiser. Soit nous le faisons à travers des activités et des expériences extérieures (l'extraversion), soit à travers notre univers intérieur, nos idées, nos souvenirs et nos émotions (l'introversion).

L'extraversion est un mouvement qui pousse l'individu vers le monde extérieur, à communiquer avec ses semblables, à jouir de ce qui l'entoure ou à agir sur son environnement. Alors que l'introversion est ce qui le pousse vers son intériorité, à être absorbé par son univers intérieur et à l'approfondir, à déployer entre lui-même et les autres le filtre de ses pensées, de ses jugements, de ses sentiments.

Les extravertis parlent pour penser, bavardent, discutent, verbalisent. Ils sont spontanés, communicatifs, curieux, actifs, constructifs. Ils ont tendance à être expansifs, liants et parfois superficiels. Alors que les introvertis pensent avant de parler, prennent le temps de réfléchir, tâtent le terrain pour établir des stratégies. Ils sont réfléchis, analytiques, critiques, prévoyants, sensibles. Ils ont tendance à être plutôt renfermés, distants et précautionneux.

En société ou pour développer leurs relations, les extravertis ratissent large, n'hésitent pas à se mettre en avant. Ils participent, sont sociables, se sentent à l'aise dans de grands rassemblements et vont accumuler un grand nombre de contacts qu'ils appelleront très vite des amis. Ils sont appréciés pour leur spontanéité et leur jovialité. Ils sont enthousiastes, souvent optimistes, recherchent la stimulation, les challenges et aiment retenir l'attention d'une assemblée. À noter tout de même qu'ils tiennent assez mal la distance et ne sont pas toujours bons en ce qui concerne le suivi.

À l'opposé, les introvertis vont privilégier la relation « one-to-one », approfondir leurs liens avec des personnes choisies et se construire un réseau, certes moins nombreux, mais soudé et avec qui ils prendront plaisir à construire des projets. Ce qui ne veut pas dire qu'ils soient timides, ni dénués d'esprit d'équipe. Ils peuvent même être dotés d'assurance, de confiance en eux et être fortement impliqués, car ils aiment les gens et faire de nouvelles rencontres. Ils peuvent être chaleureux, sont appréciés pour leur écoute, leur concentration, leurs conseils et la qualité de leurs tête-à-tête.

Les introvertis puisent leur énergie dans la solitude, suivent leur propre rythme et rechargent leurs batteries. Alors que les extravertis puisent leur énergie dans la compagnie des autres, font la fête, font du social et rencontrent des gens. Mais, au final, les deux modes d'approche donnent des résultats probants. Même si certains font moins de bruit que d'autres, tous finissent par construire des relations solides.

Ces deux types de personnalité sont parfaitement complémentaires. Mais elles ont besoin de se comprendre et d'accepter leurs différences pour apprendre à œuvrer ensemble.

Nul n'est obligé de tenir sa position et chacun peut apprendre en développant les tendances opposées aux siennes. Tout dépend du contexte auquel nous sommes exposés et des comportements des personnes qui nous entourent. Certains le font déjà tout naturellement. On les appelle les « centrovertis ».

C. G. Jung a lui-même signalé qu'on trouvait fréquemment des extravertis d'origine qui agissent comme des introvertis, et des introvertis d'origine qui agissent comme des extravertis. Au départ, chaque personne possède une inclinaison plus ou moins prononcée vers l'une ou l'autre de ces orientations, mais cela ne veut pas dire qu'elle ne peut pas apprendre à sortir de son schéma habituel.

Chacun peut sortir de son paradigme en se libérant de sa manière réactive de retrouver de l'énergie, en puisant celle-ci d'une façon qu'il n'a peut-être pas encore expérimentée et en faisant l'inverse de ce qu'il fait par habitude pour se protéger ou pour dominer. Ainsi on sort du simple constat et on commence à identifier des axes d'évolution.

Tout naturellement, les introvertis et les extravertis forment deux clans séparés. Et parce qu'ils ne se comprennent pas toujours, votre rôle de manager est de faire en sorte que chacun apprécie les qualités de l'autre, puisqu'elles se complètent mutuellement, qu'il s'accepte tel qu'il est et qu'il ait de l'indulgence pour ceux qui ne fonctionnent pas comme lui.

C'est très yin/yang cette histoire (rien à voir avec le genre féminin ou masculin). C'est le principe de l'alternance qui est à la base de l'existence, la complémentarité entre deux pôles contraires, mais indissociables, selon les Chinois...

Suite à cet éclairage, sauriez-vous déterminer quelle est votre tendance naturelle ?

❑ Introverti ❑ Centroverti ❑ Extraverti

Que vous soyez l'un ou l'autre, ou que vous passiez de l'un à l'autre selon vos humeurs ou les circonstances qui se présentent à vous, peu importe. Aucune de ces tendances n'est arrêtée ou irrévocable et je vous invite à considérer que, selon la nécessité du moment, vous pouvez très bien développer votre intériorisation ou vous ouvrir sur le monde extérieur. Pour cela, certains devront s'initier à la méditation, apprendre à développer leur présence et leur écoute, leur sens de l'observation... tandis que d'autres devront mettre à l'épreuve leur zone de confort et relever certains challenges de prise de parole en public en s'inscrivant, par exemple, à des cours de théâtre.

Nous avons tous intérêt à explorer de nouveaux comportements par défi ou par jeu, afin de ne pas rester cantonnés à une seule voie. Et si vous être plutôt introverti, en tant que manager, vous ne pouvez pas vous permettre de rester en retrait. C'est votre fonction qui veut ça.

En revanche, lorsque vous tenez votre position de manager, vous devez impérativement prendre en considération les deux, voire les trois tendances et chercher à les identifier chez chacun de vos collaborateurs. En aucun cas vous ne pouvez les pousser dans leurs retranchements si vous voulez qu'ils donnent le meilleur d'eux-mêmes. Votre rôle n'est pas de les faire changer, mais d'utiliser leurs talents à bon escient. Bien sûr, vous pouvez leur demander de dépasser certaines de leurs limites, mais sans le leur imposer. Ils doivent être conscients du challenge que cela représente pour eux-mêmes et ne doivent pas être sanctionnés s'ils échouent.

Résumé des talents et des lacunes des extravertis et des introvertis*

Les qualités de l'extraverti :
- Il a des facilités à nouer des relations ➔ Sans grand effort il engage la conversation avec tout le monde.
- Il évolue avec aisance dans de nombreuses situations ➔ Il se sent à l'aise avec toutes sortes de personnes et dans de nombreuses circonstances.
- Il est inarrêtable lorsqu'il est en société ➔ Plus il est en contact avec des gens et plus il se ressource.
- Il n'est pas de nature rancunière, il digère facilement les attaques ➔ Il désamorce aisément les conflits et se sent rarement visé personnellement.

---

* Adapté du livre de Devora Zack, *Cultiver son réseau quand on déteste réseauter*, paru chez ESF Éditeur.

Les lacunes de l'extraverti :

- Il a tendance à ne pas assurer de suivi ➔ Il privilégie l'instant présent et oublie parfois de mener les choses à terme.
- Il a une propension à fournir trop d'informations ➔ Il risque de se noyer dans les détails superflus.
- Il n'hésite pas à partager des informations personnelles ➔ Il peut devenir facilement familier, sans être attentif à la façon dont les personnes à qui il s'adresse le perçoivent (mais c'est aussi ce qui peut le rendre attachant et proche).

Les qualités de l'introverti :

- Il a un grand sens de l'observation ➔ Il est capable de décoder les signaux non verbaux les plus subtils.
- Il est autonome ➔ Il sait raisonner seul.
- Il est concis et constant ➔ Il va facilement au bout de ce qu'il entreprend.
- Il a une grande capacité de concentration ➔ Il ne se laisse pas facilement déstabiliser par l'environnement extérieur.

Les lacunes de l'introverti :

- Il ne se dévoile pas facilement et parle très peu de sa vie privée ➔ Les extravertis ont parfois l'impression qu'ils ne font pas partie de son univers et peuvent se sentir rejetés.
- Il a des difficultés à prendre part à des brainstormings ➔ Il n'aime pas les conversations décousues (ce qui est le principe même du brainstorming).
- Il tient très mal la distance lorsqu'il est soumis à la foule ou face aux bavards ➔ Ses réserves d'énergie s'épuisent très vite en société, ce qui risque de le faire passer pour quelqu'un d'asocial.

Le test « 5 Elements Profils® »

Après avoir lu les profils, j'imagine que vous avez déjà une petite idée sur votre profil principal. À votre avis, vous êtes plutôt Vent, Feu, Eau ou Terre ? Et êtes-vous sur la voie de la transformation et avez déjà relevé les défis de votre profil pour développer votre Quintessence ?

Avant de faire le test qui suit, il serait judicieux que vous ayez votre point de vue sur la question car, comme je l'ai insinué plus haut, un test n'est qu'un test et il est très facile de s'embrouiller dans les réponses et de les falsifier sans même s'en rendre compte. Alors quelle que soit la réponse qui ressortira, je vous invite à continuer à étudier les 5 profils et à réfléchir à votre façon de réagir face aux comportements des autres lorsque vous êtes déstabilisé ou en situation de stress.

Après avoir lu la présentation des 5 profils, vous considérez que votre profil principal est :

❒ Plutôt Vent
❒ Plutôt Feu
❒ Plutôt Eau
❒ Plutôt Terre

Et à propos du travail que vous avez déjà réalisé sur vous-même pour développer votre Quintessence (votre équilibre mental, émotionnel et relationnel), vous considérez que vous avez transcendé votre profil principal jusqu'à quel niveau, sur une échelle de 1 à 100 :

.... %

Nous allons tenter de vérifier cela avec le test qui suit.

Je vous propose de vous installer dans un endroit calme et de répondre à cette série de questions le plus spontanément possible, sans chercher à approfondir votre réflexion, en entourant le chiffre des affirmations que vous trouvez justes.

Cochez les phrases que vous trouvez justes ci-après.

❑ 1. Je prends mes décisions toujours très vite (même pour les choses importantes ou dans les situations difficiles), car je n'aime pas quand ça traîne.

❑ 2. L'effort et le dépassement de soi procurent les plus grandes joies dans la vie.

❑ 3. J'ai une vie de famille heureuse ; j'ai construit et je continue de construire des relations positives avec mon conjoint et mes enfants.

❑ 4. Quoi qu'il arrive, je reste fidèle aux gens.

❑ 5. Je suis quelqu'un d'économe et je mets de l'argent de côté pour pallier les difficultés qui pourraient se présenter.

❑ 6. Je conduis assez vite dès que j'en ai la possibilité, car j'aime la vitesse.

❑ 7. Si je fais le point sur ce que j'ai vécu, je vois que j'ai changé plusieurs fois d'idées et de points de vue sur des problèmes importants et fondamentaux.

❑ 8. J'aime quand ça bouge, j'ai du mal à rester enfermé(e) dans un bureau. J'aime rencontrer plein de gens et discuter avec eux.

❑ 9. Je suis exigeant(e) avec moi-même et avec les autres.

❑ 10. Je prends rarement des décisions (même des petites) sans avoir consulté largement, car j'aime être rassuré(e) et savoir ce que je fais.

❑ 11. Je ne crains pas le silence dans une conversation ou au sein d'un groupe, au contraire. Cela aide la réflexion et la communication.

❑ 12. L'expérience des autres n'est pas toujours ce qu'il faut suivre. Rien ne vaut la sienne.

❑ 13. Je préfère demander l'avis de personnes de confiance avant de prendre des décisions.

❑ 14. Il m'arrive d'être cynique.

❑ 15. J'ai parfois l'impression que les autres ne me comprennent pas.

❑ 16. J'aime m'entendre bien avec tout le monde.

❑ 17. J'arrive bien à coopérer avec mon entourage, même si je ne suis pas tout à fait d'accord avec les actions mises en place, car je privilégie toujours les relations et le résultat.

❑ 18. Il est important d'envisager tous les choix possibles, avant de prendre des décisions.

❑ 19. Je n'aime pas lorsque les gens font la tête, car il m'arrive de penser qu'ils en ont après moi où que je suis en cause.

→

- ❒ 20. Je trouve utile de remettre en cause, de temps à autre, mes conceptions en les mettant à l'épreuve de la réalité et en expérimentant de nouvelles façons de faire.
- ❒ 21. J'ai tendance à attaquer mille choses à la fois par enthousiasme et des difficultés à les finir. Il m'arrive de manquer de méthode.
- ❒ 22. Il est vrai que j'ai du mal à témoigner mon intérêt pour les gens, même quand je les apprécie. Je n'ai pas un tempérament très démonstratif et je fais rarement des compliments.
- ❒ 23. J'aime prendre des risques et les conflits ne me font pas peur ; j'aime bien avoir des poussées d'adrénaline de temps en temps.
- ❒ 24. Il n'est pas toujours facile pour moi de prendre des décisions. Je me sens souvent partagé(e) entre des points de vue contraires.
- ❒ 25. Je ne dissimule jamais ce que je ressens, mais je fais en sorte de prendre en considération le ressenti des autres.
- ❒ 26. Je n'aime pas qu'une personne que je ne connais pas bien me touche et me montre trop de familiarités.
- ❒ 27. En groupe, j'aime prendre le leadership et la direction des opérations.
- ❒ 28. Face à mes supérieurs hiérarchiques, je ne discute jamais les stratégies qu'ils mettent en place, ou les demandes qu'ils me font, même si je ne suis pas toujours d'accord ; c'est eux qui sont payés pour ça.
- ❒ 29. Mes amis viennent d'horizons très différents et nous nous voyons souvent.
- ❒ 30. Il faut éviter de faire trop confiance aux gens. Ils ne sont pas toujours fiables.
- ❒ 31. J'avoue que je n'ai pas toujours confiance en les capacités des autres et j'ai tendance à vérifier ce qu'ils font.
- ❒ 32. J'aime bien parler des difficultés auxquelles je suis confronté(e) avec des personnes de confiance. Ça me fait du bien de me confier.
- ❒ 33. Je suis débrouillard(e) et me tire bien des situations, même lorsqu'elles sont épineuses.
- ❒ 34. Au cours de ma vie, il m'est arrivé plusieurs fois de changer d'avis sur des points de vue essentiels, après m'être documenté(e) et renseigné(e).
- ❒ 35. Je n'aime pas qu'on me fasse des critiques, car elles me blessent. J'ai des difficultés à m'en détacher et à ne pas les prendre personnellement.
- ❒ 36. Je n'hésite pas à m'isoler lorsque je suis déstabilisé(e) et je n'aime pas qu'on vienne m'embêter en me posant des questions.

→

- ❐ 37. Il m'arrive de me laisser aller à monter le ton et c'est vrai que j'ai tendance à m'énerver facilement.
- ❐ 38. J'ai l'esprit vif et je comprends les choses rapidement, mais c'est vrai que je manque parfois de concentration, car je suis facilement distrait(e) par ce qui m'entoure.
- ❐ 39. La vie en commun suppose un certain nombre de principes qu'il convient de respecter.
- ❐ 40. Parce que je n'aime pas perdre mon temps en argumentaires, il peut m'arriver d'imposer mon point de vue.
- ❐ 41. Je suis parfaitement capable de protester efficacement, sans agressivité excessive.
- ❐ 42. J'aime le travail bien fait, précis et réalisé dans les délais voulus.
- ❐ 43. J'aime faire des recherches et accumuler un maximum d'informations sur les sujets qui m'intéressent.
- ❐ 44. Je suis plus logique qu'intuitif(ve), ce qui est un atout pour analyser minutieusement les problèmes et dégager les synthèses utiles.
- ❐ 45. Je me sens libre de mes choix et de mes initiatives.
- ❐ 46. Lorsque j'ai quelque chose de désagréable à faire, j'attends souvent la dernière minute pour agir.
- ❐ 47. Je suis impatient(e) avec les personnes qui ne me comprennent pas bien tout de suite.
- ❐ 48. On dit de moi que je suis chaleureux(se) et parfois un peu trop expansif(ve).
- ❐ 49. Je pardonne facilement aux autres et je suis indulgent(e) envers les erreurs des autres.
- ❐ 50. J'ai de nombreuses activités en dehors du travail. Il me semble que je m'ennuie moins que la plupart des gens.
- ❐ 51. En dehors de ma spécialité, je ne me sens ni le droit, ni la capacité de juger et je m'en remets à ceux qui savent.
- ❐ 52. J'aime la compétition et j'arrive en général mieux que les autres à m'en sortir.
- ❐ 53. Je travaille rarement en solitaire : je consulte, je m'informe, je confronte. Je suis une personne de contact plus qu'une personne de bureau.
- ❐ 54. J'avoue que je n'ai pas ma langue dans ma poche et, parfois, les mots vont plus vite que ma pensée.

→

- ❒ 55. Je n'aime pas les conflits. Et pour les éviter, en cas de problème avec quelqu'un, je préfère céder.
- ❒ 56. J'essaie de m'informer et de relever les faits indiscutables quand je dois prendre une décision ou trancher un cas épineux.
- ❒ 57. En matière d'éducation, il est primordial d'avoir des relations de confiance avec ses enfants. Je suis très souvent en contact avec eux et nous communiquons beaucoup.
- ❒ 58. En général, je suis plutôt allergique à l'autorité.
- ❒ 59. Mes parents m'ont élevé(e) dans le respect des principes.
- ❒ 60. J'ai plusieurs plans de carrière. J'ai déjà commencé à en réaliser certains et je compte bien les poursuivre en les adaptant selon les circonstances et les opportunités qui s'offriront à moi.
- ❒ 61. Je suis plutôt généreux(se). Je fais très facilement des cadeaux pour manifester mes sentiments.
- ❒ 62. Je n'aime pas dépenser mon temps et mon argent si je ne sais pas clairement ce que cela me rapportera personnellement.
- ❒ 63. Je me sens très importuné(e) lorsqu'on envahit mon bureau ou qu'on se sert de mes affaires.
- ❒ 64. Il est important de regarder le bon côté des gens. De les considérer comme des personnes intelligentes et responsables.
- ❒ 65. Je trouve qu'il est normal de se sacrifier pour le bonheur de ses enfants.
- ❒ 66. J'ai l'habitude de planifier les choses et de tout prévoir, que ce soit dans ma vie professionnelle ou ma vie privée ; cela me permet de me sentir plus serein(e).
- ❒ 67. Je connais beaucoup de gens et je suis généralement mieux renseigné(e) et informé(e) que d'autres.
- ❒ 68. On me trouve, en général, assez conciliant(e) et tolérant(e) dans la vie quotidienne du travail.
- ❒ 69. Il est important pour moi d'équilibrer mon temps entre mon travail, ma famille et mes loisirs.
- ❒ 70. Je fais ce qu'il faut pour ne pas passer inaperçu(e) vis-à-vis de mon patron et faire connaître mes bons résultats.
- ❒ 71. C'est vrai que je peux me montrer jaloux(se) dans mes amours et mes amitiés.
- ❒ 72. J'ai des difficultés à mettre fin à certaines relations, même si je sais qu'elles ne sont pas bonnes pour moi.

→

❒ 73. Il est important d'être estimé(e) de son entourage et je m'emploie fréquemment à ce qu'on ait une bonne image de moi.

❒ 74. Je ne crains pas de dire aux autres ce que je pense : la sincérité est fondamentale dans les relations humaines.

❒ 75. Je n'aime pas toujours travailler en équipe et je préfère avoir des activités dans lesquelles je peux être seul(e). De toute façon, j'ai besoin d'avoir des moments à moi.

❒ 76. Je suis à l'aise avec tout le monde, même avec les inconnus.

❒ 77. Je sais écouter en laissant de côté mes préjugés et points de vue. Je fais toujours de mon mieux pour être neutre.

❒ 78. Lorsque je suis en colère, il m'arrive de faire la morale aux autres.

❒ 79. Je trouve que les gens trop gentils sont souvent ennuyeux ou sans intérêt.

❒ 80. J'aime qu'on m'indique très clairement ce qu'on attend de moi et ce que j'ai à faire. Ainsi, je me montre efficace dans mon travail. Je rechigne à prendre des initiatives.

❒ 81. Au bureau, je suis là pour bosser ; je prends rarement le temps de faire une pause ou de discuter de tout ou de rien avec mes collègues.

❒ 82. Lors d'un désaccord, je cherche les compromis réalistes, qui nourrissent les intérêts mutuels.

❒ 83. J'aime bien expliquer, faire comprendre et faire découvrir.

❒ 84. J'aime la compétition, surtout lorsque j'ai toutes mes chances de gagner.

❒ 85. J'ai souvent du mal à prendre des décisions ou à faire des choix. J'évite, je repousse, je tergiverse ou je fais traîner…

❒ 86. Les gens ne reconnaissent pas assez que, pour vivre en société, il faut un minimum de discipline et de respect des règles.

❒ 87. Je suis un(e) bon(ne) négociateur(trice). Plusieurs fois, j'ai été amené(e) à régler efficacement des problèmes difficiles de relations entre les gens.

❒ 88. Je suis parfaitement capable d'être moi-même, tout en sachant me faire accepter par les autres.

❒ 89. J'ai besoin de nourrir des relations de confiance avec les personnes qui m'entourent.

❒ 90. Lorsque je ne suis pas d'accord avec quelque chose ou quelqu'un, j'ose l'exprimer et me faire entendre tout en respectant les autres.

❒ 91. Je ne me mets jamais en colère, car je trouve cela indigne. Mon humeur est constante, même si intérieurement je me sens irrité(e).

→

❒ 92. Je n'hésite pas à utiliser tous les moyens que j'ai en ma possession pour gagner, car j'aime être en tête.

❒ 93. Diriger, c'est permettre à chacun de développer son potentiel et de donner son maximum.

❒ 94. Je donne facilement un coup de main à mes collègues lorsqu'ils en ont besoin. Au détriment parfois de ce que j'ai moi-même à faire.

❒ 95. C'est vrai que j'ai tendance à vivre dans mon monde et à ne pas accepter qu'on y fasse intrusion.

❒ 96. J'aime les gens discrets et modestes : l'humilité est une qualité essentielle.

❒ 97. Je ne crois pas beaucoup aux recettes et aux méthodes ; je préfère expérimenter les choses par moi-même.

❒ 98. Avec mes collègues comme avec mes amis, ça ne me dérange pas de rendre service. Je me porte facilement volontaire.

❒ 99. On me dit souvent que j'ai un sacré caractère ; c'est vrai que je ne me laisse pas marcher sur les pieds.

❒ 100. J'aime réconforter les personnes lorsqu'elles ont du mal à s'en sortir. Je suis très soucieux(se) du bien-être de mes proches.

Reportez vos réponses dans le tableau ci-dessous, puis comptez le nombre de réponses que vous avez cochées.

1	2	5	4	3
8	6	12	10	7
21	9	15	13	11
31	14	18	16	17
38	27	22	19	20
43	33	26	24	23
46	37	30	28	25
48	40	36	32	29
54	47	42	35	34
57	52	44	39	41
61	58	51	49	45
64	63	56	55	50
68	67	62	59	53
73	71	66	65	60
76	74	70	72	69
78	79	75	80	77
83	84	81	86	82
87	90	85	89	88
94	92	91	96	93
100	99	95	98	97
Total/20 =	**Total/20 =**	**Total/20 =**	**Total/20 =**	**Total/20 =**
Vent	**Feu**	**Eau**	**Terre**	**Quintessence**

→

Votre score le plus élevé pourrait, après vérification, correspondre à votre profil principal. Quel est-il ?

Mon profil principal est : ☐ le Vent ☐ le Feu ☐ l'Eau ☐ la Terre

Votre deuxième score fournit aussi des informations intéressantes. Quel est-il ?

Mon deuxième profil est : ☐ le Vent ☐ le Feu ☐ l'Eau ☐ la Terre

Calculez votre niveau de quintessence en réalisant un pourcentage (100 % correspondant à la zen attitude totale).

Mon niveau de quintessence = total de réponses x 20 / 100 = ... %

Mais n'oubliez jamais que... Une carte (ici le test), n'est jamais aussi précis et complet que le territoire qu'elle représente et il y aura toujours des différences plus ou moins importantes entre la carte et le territoire cartographié.

« La carte n'est pas le territoire ! »
Alfred Korzybski, scientifique et penseur américain d'origine polonaise

Les réponses à ce test que vous aurez obtenues ne seront qu'une partie de cette réalité. Plus loin, je vous inviterai à étayer vos réponses car, même si ces outils sont d'une aide extrêmement précieuse pour apprendre à nous connaître, du fait qu'ils nous apportent un éclairage différent de nos points de vue sur nous-mêmes, ils ne seront jamais aussi efficaces que de se poser des questions sur soi, ainsi que je vous ai invité à le faire dans la première étape de ce livre.

Pour le moment, ne rejetez rien et étudiez les réponses que vous avez obtenues à tête reposée. **Commencez par vous interroger sur les points avec lesquels vous êtes d'accord dans le profil principal qui est ressorti.** Vous aurez le temps d'analyser les points avec lesquels vous ne l'êtes pas en poursuivant votre lecture.

Vous en apprendrez aussi beaucoup sur vous-même en observant le type de personnes avec qui vous avez des difficultés relationnelles. En effet, il est souvent bien plus facile d'analyser les interactions que nous avons avec les autres que nos comportements eux-mêmes. Vous allez avoir tout le loisir de vous poser ces questions en lisant les approfondissements que je vous propose maintenant.

Approfondissement des 5 profils

Pour tous les profils

N'oubliez jamais que les comportements qui sont présentés ici ne sont que des habitudes et que, contrairement aux idées reçues, même si celles-ci sont bien ancrées, nous pouvons les transformer. Nous verrons comment un peu plus loin. S'il est certain que cela demande un important travail sur soi et pas mal de courage, nous avons tout intérêt à entreprendre ces transformations, surtout si certains de nos comportements nuisent à la fluidité de nos relations avec notre entourage, à la qualité de notre management ou qu'elles ne nous permettent pas de montrer le meilleur de nous-mêmes.

Sachez aussi que si nous souhaitons qu'une personne de notre entourage change, c'est avant tout sur nous-même que nous devons travailler en développant notre propre équilibre et en évitant de réagir à ses modes de fonctionnement lorsque celle-ci est en énergie basse, car tout est lié et nos relations sont systémiques. Mais, même si nous pouvons inciter une personne à se comporter différemment, ne perdons pas de vue que la véritable transformation ne peut venir que de la personne elle-même.

Ces profils sont présentés sous deux angles, car nous n'avons pas les mêmes attitudes lorsque nous sommes au sommet de notre forme ou que nous sommes épuisés ou stressés. Plus nous savons gérer notre énergie et nous sentons en accord avec nous-mêmes et plus nous développons notre Quintessence (le profil 5). Ces fluctuations suivent les variations de notre niveau d'énergie*.

* Voir la partie « Gérer mon énergie et mon stress » (p. 204).

Profil 1 – Le profil du VENT

Lorsque le profil Vent est en énergie haute

Indéniablement, il a le sens du relationnel et de la communication. Dans la majorité des cas, il manie le verbe avec aisance et comprend instinctivement ce dont les personnes ont besoin pour se sentir à l'aise et prendre part à ce qu'il leur propose.

Il donne beaucoup d'énergie aux autres. Il est serviable, attentionné, plein de ressources, toujours disponible pour aider ou donner des conseils.

De nature plutôt impulsive, pressée et impatiente, il est fréquemment dans l'urgence. Il peut lui arriver de faire les choses précipitamment au détriment parfois de les faire jusqu'au bout, car il mène souvent plusieurs tâches de front au risque de se disperser et de se détourner de ses objectifs. Mais tout cela fait de lui quelqu'un de proactif et d'efficace. Il sait instaurer rythme et mouvement.

Il aspire à être le héros ou l'héroïne portant secours aux personnes qui en ont besoin et c'est pourquoi, de façon quasi unanime, il est fort apprécié par son entourage. On peut dire qu'il est reconnu voire encensé par ses proches... et à défaut, par la foule...

Il est créatif, pense de manière spontanée et aime les idées pour les idées. Il peut perdre tout intérêt envers elles une fois qu'il en a fait le tour.

Au sein d'une équipe, il est un excellent bras droit. C'est celui sur qui on peut toujours compter, qui ne vous laisse jamais tomber, qui assume ses responsabilités avec diligence et veille à ce que tout le monde se sente bien. C'est généralement lui qui trouve les idées, qui font émerger les options, qui permettent de profiter des opportunités qui se présentent et de résoudre les difficultés.

Lorsque le profil Vent est en énergie basse

Il se rend indispensable. Est incapable de dire non et s'oublie.

Lorsqu'il est stressé, contrarié ou simplement fatigué, le Vent a tendance à saper la confiance des autres, dans le but de prendre une certaine ascendance sur eux.

Il sait très mal évaluer ses propres besoins parce qu'il est plus centré sur les autres que sur lui-même et lorsqu'il a épuisé ses batteries, il siphonne leur énergie en les déstabilisant, en mettant en doute leur capacité à trouver leurs propres solutions ou en remettant en question leurs compétences. Il lui arrive de poser des questions dans tous les sens et à donner lui-même les réponses, sans porter d'attention à ce que les autres ont à dire.

Il peut très vite devenir un confident et s'enquérir de ce qui ne va pas dans la vie des autres, afin de devenir indispensable à leurs yeux. Sous le couvert d'être préoccupé par ce qui tient aux autres à cœur, il peut aller jusqu'à se servir de leurs faiblesses contre eux-mêmes. Leur faire croire qu'ils ne pourront s'en sortir que lorsqu'ils lui (le Vent) accorderont toute leur confiance, et donc toute leur énergie. En se positionnant comme un protecteur, un médiateur, un conseiller ou un thérapeute, il fait en sorte que son entourage ne puisse se passer de lui, ni passer à l'action sans devoir d'abord le consulter.

Comme il est toujours prompt à rendre service, qu'il a toujours l'impression de ne pas en faire assez et qu'il dépense sans compter, il s'oublie. Plus son énergie vitale s'épuise et plus il éprouve des difficultés à dire « non ! », sous peine d'être lui-même rongé par la culpabilité. Il est très souvent tourné vers les autres, est généreux et a tendance à les prendre sur ses épaules. Néanmoins, il va chercher son énergie à travers la valorisation qu'il tire de son efficacité auprès d'eux et n'arrive pas très bien à accueillir l'amour et la tendresse de ses proches. Il donne souvent plus qu'il ne reçoit. Et lorsque c'est son tour d'avoir besoin d'être soutenu (ou du moins réconforté), il a souvent l'impression qu'il n'y a jamais personne qui soit à la hauteur, ni même disponible pour lui rendre la pareille. Et, bien sûr, il a du mal à demander de l'aide.

Ses mécanismes de domination remontent souvent à son enfance, alors qu'il a enregistré qu'il devait prouver sa juste valeur aux yeux des personnes qu'il aimait. Soit parce que quelqu'un autour de lui s'est retrouvé désemparé et il a senti qu'il devait suppléer à la vulnérabilité de cette personne, soit parce qu'il s'est senti dévalorisé, humilié ou dénigré et il n'a pas réussi à surmonter son besoin de reconnaissance et d'approbation.

En ce qui concerne sa santé, s'il n'arrive pas à gérer son stress, il est exposé à des dysfonctionnements cardio-vasculaires (hypertension, tachycardie, risques de caillots, d'infarctus), et aux symptômes habituels du stress (migraines, troubles du sommeil, problèmes de peau, problèmes digestifs, foie souvent fragile, douleurs musculaires, articulaires, thoraciques...).

Pour résumer, il considère sans le savoir « Je suis OK et, grâce à moi, vous êtes OK ! »

Note : ce n'est pas parce qu'une personne est créative qu'elle est systématiquement du profil Vent. Chacun a sa part de créativité et le profil Vent n'est peut-être pas plus doué que les autres. Sa particularité, c'est qu'il est tout le temps en mode création. Il crée pour créer et une fois qu'il a accouché de son idée, il a tendance à s'en désintéresser.

Attention !
En ce qui concerne ses relations, il a tendance à briser le moral et la volonté en considérant avec suspicion les activités et les motivations de ses collaborateurs. Les autres risquent de considérer qu'il cherche à les mettre dans leur tort.

D'une vigilance extrême, son comportement peut paraître cynique, sceptique, sarcastique, agaçant, perfectionniste, voire moralisateur. Il gagnerait à laisser son analyse de côté et à permettre aux autres de s'exprimer librement en évitant de leur exposer son point de vue sans qu'ils le lui demande. Il doit apprendre à écouter ce que les autres ont à dire et s'abstenir de surenchérir avec ses conceptions personnelles car, lorsqu'il fait cela, il se prive de la richesse de son interlocuteur.

Comment faire face à un profil Vent lorsqu'il est dans son schéma de domination ?

Ne pas entrer dans son jeu de questions qui ont pour objectif de vous déstabiliser et qui parfois n'attendent même pas de réponse.

Premier niveau : adopter les qualités du profil Terre, ce qui veut dire être à son écoute, le rassurer, lui montrer que vous prenez au sérieux ce qu'il dit.

Deuxième niveau : si le premier niveau ne fonctionne pas, ne pas hésiter à lui demander de prendre soin des mots qui sortent de sa bouche. Prendre en considération son point de vue et lui rappeler que ce n'est pas en vous inondant de questions que les choses vont s'arranger. Lui dire que vous reprendrez la conversation lorsqu'il sera dans de meilleures dispositions, sans montrer de l'indifférence.

Ce qui renforce son schéma : l'indifférence et le manque d'intérêt. Les mauvais côtés du profil Eau.

Profil 2 – Le profil du FEU

Lorsque le profil Feu est en énergie haute

Avant tout, c'est un leader, même s'il ne se met pas toujours en avant ou s'il lui arrive de refuser cette position. Il est dynamique, actif, efficace, a la capacité de pousser les autres à agir et de les amener dans son sillage. Parfois même au-delà de ce qu'ils pensaient pouvoir être capables de faire. S'ils le suivent, c'est avant tout parce qu'ils sont attirés par son charisme et sa force de caractère.

Il devance souvent les autres, arrête facilement ses choix et ose prendre des décisions. Sa vision des choses et des situations est très concrète, pointue, matérialiste et souvent perspicace. Il sait naturellement comment tirer profit d'une situation, se hisser au sommet et être reconnu par son entourage, parfois de façon remarquable.

Il travaille efficacement sans faire de digression et préfère souvent le faire seul. Il a besoin d'un maximum de liberté d'action.

En apparence, il est peu ouvert sur les sentiments des autres et peut sembler froid parce qu'il ne se dévoile pas facilement. Mais il sait aussi se faire apprécier pour cela. Et, en réalité, il est très attentif, même s'il n'en montre rien. Il semble n'écouter les conseils que d'une oreille, mais sait très bien les prendre en compte s'il juge que la personne qui les lui donne est plus compétente que lui. Il analyse très vite ce qu'on lui dit.

Il fait partie de ces personnes qui abordent les problèmes – et les gens – de front. Il aime les défis, la recherche active de solution, est capable de trancher dans le vif et aime avoir raison. Les conflits et les situations difficiles ne l'effraient pas.

Au sein d'une équipe, il est souvent le plus apte à sélectionner une idée en fonction des priorités parce qu'il a souvent une vision plus élargie et plus systémique que les autres profils. Il sait très rapidement comment la mettre en application. On peut lui faire confiance pour établir des priorités et planifier une stratégie menant à la réussite. C'est une personne d'action qui excelle dans la création de réseaux de relations. Il aime la compétition, que le rythme soit rapide et que les projets progressent efficacement.

Lorsque le profil Feu est en énergie basse

Il a tendance à imposer son point de vue, à vouloir tout contrôler et peut devenir agressif.

Il cherche à s'imposer aux autres pour attirer leur attention et tente de se servir de sa force de persuasion pour garder le contrôle sur les situations, les événements et les gens qui l'entourent. Il a tendance à négliger les opinions de son entourage et tente de faire passer ses idées en premier en n'hésitant pas à imposer sa volonté.

Sans le vouloir, il émet autour de lui le message qu'il est supérieur aux autres. Il peut facilement se mettre en colère et sortir de ses gonds parce qu'il aime que les situations évoluent dans le sens qu'il veut, que c'est un fonceur et un conquérant. Il ne se voit pas réagir, ne se considère pas comme une personne agressive, mais plutôt volontaire et déterminée.

Il cherche à dominer les autres en tentant de les asservir et d'exercer une emprise sur eux pour s'approprier leur énergie. Tel un prédateur, il les immobilise par la peur et peut bondir sur eux comme sur une proie. Il fait cela parce qu'il pense que le premier qui attaque gagne et qu'il a peur qu'on découvre ses faiblesses et ses points de vulnérabilité. Il se méfie souvent des autres parce qu'il craint d'être trahi. En imposant son contrôle, il essaie de maîtriser la situation pour avoir le dessus.

Il génère de la peur chez l'autre afin de faire taire la sienne. Mais comme celle-ci ne disparaît pas totalement, son mode de fonctionnement ne peut que le laisser insatisfait sur ce point et ne suffit jamais à le rassurer. Et ce, même s'il excelle à se faire respecter.

Il y a de fortes chances qu'il ait grandi dans une famille où il fallait se battre pour survivre et où la compétition était rude. Il en a déduit que la meilleure façon de se faire respecter, c'était de s'assurer de maîtriser toutes les situations auxquelles il est soumis.

Pour résumer, il considère sans le savoir « Je suis OK, vous n'êtes pas OK ! »

Note : ce n'est pas parce qu'une personne se met en colère qu'elle est du profil Feu. Chaque profil est capable de se mettre en colère. Ce qui caractérise le profil Feu, c'est qu'il le fait pour dominer l'autre et pas seulement pour exprimer son désaccord. Il pense qu'il faut exprimer sa supériorité pour se faire respecter.

Attention !
Son comportement peut être perçu par les personnes de son entourage comme une emprise ou une domination car son attitude peut dépasser ses pensées. En maintenant les autres sous pression, ces derniers craignent ses remarques embarrassantes et ses réactions colériques. Et, malheureusement, cela risque de nuire à leur expression, de bloquer leurs initiatives et leur créativité. En faisant bon usage de ses qualités de leader, il augmentera son estime de lui-même. C'est en ayant confiance en ses possibilités et en étant bienveillant vis-à-vis des autres qu'il obtiendra leur coopération.

Selon une étude* menée pendant plus de trente ans sur un millier d'Américains, ces tendances impulsives et colériques multiplient ses risques d'hypertension et de maladies cardio-vasculaires par 3,1.

Comment faire face à un profil Feu lorsqu'il est dans son schéma de domination ?

Ne pas se laisser intimider par ses sautes d'humeur et son agressivité. Et ne pas perdre votre confiance en vous.

Premier niveau : lui tenir tête et lui faire comprendre que vous n'êtes pas impressionné par son caractère. Ne pas hésiter à hausser la voix s'il se permet de le faire, mais sans colère, comme un jeu, une façon de dire : « Moi aussi j'en suis capable ! »

* Source : la revue *Archives of Internal Medicine*. Étude menée par le Dr Patricia Chang (Université Johns Hopkins à Baltimore) et ses confrères.

Deuxième niveau : tout en gardant votre sang-froid, et en ne montrant aucun signe de faiblesse, affichez une totale indifférence à ses esclandres et à son animosité, comme le ferait le profil Eau.

Ce qui renforce son schéma : montrer qu'on est intimidé par lui, qu'on a peur. Montrer des signes de faiblesse, de l'émotivité. Les mauvais côtés du profil Terre.

Profil 3 – Le profil de l'EAU

Lorsque le profil Eau est en énergie haute

C'est une personne réfléchie qui aime analyser et étudier les situations et les gens. Sa plus grande force est sa capacité à se retrancher dans sa sphère mentale. Il est généralement très observateur et jouit d'une très grande capacité d'analyse et de raisonnement.

Il observe tout ce qui l'entoure. Ressent le besoin d'apprendre et de récolter des informations pour accumuler des données et découvrir de nouveaux éléments. Par conséquent, il a besoin de temps pour prendre des décisions, se mettre en action et n'aime pas être dans la précipitation. Mais c'est ainsi qu'il garde son objectivité.

C'est quelqu'un d'organisé et de cartésien, qui a de la méthode et cherche à agir de façon équitable et juste. Doté d'un fort esprit critique, il peut faire évoluer rapidement la situation dans laquelle il se trouve, ne perdant pas de temps en considérations hypothétiques et s'en tenant aux faits exposés. Il est en quête de perfection, de dépassement et d'efficacité ultime. Il lui arrive souvent d'être tiraillé entre son niveau d'exigence, et ses obligations.

Il est plutôt exigeant avec lui-même et avec les autres. Il aime faire les choses à son rythme pour qu'elles soient faites à sa façon.

Il affectionne particulièrement la résolution de problèmes et sait très bien découper une situation en une succession de tâches à remplir. Plus cela semble compliqué pour les autres et plus il se met au défi de dénouer une difficulté.

Au sein d'une équipe, il est très utile pour mettre en lumière la réalité des faits. Il sait considérer le pour et le contre et se méfie des idées préconçues. Il sait éprouver une solution avec prudence, identifie très rapidement le problème et ce qui ne pourrait pas fonctionner dans un projet. Grâce à lui, on peut détecter l'échec à l'étape du concept et épargner ainsi du temps et de l'argent à l'organisation.

Il n'hésite pas à se faire « l'avocat du diable ». Dans un groupe, il est capable de déceler les difficultés avant tout le monde et d'attirer l'attention sur les consignes à observer. Il n'hésite pas à rappeler les autres à l'ordre s'ils se dispersent ou se laissent entraîner par leurs émotions. Très attaché aux structures il fait un excellent gestionnaire du temps, des échéanciers et de tout ce qui est factuel. Il travaille souvent seul et n'aime pas être brusqué.

Lorsque le profil Eau est en énergie basse

Il est facilement paralysé. A tendance à fuir la réalité dans son monde intérieur et à nier ses émotions.

Son moyen privilégié pour obtenir l'énergie et l'attention des autres consiste à se montrer quasi inaccessible. De cette façon, il les oblige à venir vers lui et à mettre tout en œuvre pour tenter d'attirer son attention, tandis qu'il continue à garder ses distances. Ce qu'il cherche, c'est justement cet antagonisme entre chien et chat, même s'il clame qu'il veut qu'on le laisse tranquille. Cela rend la situation extrêmement équivoque et ambiguë.

Il a tendance à se déconnecter de ce qui se passe autour de lui. Comme son esprit s'évade facilement, il devient ardu pour une personne d'avoir un échange avec lui. Son attention demeure hors d'atteinte. Il peut devenir comme un savon dans le bain : plus on essaie de l'attraper, plus il glisse, vous esquive, se sauve… tout en restant à portée de main.

Comme il est souvent insatisfait, il peut devenir extrêmement pointilleux, tout intellectualiser, chercher la petite bête, préférer jongler avec les idées et les concepts au lieu de chercher des issues de secours. Il a tendance à démotiver et à mobiliser l'attention de son entourage en discutant tout et en remettant tout en question. Il cherche sans cesse l'impossible et sape le moral de tout le monde. Il nourrit ainsi l'estime de lui-même en embrouillant la situation et en gardant le contrôle sur les gens par la détention d'information.

Il a des difficultés à s'investir dans des relations trop intimes, ce qui ne veut pas nécessairement dire qu'il est asocial, mais qu'il garde toujours une certaine distance.

Il peut se montrer intolérant ou même carrément méprisant face aux personnes émotives. Allant jusqu'à se retrancher derrière une certaine condescendance lorsque les autres expriment trop ouvertement leurs sentiments ou leur ressenti. Il agit ainsi parce qu'il s'est coupé de ses propres émotions et trouve indécent de les exprimer.

S'il est mal à l'aise à l'idée de laisser entrer les autres dans sa sphère personnelle, il se tourne facilement vers ceux qui lui ressemblent. Leur présence lui paraîtrait moins envahissante, ce qui lui permet de s'ouvrir pour entrer en contact avec eux. L'échange d'énergie devient alors possible.

Il y a de fortes chances qu'il ait subi un traumatisme important dans sa jeunesse ou qu'il se soit senti fortement réprimé dans son besoin d'autonomie ou d'indépendance. C'est comme si sa personnalité était restée en « état de choc », contrainte ou forcée de demeurer emprisonnée dans une coquille.

Pour résumer, il considère sans le savoir « Je ne suis pas OK, mais vous n'êtes pas OK non plus ! »

Note : ce n'est pas parce qu'une personne ne parle pas beaucoup ou se retire de la société de temps à autre qu'elle est du profil Eau. Chaque profil peut avoir sa part de mystère et aimer prendre du recul sur une situation. Ce qui caractérise le profil Eau, c'est qu'il s'isole pour fuir l'intimité et qu'il n'apprécie pas qu'on pénètre son monde intérieur.

Attention !
Son besoin de solitude risque d'amener les autres à considérer qu'il ne les apprécie pas et, du coup, de s'isoler davantage. Il ne doit pas hésiter à prendre le temps de partager ses points de vue avec ses collaborateurs, sans attendre qu'ils viennent le solliciter. Il doit également prendre le temps de résoudre certains quiproquos et conflits, souvent engendrés par son manque de communication. Ainsi, il gagnera en confiance en lui, et offrira au monde la richesse de son analyse et de sa créativité.

Comment faire face à un profil Eau lorsqu'il est dans son schéma de domination ?

Plutôt difficile à déstabiliser, car il rentre très vite dans le mutisme et refuse la communication.

Premier niveau : lui faire comprendre que son manque de communication et son retrait n'améliorent pas la situation. Éviter de lui poser des questions et être factuel dans vos propos.

Deuxième niveau : montrer de l'indifférence à son égard et lui faire comprendre qu'il n'est pas indispensable et qu'on peut se passer de lui ou le remplacer (attention, il a un certain entraînement à ce jeu-là et a acquis de l'endurance...). Éviter à tout prix de lui poser des questions.

Ce qui renforce son schéma : essayer de le prendre par les sentiments et lui raconter votre vie (il est peu probable que ça l'intéresse). Parler pour ne rien dire. Le bassiner de questions... Les mauvais côtés du profil Vent.

Profil 4 – Le profil de la TERRE

Lorsque le profil Terre est en énergie haute

Il est de nature généreuse avec les personnes qui l'entourent et n'hésite pas à les soutenir. Souvent doté d'une grande empathie, il sait écouter les autres, a du talent pour les réconforter et leur donner des conseils. Parce qu'il est sensible, il a la facilité de leur permettre de prendre contact avec leurs émotions, de les aider à s'ouvrir et à exprimer ce qu'ils ressentent. Il a un don naturel pour prendre soin de ses semblables. Sait être heureux lorsque les autres le sont. Son altruisme, son humanité et sa sentimentalité caractéristique font souvent de lui un idéaliste, aspirant à faire de son environnement un monde meilleur, plus beau ou plus serein. Il a besoin de créer de l'harmonie autour de lui.

Il aime aussi prendre le temps de connaître les individus, affectionne les relations intimes. C'est une personne généralement calme et patiente qui a le sens du service.

Au sein d'un groupe, il est un élément majeur qui renforce la cohésion, car il a de grandes capacités à obtenir le soutien des autres. Il est celui qui sait convertir un plan d'action en système concret et est particulièrement doué pour le mettre à exécution. Axé sur le détail, il excelle dans le travail étape par étape, pense et agit de manière méthodique et logique. Grâce à lui, tout est bien organisé et se déroule sans anicroche.

Pour se sentir à l'aise et s'acquitter de ses tâches avec brio, il a besoin qu'on lui indique précisément ce qu'il doit faire et qu'on le laisse s'en acquitter à son propre rythme. Se fixer des objectifs et prendre des décisions n'est pas son fort, il préfère être encadré et se sent plus à l'aise s'il sait précisément ce qu'on attend de lui pour passer à l'action.

Il a besoin de sentir qu'il appartient au groupe et ne se voit pas exister sans les autres. Il recherche la sécurité avant tout.

Lorsque le profil Terre est en énergie basse

Il se plaint, se désespère, quémande, implore.

Il est plutôt tenace, mais il lui arrive de manquer de combativité et peut facilement baisser les bras face à des situations ou à des personnes qui cherchent à le dominer et à profiter de sa gentillesse. Il peut aussi facilement tomber dans la routine et parfois même dans la dépendance. Il stresse parce qu'il se sent débordé et qu'il accumule les contraintes. Il est exposé à certains troubles psychologiques tels que l'effondrement de l'humeur et la dépression.

Il a tendance à s'apitoyer sur lui-même et a besoin d'exprimer ses émotions, même les plus négatives : à voir les problèmes plutôt que les solutions, les aspects négatifs plutôt que les aspects positifs, ses faiblesses plutôt que ses forces. Il puise son énergie chez les autres en se plaignant, en désespérant, quémandant de l'attention, implorant de l'aide et en faisant appel à leur empathie naturelle. Il attire leur attention en les prenant par les sentiments, autrement dit, en suscitant un élan de compassion ou de sympathie à leur égard. Comme il a bien souvent des difficultés à concrétiser ses rêves parce qu'il ne prend pas suffisamment d'initiatives, il finit par se sentir démuni et impuissant.

Il semble que les personnes sensibles et, en apparence, vulnérables aient de la facilité à attirer les protecteurs, des gens qui ont besoin de se sentir utiles et valorisées pour l'aide qu'ils apportent autour d'eux. Toutefois, s'il est vrai que nous avons tous parfois besoin d'un coup de main, le profil Terre a développé un talent particulier à exploiter les autres en devenant dépendant de leur générosité, de leur force ou des ressources mises à leur disposition. Et lorsqu'il est en énergie basse, stressé et manque de confiance, le profil Terre se complaît facilement dans un rôle de victime. Il a besoin des autres parce que, bien souvent, seul, il ne parvient pas à diriger sa vie. Il se sent régulièrement dépassé par les événements et/ou accablé par le poids d'un passé lourd et douloureux. Il a l'impression que ses blessures ou ses échecs sont si pesants qu'il ne peut désormais que subir ce qui lui arrive sans pouvoir rien changer. Son estime de soi est souvent à plat et il considère que les autres sont meilleurs, plus forts ou plus heureux que lui. Il aspire vers lui l'énergie de toutes les personnes qui lui accordent de l'attention. Il peut aller jusqu'à inspirer la pitié et s'accrocher à l'autre comme à une bouée de sauvetage, lui soutirant au passage l'énergie vitale dont il prétend avoir besoin pour retrouver son équilibre. Car peu importe le réconfort ou l'aide que l'on tente de lui apporter, il pense et dit toujours les mêmes mots : « Oui, mais... » « Oui, mais... c'est bien plus grave... ça ne marche jamais... c'est toujours pire... pour moi c'est difficile... » Au fond, il ne veut pas vraiment qu'on l'aide à trouver des solutions, il cherche seulement à se plaindre. Il est constamment accablé par la tristesse, se sent démuni et dévalorisé, et souhaite que quelqu'un puisse suppléer à ses propres faiblesses. Il veut être soutenu, consolé, « remonté », bref, que les autres se sacrifient pour lui... comme il pense se sacrifier pour les autres...

Il a des difficultés à comprendre que c'est lui qui crée sa vie et qu'il est possible de changer les choses, à condition de croire suffisamment en soi. Il s'est probablement senti abandonné étant jeune et son enfant intérieur a constamment besoin d'être rassuré et sécurisé, plutôt que d'aller de l'avant et d'explorer son potentiel intérieur créatif et illimité.

Pour résumer, il considère sans le savoir « Je ne suis pas OK, vous êtes OK ! Puisque vous avez de l'énergie à revendre et que moi je n'en ai plus assez pour me maintenir à flots, alors, je vous en supplie, donnez-moi la vôtre ! »

Note : ce n'est pas parce qu'une personne à un petit passage à vide qu'elle est systématiquement du profil Terre. Chacun peut avoir des hauts et des bas dans la vie. Ce qui caractérise le profil

Terre c'est qu'il se positionne fréquemment comme une victime. Qu'il utilise ses difficultés pour éviter d'agir et considère que c'est aux autres à le prendre en charge parce qu'il ne pense pas en être capable.

Attention !
Les personnes qui l'entourent ont tendance à le considérer comme une personne pessimiste, car il lui arrive plus fréquemment de s'épancher sur ses difficultés que sur ses réussites. Il gagnera à éviter de parler de ses soucis et de ceux des autres. Il doit aussi éviter de s'effacer devant les personnes qui l'impressionnent. En prenant le temps de faire le point sur ses atouts et sur ce qu'il apporte à ses collaborateurs, il acquerra confiance en lui et obtiendra des fonctions et des missions qui l'intéresseront davantage.

Comment faire face à un profil Terre lorsqu'il est dans son schéma de domination ?

Ce profil a bien souvent un manque de confiance en soi, et la meilleure façon de le faire sortir de son schéma de domination, c'est de le rassurer en le valorisant.

Premier niveau : entrer dans son jeu et être à son écoute dans un premier temps, comme pour l'apaiser. Lui démontrer que sa façon, bien souvent négative, de considérer les choses n'est pas la seule option, qu'il est possible que ce soit une interprétation de sa part et qu'il peut y en avoir d'autres plus positives et moins dramatiques de conséquences.

Deuxième niveau : lui montrer que vous n'êtes pas intéressé par la « petite chose » en lui et que vous savez que, au fond, il est bien plus fort qu'il ne veut le montrer. Valorisez ses qualités et sa force de caractère et permettez-lui de mettre en avant ses talents naturels. Faites-lui comprendre que vous reviendrez vers lui lorsqu'il sera plus optimiste et qu'il daignera mettre ses talents et ses compétences au service de vos projets.

Ce qui renforce son schéma : la violence, les cris, les démonstrations de force. L'obliger à prendre des décisions très vite. Mettre en évidence ses faiblesses.

Profil 5 – Le profil de la QUINTESSENCE de l'ÊTRE

Je vous rappelle que ce profil est un peu particulier, car il correspond à la mutation de chacun des quatre autres profils vers l'**excellence** ; à ce que chacun tend à devenir lorsqu'il trouve son équilibre, son centre, sort de son schéma de domination, et qu'il n'éprouve plus le besoin de dominer l'autre parce qu'il a suffisamment confiance en lui pour oser exprimer ouvertement sa personnalité.

> **« Visez la lune, parce que si vous la manquez, vous atteindrez les étoiles. »**
> **Les Brown, écrivain américain**

C'est une vision totalement idéaliste. Mais la meilleure façon de s'approcher de l'excellence, c'est de rester focalisé dessus.

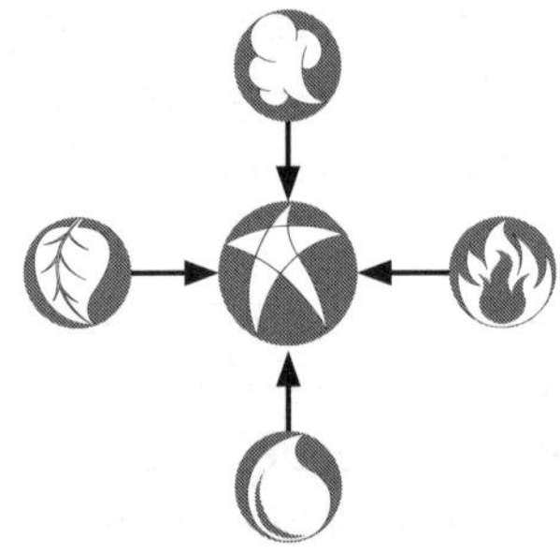

Pour mieux comprendre, je vous invite à considérer une fois de plus que les êtres humains, comme tout ce qui vit sur cette planète, ont besoin d'énergie pour subsister, autant que de nourriture, et que leur niveau d'énergie fluctue en fonction de leur état de bien-être et de leur capacité à gérer leurs émotions.

Pour développer votre Quintessence, vous aurez besoin dans un premier temps d'étudier votre profil principal, ainsi que tout ce que vous avez fait émerger en première partie de ce livre (je vous aiderai un peu plus loin à synthétiser les deux). Puis vous étudierez le profil qui est « opposé » au vôtre, ainsi que les deux autres profils, non seulement parce que, en fonction du type de personnes et des enjeux qui se présentent à vous, vous êtes susceptible de passer de l'un à l'autre de ces profils, mais de plus cela vous permettra de mieux comprendre vos réactions et vos interactions avec les autres lorsque vous avez un niveau d'énergie bas.

Personne n'est parfait et toutes les réactions se valent. Elles ne sont, après tout, qu'un mode de survie face à ce que nous prenons pour des agressions extérieures et une façon de récupérer de l'énergie parce que généralement nous ne savons pas faire autrement. L'idée est donc d'étudier ces profils avec beaucoup de neutralité et, surtout, sans jugement (que ce soit le vôtre ou celui des autres). Et d'accepter chacun tel qu'il est !

Dans un deuxième temps, vous aurez tout intérêt à observer ces mécanismes sur le terrain de vos relations. De même qu'il serait judicieux de partager vos prises de conscience sur vos façons d'agir, ou de réagir, avec votre entourage. En effet, les personnes qui vivent à nos côtés ont subi certains de nos comportements. Bien sûr, elles aussi sont prises dans leurs propres mécanismes et ne réagissent pas toujours avec discernement. Et comme nous ne pouvons pas inciter les autres à changer (il est déjà assez difficile de se changer soi-même), c'est en nous transformant que nous pouvons avoir une influence sur le comportement des autres. Le fait de partager avec eux ce que nous avons compris de nous-mêmes leur permet, parfois, de comprendre la part de responsabilité qu'ils ont eue dans le processus. Alors, ne nous privons pas de ce type d'échange. Évitons tout de même de nous mettre à la merci de ceux qui pourraient se servir de nos faiblesses contre nous, tout le monde n'est pas dans une démarche de transformation et pour ceux qui ont tendance à manipuler, la tentation risque d'être grande.

Le troisième temps est celui de l'entraînement. Pour améliorer vos performances en tant que manager, vous aurez besoin de mettre en place des stratégies afin d'adopter de nouvelles habitudes, et de trouver votre équilibre en gérant vos tensions et en prenant soin de votre bien-être. Les phases précédentes vous auront permis d'intégrer pas mal de données et vous aurez compris votre intérêt à modifier certaines de vos façons de vous comporter. Et j'espère que ces 5 profils vous sembleront tellement familiers que la tâche vous paraîtra simplifiée. Pourtant, il ne vous suffira pas de comprendre ces principes pour être à même de vous les approprier. Pour atteindre votre objectif et développer vos talents de manager, vous allez devoir travailler sur vous et prendre des engagements personnels dont vous ne vous acquitterez qu'en devenant comptable (responsable) de votre progression. Et s'il vous paraît trop compliqué de le faire seul, vous devrez peut-être prendre un coach, trouver un binôme ou mettre à contribution un(e) ami(e) (à condition qu'il (elle) entreprenne la même démarche que vous). Peu importe, tant que vous êtes en action.

Nous verrons plus loin **que pour atteindre votre équilibre, vous devrez intégrer les atouts du profil opposé au vôtre**. Ce qui veut dire que :

- si votre profil principal est le **Vent**, vous devrez intégrer les atouts et les qualités du profil **Eau**, et vice versa ;
- si votre profil principal est le **Feu**, vous devrez intégrer les atouts et les qualités du profil **Terre**, et vice-versa.

Ainsi, vous développerez tout naturellement votre quintessence. Ne vous inquiétez pas, tout cela est déjà en vous et vous n'aurez qu'à lui donner librement cours.

Vers la Quintessence

Vous devenez quelqu'un de stable et de posé et vous ne cherchez plus à dominer l'autre pour trouver votre place au milieu des personnes qui vous entourent. Vous savez donner sans attendre quelque chose en retour, et recevoir. Vous savez exprimer ce que vous ressentez de façon calme en étant responsable de vos émotions. Vous avez conscience que vous êtes la source de votre développement personnel, professionnel et spirituel. Vous n'avez pas besoin de vous mettre en avant, d'imposer vos points de vue, de couper les cheveux en quatre ou de susciter la compassion des autres pour attirer leur attention. En général, il vous suffit d'être vous-même pour que les autres vous respectent et vous accordent leur sympathie.

Vous avez su tirer parti des leçons de vos propres expériences. Même si votre profil principal restera toujours ce qu'il est (Vent, Feu, Eau ou Terre), étant donné qu'il a pris racine dans les fondements de votre histoire, vous avez su intégrer les aspects positifs des 3 autres éléments. Au lieu de les considérer comme étant opposés au vôtre, vous avez choisi de les accepter comme des éléments complémentaires. Et c'est cette intégration qui est la source de votre équilibre.

Vous avez aussi accepté l'idée que nous formons tous UN et que nos différences sont nos forces.

Attention !
Votre équilibre peut être mis à rude épreuve par les personnes qui vous entourent et qui n'ont pas transcendé leurs schémas de domination. D'une certaine façon, en abandonnant votre mode de fonctionnement, vous obligez les autres à sortir du leur et parfois, ils ne sont pas prêts. Alors, il se peut qu'ils redoublent d'efforts en tombant dans leurs extrêmes pour vous ramener en terrain connu et vous faire réagir comme ils le voudraient, afin qu'ils puissent retrouver leurs marques. Par nature, les êtres humains n'aiment pas le changement, même si ce qu'ils vivent ne leur convient pas réellement et que le changement est synonyme d'évolution.

Du coup, leurs comportements peuvent vous rendre vulnérable, vous faire douter et vous faire perdre votre belle sérénité. C'est à ce moment précis que vous devez conserver votre vigilance et prendre grand soin de votre énergie en adoptant des pratiques et des loisirs qui vous permettront de rester centré. Afin de vous détacher du comportement des autres, vous devez impérativement considérer vos interactions avec eux comme des jeux relationnels qu'il vous faudra transcender pour développer votre équilibre et devenir encore plus serein.

Portrait des personnes qui ont développé leur Quintessence

Les personnes qui ont développé leur Quintessence ont une certaine aisance relationnelle. Elles sont généralement à l'aise et se sentent bien dans leur peau, quelles que soient la situation et les personnes avec lesquelles elles sont en interaction. Elles aiment la diversité, car elles la considèrent comme une source de richesse. Sans être mégalos pour autant, elles n'ont pas de difficultés à parler en public, car elles ne craignent pas de se montrer telles qu'elles sont et savent se faire accepter par les autres.

Leurs rapports avec autrui sont fondés sur la confiance et non sur la manipulation. Elles n'ont pas peur d'exprimer leur ressenti tel qu'il est, sans pour autant y être attaché, et savent faire en sorte de prendre en considération le ressenti des autres. Lorsqu'elles sont en conflit avec une personne ou qu'on s'attaque à leurs idées, elles conservent leur calme et sont même prêtes à remettre en cause certains de leurs points de vue si ceux qu'on leur propose sont plus justes. Elles savent exprimer leur désaccord et se faire entendre tout en respectant les autres. De même qu'elles savent très bien défendre leurs droits, sans empiéter sur ceux des autres, et sont capables de protester efficacement, sans agressivité excessive. Elles cherchent les compromis réalistes qui nourrissent les intérêts mutuels. Mais elles ne craignent pas de donner leur opinion face à des interlocuteurs hostiles.

Elles ont un sens de la coopération aiguë et, même si elles ne sont pas tout à fait d'accord avec les actions mises en place, elles privilégient toujours les relations et le résultat, tout en jouant carte sur table afin d'éviter les mauvaises surprises et les quiproquos. Elles savent écouter en laissant de côté leurs préjugés et leurs points de vue, et font toujours de leur mieux pour être neutres. Ne craignent pas le silence dans une conversation ou au sein d'un groupe, car elles considèrent que cela aide à la réflexion et à la communication. Si l'atmosphère est un peu tendue, elles savent dire les mots qui détendent et mettent une bonne ambiance.

Elles sont conscientes que leur parcours leur a permis d'évoluer et elles ont su tirer parti de leurs expériences, bonnes ou mauvaises. Elles ne craignent pas de dire qu'elles ont changé d'idée ou de point de vue sur certains de leurs fondements. Elles trouvent utile de remettre en cause, de temps à autre, leurs conceptions en les mettant à l'épreuve de la réalité et en expérimentant de nouvelles façons de faire. Elles ne croient pas beaucoup aux recettes et aux méthodes ; elles préfèrent expérimenter les choses pas elles-mêmes.

Elles ont toujours cherché à penser par elles-mêmes et à ne pas prendre pour argent comptant ce qu'on leur proposait. Même en ce qui concerne les enseignements de leurs professeurs. Elles n'hésitent pas à chercher des informations en se documentant par elles-mêmes.

Leurs amis viennent d'horizons très divers et avec leurs proches elles nourrissent des relations positives et chaleureuses.

Elles savent équilibrer leur temps entre le travail, la famille, les amis et les loisirs. Prennent soin de leur bien-être et font ce qui est nécessaire pour conserver leur équilibre physique, mental et émotionnel. Elles ont de nombreuses activités en dehors du travail et s'ennuient rarement.

Elles ont plusieurs plans de carrière, ont commencé à en réaliser certains et comptent bien les poursuivre en les adaptant selon les circonstances et les opportunités qui s'offriront à elles. Elles mènent toujours jusqu'au bout ce qu'elles entreprennent et ont un sens aigu de l'intégrité, tout en se sentant libres de leurs choix et de leurs initiatives. Dans le travail, elles prennent en considération les sentiments et les valeurs de chacun.

Elles ont adopté les principes du management éthique*.

* Voir p. 14.

ÉTAPE 3
IDENTIFIER MON PROFIL DE MANAGER

Mon profil de manager

À ce stade, vous devriez avoir une meilleure perception de vous-même et davantage confiance en vos talents naturels ainsi qu'en votre expertise et votre différence. Mais pour la renforcer, il va vous falloir vous poser encore quelques questions puis réaliser une synthèse écrite de tout ce qui a émergé de votre introspection, afin de consolider les informations que vous avez récoltées et mettre en évidence votre profil de manager.

Durant la 1re étape, vous avez clarifié votre vision du management en vue de donner une direction à votre carrière. Puis vous avez identifié votre mission de manager et fait émerger les atouts de votre personnalité qui vous aideront à soutenir votre vision. Tous ces éléments vous permettront d'ici peu de définir ou redéfinir votre plan de carrière pour réaliser les objectifs qui vous tiennent à cœur.

Puis vous avez fait connaissance avec votre profil principal et commencé à y voir plus clair dans ce qui se joue à travers les relations entre les individus en général. Vous avez compris que bien-être et communication sont implicitement liés ; et que pour obtenir une meilleure fluidité dans vos relations, vous deviez prendre soin de votre niveau d'énergie.

Par ailleurs, cette synthèse vous sera fort utile pour parler de vous et défendre vos points de vue lorsque vous en aurez besoin. De même que chaque fois que vous aurez besoin de prendre votre place. Plus loin, je vous proposerai de réaliser un résumé de votre profil, une petite biographie, qui pourra vous servir de support pour vos présentations, dans vos lettres de motivation par exemple ou pour raconter votre parcours sur les réseaux numériques professionnels.

Je tiens à mettre l'accent sur le fait que ce livre n'a pas pour objectif de vous inciter à développer un style particulier de management. L'idée phare étant au contraire de vous permettre de tirer parti de votre propre style, mais en y intégrant des idées radicalement novatrices.

Rapprochement entre l'étape 1 et mon profil principal

Faire le point sur ce qui a émergé au cours de l'étape 1

Ma vision du management.

Ma mission en tant que manager.

Mes atouts en tant que manager.

1. Mes talents.
2. Mon expertise (savoirs, savoir-faire, savoir-être).
3. Ma différence par rapport aux autres managers.
4. Mes valeurs et mon éthique professionnelles.

Je suis plutôt ☐ Introverti ? ☐ Extraverti ? ☐ Centroverti ?

Faire le point sur mon Élément principal

Rappel de mon Élément principal : ....

Rappel de mon deuxième Élément : ....

Rappel de mon niveau de Quintessence : .... %

Relisez votre profil principal puis répondez à la série de questions ci-après afin d'en faire ressortir les aspects importants.

À la lecture de mon Élément, y a-t-il des points sur lesquels je ne suis pas d'accord ?

Oui ☐ Non ☐

Si oui, quels sont-ils ?

Quels sont les points communs avec ce qui est ressorti de mon introspection personnelle en 1re étape ?

Quels sont les comportements qui ressortent lorsque je suis au mieux de ma forme (en énergie haute) ?

Quels sont mes comportements qui ressortent lorsque je suis stressé ou déstabilisé (en énergie basse) ?

Quels engagements personnels devrais-je prendre pour prendre soin de mon bien-être ?

Quels engagements personnels devrais-je prendre pour améliorer mes relations avec mon entourage ?

Les caractéristiques managériales de mon profil principal

En tant que manager, votre rôle n'est pas de tout repos, car on attend beaucoup de vous.

On attend que vous ayez la tête sur les épaules et que vous ayez développé votre leadership*… Que vous soyez bienveillant, tout en restant ferme et surtout juste. Que vous sachiez garder votre sang-froid quelles que soient les circonstances. Que vous soyez diplomate et que vous ayez un sens politique développé… Que vous sachiez être proche de vos collaborateurs sans pour autant devenir leur « pote » et être capable de les motiver tout en sachant les protéger… On s'attend même que, par moments,

* Voir la partie « Passer du management au leadership » (p. 164).

vous soyez un peu sorcier et que vous sachiez faire apparaître des budgets, du temps, des talents, pour mener brillamment les missions que vous confie la direction de votre entreprise… Que vous soyez capable de gérer les membres de votre équipe et faire en sorte que le travail que vous fournissez ensemble soit le plus rentable possible pour votre entreprise, afin que chacun soit assuré d'avoir un travail et une rémunération…

Ce qui rend votre tâche difficile, c'est que vous êtes responsable de personnes que vous n'avez pas toujours choisies et qui ne vous ont pas choisi non plus. Quoi qu'il en soit, vous devenez par la force des choses responsable de leur sécurité, ainsi que de leur santé physique, mentale et émotionnelle ; et devez vous assurer que vos collaborateurs ne sont pas en souffrance et ne font pas souffrir les autres. Vous être chargé de prendre soin de votre équipe et d'en tirer le meilleur, malgré la diversité de leurs profils et la complexité de certains de leurs comportements.

Vous êtes l'interface entre la direction et les membres de votre équipe. Quelles que soient les directives qui viennent d'en haut, vous devez les leur « vendre » sans les juger et faire en sorte que chacun soit satisfait de faire avec… Plus compliqué parfois, vous devez leur « vendre » la politique de votre entreprise, même si certaines mesures qui sont prises semblent être destinées à démotiver vos collaborateurs… Et vous devez impérativement garder secrètes les informations confidentielles reçues de votre direction ; et ce, malgré les rumeurs qui circulent dans les couloirs…

C'est pour toutes ces raisons que ce métier ne doit pas être pris à la légère. En fin de compte, c'est un travail d'ordre social qu'il est impératif de maîtriser, si on veut faire partie des bons managers. Mais compte tenu de sa complexité, il n'est pas étonnant que vous ayez des hauts et des bas.

Tout manager possède un style qui lui est propre et qui s'est construit sur sa personnalité. Dans l'absolu, il n'existe pas de postures foncièrement mauvaises, mais chaque situation à laquelle il est confronté requiert un management adapté en fonction des circonstances et du profil de chacun de ses collaborateurs. Et dans le cas de fortes difficultés, d'urgence, de challenges, il sera salutaire de privilégier l'efficacité. Mais avant de s'adapter aux situations et au fonctionnement des autres, il paraît nécessaire de comprendre comment nous fonctionnons nous-mêmes de façon naturelle et d'en prendre la meilleure part.

Comme vous l'aurez compris, nos comportements varient en fonction de notre niveau d'énergie. Lorsque nous sommes au mieux de notre forme, nous sommes dans un esprit de coopération et de bienveillance, alors que lorsque nous sommes épuisés ou stressés, nous sommes plutôt dans un esprit de manipulation et nous cherchons à prendre le dessus sur l'autre, soit en le dominant, soit en évitant d'être dominé. En fonction de votre profil, voici vos caractéristiques managériales (je vous invite à relire aussi votre profil principal en entier).

Le manager Vent

Lorsque le manager Vent est en énergie haute

Il s'appuie sur les qualités des membres de son équipe et cherche à accroître les compétences de chacun. Il permet à ses collaborateurs de se positionner, de développer leur autonomie et leur créativité.

Il regorge d'idées pour stimuler son équipe, sait mettre une bonne ambiance pour faire en sorte que chacun se sente bien. Il sait mobiliser les potentiels et leur donner envie de relever des défis. Il sait très bien challenger ses collaborateurs pour qu'ils obtiennent des résultats au-delà de ce qu'ils pensaient pouvoir faire.

Il reconnaît le droit à l'erreur et gère parfaitement bien les conflits. Il tient facilement compte des remarques et prend des décisions rapidement. S'il n'est pas facilement influençable, il sait écouter.

Sa vision est claire et il sait la partager.

Il est plus particulièrement efficace lorsque l'activité de l'équipe est déjà un peu installée, parce qu'il sait maintenir une bonne ambiance.

Il sait très bien jongler entre efficacité et plaisir de travailler ensemble. En général, il est très apprécié par son équipe grâce à son dynamisme et à sa bonne humeur.

Lorsque le manager Vent est en énergie basse

Il projette des choses, mais ne se donne pas les moyens de les réaliser. Ne concrétise plus grand-chose. Et cherche à être innovant avant tout pour être reconnu. Il vit dans un monde d'illusion et ne fait plus de distinction entre le rêve et la réalité. Alors, il change d'objectif sans se soucier des conséquences. Il change pour changer. Pour le plaisir d'inventer quelque chose, et ne pas rester dans l'immobilisme, mais ne crée pas spécialement de stratégie pour atteindre ses objectifs.

Il fait monter la pression sans s'en rendre compte, devient cassant et accusateur. Déstabilise ses collaborateurs en mettant sans cesse le doigt sur leurs erreurs. Du coup, ils perdent leur confiance en eux et leur motivation. Même si ces derniers étaient bardés de bonnes intentions.

Il devient lunatique et peut passer très facilement d'un état de bonne humeur à celui de suspicion. Il devient champion du démolissage des troupes et peut saper le moral de son équipe en un temps record, s'il est contrarié ou si les choses ne vont pas à son rythme.

Le manager Feu

Lorsque le manager Feu est en énergie haute

Il prend les choses en main et est particulièrement efficace pour démarrer une activité, car il sait naturellement impulser un mouvement et sécuriser les personnes qui en ont besoin.

Il a un esprit de compétition et sait challenger ses collaborateurs pour qu'ils donnent le meilleur d'eux-mêmes, afin de gagner des parts de marché, de relever des défis, d'être les numéros 1 de l'innovation, etc. Il recherche la performance, sait prendre des décisions et est peu influencé par les obstacles et les défaitistes… il avance coûte que coûte et sait transmettre de l'énergie aux autres pour les faire avancer.

Il a un don pour fixer des objectifs, n'a pas peur de se relever les manches et n'hésite pas à traiter les conflits de front. Il n'hésite pas à prendre des risques et en assumer la responsabilité, quel que soit le résultat. Il fait corps avec son équipe qui se laisse facilement prendre par un mouvement ascendant.

Il est parfaitement efficace dans les situations d'urgence, a une vision globale des situations et sait prendre des initiatives pour défendre les intérêts de l'entreprise.

Lorsque le manager Feu est en énergie basse

Il cherche à tout contrôler, à se mettre en avant au détriment des membres de son équipe et fait abstraction du travail qu'ils ont accompli. Il perd totalement son sens de la coopération, ne se centre plus que sur les résultats, ne donne plus sa place à l'individu ni au libre arbitre. Les membres de son équipe deviennent des exécutants passifs, car c'est lui qui décide de tout et qui vérifie tout.

Les défis que l'équipe doit relever deviennent ses défis personnels et les individus ne deviennent plus que les instruments dont il se sert pour les réaliser.

Il crée un esprit de compétition au sein même de sa propre équipe, peu importe si cela nuit à l'objectif global. Il assure son pouvoir par la compétence technique et entretient la compétition pour la compétitivité sans se préoccuper des conséquences humaines.

Il n'accepte plus aucune influence, tranche en permanence, et si les choses ne fonctionnent pas correctement selon lui, il cherche les coupables et n'hésite pas à s'en prendre à tout le monde. Il règne alors une ambiance de conflit permanent.

Le manager Eau

Lorsque le manager Eau est en énergie haute

On peut compter sur lui pour tout organiser de façon claire, pour définir les règles du jeu et les fonctions de chacun. Ainsi que les systèmes de contrôle qui permettront aux projets d'avancer progressivement vers leurs finalisations.

Il n'a pas son pareil pour planifier et organiser les activités sur des tableaux de bord précis qui rendent le travail de chacun efficace.

Il instaure des relations basées sur le respect mutuel et la courtoisie. Chacun se sent valorisé et sécurisé parce qu'il sait ce qu'il a à faire et ce qu'on attend de lui.

Il prend du recul sur les situations et les projets pour mieux les analyser et en étudie tous les aspects afin de prendre des décisions concrètes. Ce qui lui permet d'envisager des stratégies et des plans d'action efficaces.

Lorsque le manager Eau est en énergie basse

Il a tellement instauré de procédures à suivre qu'il est de plus en plus isolé de son équipe. Il entre de moins en moins en contact avec ses collaborateurs et les inonde de notes ou d'e-mails. Il se centre sur les activités et perd totalement de vue les objectifs ainsi que les résultats à produire.

Il se détache totalement de son équipe et fonctionne dans sa sphère. Ne leur transmet plus aucune instruction directe, parce qu'il considère leur avoir donné toutes les marches à suivre. Il ne les manage plus, confond planification et management ; il n'assume sa fonction hiérarchique que dans l'exercice de son autorité. On lui doit le respect.

Il instaure des principes auxquels il se plie et s'attend à ce que les autres en fassent autant. Refuse tout changement et ne prend plus aucun risque.

Il évite les relations et la confrontation avec les personnes, jusqu'à étouffer les conflits.

Il se complaît dans un monde exempt d'émotions et quasiment virtuel dans lequel les sentiments de chacun n'ont plus aucune place.

La manager Terre

Lorsque le manager Terre est en énergie haute

La plupart du temps, il a de bonnes compétences en communication interpersonnelle parce qu'il se met facilement à la place de ses interlocuteurs et se soucie de l'harmonie qui règne dans le groupe. Il sait créer du lien et faire en sorte que chacun soit heureux de travailler, car il prend en compte les intérêts individuels. Il sait instaurer un bon esprit d'équipe et faire en sorte que tout le monde se sente bien dans ce qu'il fait.

Il cherche à faire en sorte que chacun puisse évoluer, développer ses compétences ainsi que son autonomie. Il distribue facilement les responsabilités, donne la parole à ses collaborateurs, les écoute avec empathie et tient compte de leur avis avant de prendre des décisions.

Comme il excelle dans le découpage et la finalisation des tâches, il gère facilement les processus transversaux avec son équipe. Il est le liant qui fait que tout fonctionne parfaitement parce qu'il cherche à créer du consensus et de l'harmonie autour de lui.

Lorsque le manager Terre est en énergie basse

Il a du mal à s'imposer en tant que leader et à prendre sa place en tant que manager. Il cherche même à faire oublier qu'il l'est, afin de conserver le côté amical des relations qu'il entretient avec ses collaborateurs, car il redoute de perdre le lien qu'il a créé avec eux. Inconsciemment, il pense que les deux ne sont pas compatibles. Du coup, il sacrifie à l'efficacité pour conserver l'harmonie des relations et les projets n'avancent que lentement.

Il soutient les résultats lorsqu'ils sont positifs mais, dans le cas contraire, il manque de fermeté pour redresser la barre. Il cherche à tout prix à éviter les conflits et va jusqu'à nier les désaccords, car il préférerait que les choses s'arrangent sans son intervention.

Il prend trop facilement en compte les raisons qu'on lui sert pour ne pas avoir atteint les objectifs fixés ou le travail demandé. Il devient conciliant à l'extrême et ne permet donc pas à ses collaborateurs de se dépasser en étant responsables de leur mission et de leurs engagements.

Rédiger ma biographie pour mieux m'approprier mon profil de manageur et savoir le présenter

Trouver les mots justes pour parler de soi, se mettre en avant, dire qui on est vraiment, parler de ses talents, des projets qui nous tiennent à cœur, n'est pas simple. On reconnaît même que c'est l'une des choses les plus compliquées pour plus de la moitié d'entre nous, car plus on est impliqué émotionnellement et plus c'est difficile.

Pourtant, il y a bien des circonstances dans lesquelles il est bon d'être éloquent, et pas seulement dans un cadre professionnel. Savoir se présenter dans une soirée au milieu de personnes que nous ne connaissons pas vraiment nous permet d'avoir plus de chance de nous faire de « nouveaux amis ». Et même lorsque nous n'avons pas spécialement envie de parler de nous, nous sommes souvent bien obligés de répondre aux questions de ceux qui cherchent judicieusement à éviter de parler d'eux…

Sans oublier que si nous voulons faire évoluer notre carrière, il nous faut trouver les mots qui auront un impact sur notre interlocuteur et sauront nous rendre intéressants à leurs yeux.

Mais pourquoi est-ce si difficile de parler de soi et de présenter ses idées ?

On peut trouver des tas de raisons psychologiques à nos problèmes d'éloquence. Mais ma déformation de coach m'incite à penser que ce n'est pas toujours important de connaître le pourquoi, car tout s'apprend avec de l'entraînement et qu'il n'est jamais trop tard.

Pour ma part, je considère que bien souvent, lorsqu'on cherche à s'exprimer, on s'attache trop vite à la forme et on ne passe pas suffisamment de temps sur le fond. La forme est évidemment très importante et il est indéniable que nous devons nous entraîner. Mais sans le fond, ce qui sort de notre bouche peut devenir très vite inconsistant et se dégonfler comme un soufflé au moindre écueil.

Si vous étiez commercial, il ne vous viendrait certainement pas à l'idée de vous présenter chez votre client sans connaître parfaitement vos produits. Eh bien, lorsque vous devez vous présenter ou soutenir vos projets, le produit c'est vous !

Je reconnais que l'idée de se considérer comme un produit n'est pas très reluisante, mais soyons honnêtes : même si nous sommes des génies dans notre job, mais que nous ne savons pas le démontrer, nous risquons de laisser des personnes bien moins talentueuses prendre notre place parce qu'elles savent mieux se vendre que nous. Alors que si nous connaissons parfaitement notre sujet (soi, sa vision, sa mission, son projet, etc.), nous avons plus de chances de rebondir et de retomber sur nos pieds, quelle que soit la tournure que prennent les choses.

Pour bien communiquer sur vous-même, vous devez, dans un premier temps, faire le point sur tous les aspects importants de ce que vous pouvez dire. La clarté de votre communication dépend de votre capacité à utiliser chacun de ces éléments pour élaborer votre discours.

1. **Le premier angle concerne vos objectifs** et le fait d'avoir une vision claire de ce que vous voulez faire, afin de savoir parfaitement présenter votre projet, vos produits, etc. De parler clairement de vos intentions, de votre stratégie.
2. **Le deuxième angle concerne votre personnalité, vos talents et vos points forts.** Votre différence par rapport à ceux qui font, a priori, la même chose que vous. Vos valeurs, vos passions et parfois même, vos besoins.
3. **Et le troisième angle concerne votre cible.** Quel que soit votre statut professionnel, il est important de savoir à qui s'adresse votre communication, afin de construire votre discours sur leurs centres d'intérêt.

Chacun de ces trois éléments doit être parfaitement étudié et s'il en manquait un ou qu'il n'était pas suffisamment solide, il n'y aurait pas d'équilibre et votre communication risquerait d'être incomplète.

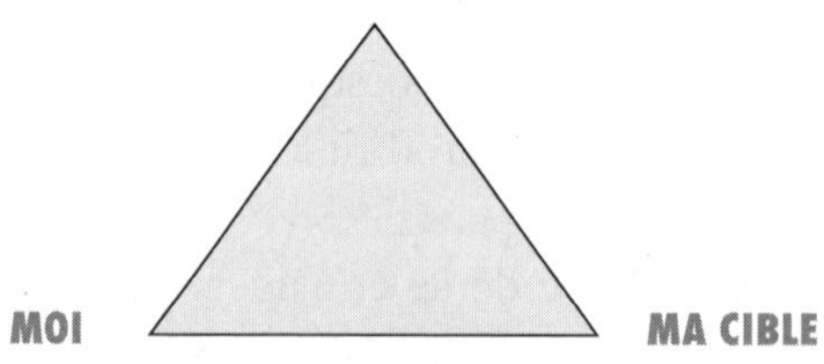

Imaginez que vous sachiez parfaitement qui vous êtes, mais que votre intention ne soit pas claire. Votre communication risque d'être incohérente, même si votre cible est prête à vous écouter. Inversement, imaginez que votre intention soit claire, que vous sachiez parfaitement vous présenter, mais que vous ne preniez pas en compte les besoins de vos interlocuteurs, ou que ceux-ci ne soient pas prêts pour votre projet… le résultat serait bancal aussi ! Et pour finir, même si votre projet est génial, que votre cible est tout à vous, mais que vous ne savez pas défendre vos compétences et votre capacité à soutenir votre projet… l'issue aurait peu de chance d'être positive.

Ne manquez jamais de relire votre profil chaque fois que vous allez devoir parler de vous ou de vos projets, cela vous permettra de vous centrer sur l'essentiel.

Faites régulièrement le point sur vos talents, vos valeurs, votre vision, votre mission, votre stratégie (qui peut évoluer en fonction des besoins de votre cible)… car ce n'est pas une chose sur laquelle on reste centré en permanence.

Sentez-vous libre de décrire votre profil à votre manière. L'idée est de trouver l'essence de votre personnalité de telle sorte que vous soyez en phase avec vous-même, autant aujourd'hui que lors de vos décisions à venir.

Faites-en une première version longue. Partagez ce que vous avez vécu, ainsi que les leçons que vous en avez tirées. Montrez votre personnalité, votre humanité. Partagez vos opinions et vos points de vue sur votre activité. N'hésitez pas à prendre position, partagez votre vision du monde et engagez-vous ouvertement sur la voie de votre contribution. Mettez en mots ce qui est ressorti durant toute cette introspection personnelle. Racontez votre histoire.

Pour vous aider, vous pouvez commencer par trouver 10 mots qui vous définissent le mieux. Ces mots clés pourront aussi vous servir d'aide-mémoire chaque fois que vous devrez parler de vous en public, afin d'être certain de ne rien oublier.

10 mots clés pour parler de moi.

Puis prenez tout le temps qu'il vous faudra pour écrire une première version de votre biographie en réalisant un texte de deux pages maximum qui vous servira de document de base pour réaliser différentes versions plus ou moins longues que vous pourrez utiliser dans vos lettres de motivation, vos profils sur les réseaux sociaux professionnels, votre blog ou votre site Internet dans la rubrique « À propos ».

L'exercice ultime étant d'écrire un pitch de 120 mots afin de vous présenter efficacement en exprimant ce que vous recherchez et pourquoi vous êtes meilleur que les autres. À l'oral, vous devez pouvoir vous présenter en 2 minutes maximum. L'objectif étant de vous entraîner à dire un maximum de choses utiles en un minimum de temps pour séduire et convaincre votre interlocuteur.

Le Profil Élément opposé au mien

Si vous êtes **Vent**, le profil opposé au vôtre est l'**Eau**, et vice versa. Et si vous êtes **Terre**, le profil opposé au vôtre est le **Feu**, et vice versa.

Le Profil Élément opposé au mien est : ....

Demandez-vous :

- Quels sont les aspects de la personnalité du profil opposé au mien qui entrent en conflit avec ma façon de concevoir la vie ? Ses comportements, ses valeurs, ses façons de réagir, etc. ?
- Quels sont les aspects de la personnalité du profil opposé au mien qui, au contraire, sont susceptibles de m'apaiser et m'apporter un certain équilibre ?
- Ses talents qui sont complémentaires aux miens ?

Petites contradictions intimes

Quelle que soit l'opinion que vous en avez, le Profil Élément qui est opposé au vôtre est, en réalité, une partie de vous-même. Et pour trouver votre équilibre mental, émotionnel et relationnel, vous allez avoir besoin d'intégrer les talents de votre profil opposé.

Je m'explique : la façon dont nous percevons ce qui nous entoure est le reflet de ce que nous sommes et surtout de ce que nous croyons être dans le moment. En étudiant ce profil opposé au vôtre, vous allez découvrir ce que vous ignorez de vous-même, comprendre ce que vous acceptez, ou pas, dans votre personnalité et développer davantage de compassion pour les personnes qui vous dérangent.

Prenons l'exemple d'un collaborateur qui vous tape sur les nerfs depuis un bon moment. En réalité, ce n'est pas ce qu'il fait ou ce qu'il dit qui vous fait réagir, mais bien votre jugement sur ce qu'il EST. Et il serait judicieux de vous demander de quoi vous l'« accusez » en réalité.

Supposons que vous l'accusiez de vous manquer de respect, donc d'ÊTRE irrespectueux. Et que le respect est une de vos valeurs principales. Il est clair qu'en faisant ce constat, vous lui manquez vous-même de respect, car vous êtes en train de le juger. Ce qui signifie que vous lui reprochez ce qui correspond à ce que vous n'aimez pas chez vous et que vous êtes en contradiction avec vous-même.

En vous interrogeant sur les comportements des personnes de votre entourage qui ont la fâcheuse habitude de vous énerver, et en vous demandant tout simplement si vous n'êtes pas justement en train de faire la même chose, vous aurez des surprises. Car dans la majorité des cas, c'est exactement ce qui est en train de se passer. Du coup, vous allez commencer à comprendre que vous êtes ce que vous considérez que les autres sont. Que vos jugements envers les autres sont en fin de compte des jugements envers vous-même. Plus vous jugez les autres pour ce qu'ils sont et plus cela vous dérange, parce que vous ne vous acceptez pas tel que vous êtes et que vous êtes en contradiction avec vous-même.

Ce que nous voyons chez les autres est notre propre miroir, car nous ne pouvons voir que ce qui nous appartient. Et cela est vrai pour tout le monde. Observez-vous durant quelques jours et vous vous en rendrez très vite compte.

> **« Pourquoi vois-tu la paille qui est dans l'œil de ton frère, et n'aperçois-tu pas la poutre qui est dans ton œil ? Ou comment peux-tu dire à ton frère : Laisse-moi ôter une paille de ton œil, toi qui as une poutre dans le tien ? Hypocrite, ôte premièrement la poutre de ton œil, et alors tu verras comment ôter la paille de l'œil de ton frère. »**
>
> **L'évangile selon Matthieu – Chapitre 7 – Versets 3 à 5**

C'est un exercice extrêmement transformateur. Si vous utilisez ainsi les personnes qui vous entourent pour vous connaître, vous développerez davantage de compassion (tant envers vous-même qu'envers les autres) et améliorerez grandement vos relations.

- **Dans un premier temps,** vérifiez auprès des personnes que vous jugez dans quelles circonstances elles vous jugent d'être la même chose. Elles vous donneront probablement des exemples qui vous surprendront.
- **Dans un deuxième temps,** observez quelles étaient vos intentions ou motivations dans les exemples qu'elles vous auront donnés et vous constaterez que les autres avaient bien souvent la même intention que vous. C'est une simple loi de cause à effet. Nous récoltons toujours ce que nous semons, selon notre intention. La raison pour laquelle ces personnes vous dérangent, c'est que vous n'acceptez pas ces comportements-là chez vous.

Si nous voulons nous accepter tels que nous sommes et développer nos talents, quels qu'ils soient, nous devons nous accepter dans ce que nous ne voulons pas être.

Chaque fois que vous considérez qu'une personne FAIT ou EST quelque chose que vous n'appréciez pas, mais que cela ne vous dérange pas, cela veut dire que vous vous accordez le droit d'être comme cela de temps à autre. Vous savez alors que vous vous dirigez vers votre Quintessence.

Inversement, vous pouvez faire cet exercice d'observation avec les particularités des personnes que vous admirez. Et vous constaterez qu'en réalité vous possédez, vous aussi, ces particularités, mais qu'il est probable que vous n'en ayez pas conscience.

Ceux que nous admirons et ceux qui nous dérangent sont nos miroirs. Nous sommes attirés par les personnes qui nous ressemblent et, sans nous en rendre compte, nous cherchons à les fréquenter parce qu'au niveau subconscient nous pensons que nous pourrons ainsi devenir comme elles, alors que nous le sommes déjà mais que nous l'acceptons pas. Et nous sommes rebutés par des personnes qui présentent des traits de caractère que nous désavouons. Si nous pouvons être sûrs que nous avons une forte réaction négative envers elles, c'est que nous avons en commun certains traits que nous ne sommes pas prêts à accueillir. Car si nous étions prêts à les accepter ils ne nous dérangeraient pas.

Que votre jugement soit basé sur des comportements qui vous dérangent ou que vous admirez, souvenez-vous que vous vous empêchez de voir que vous êtes ainsi par peur de ne pas être accepté tel que vous êtes. Vous avez donc tout intérêt à accueillir votre contradiction et à profiter de tous les miroirs qui vous entourent pour mieux vous connaître, vous accepter tel que vous êtes et améliorer vos relations avec les personnes que vous côtoyez.

En observant les particularités des personnes qui vous attirent et de celles qui vous rebutent, vous découvrirez des qualités et des comportements chez vous, dont vous n'avez pas conscience. Prenez le temps de le faire pendant au moins une semaine et vous en retirerez une grande sérénité.

Observer le type de relation que j'entretiens avec mes collaborateurs

Pour développer vos talents de manager, vous aurez aussi besoin de faire le point sur le type de relations que vous entretenez avec vos collaborateurs. Pour cela, je vous invite à vous poser quelques questions et à observer ce qui vous pose problème dans les comportements des autres (n'oubliez pas que les autres sont notre propre miroir).

Identifiez ce que vous pensez du profil opposé au vôtre, puis des deux autres. En relisant ces trois profils, je vous invite à analyser ce que vous pensez de chacun d'eux.

Questions :

Quels sont les traits de caractère des personnes avec lesquelles j'ai des difficultés relationnelles en général ? Et en quoi sommes-nous en désaccord la plupart du temps ?

Puis prenez comme exemple un de vos collaborateurs qui vous rebute, vous irrite, vous ennuie, vous énerve ou vous dérange d'une quelconque façon. Commencez par déterminer les traits de caractère spécifiques que vous trouvez désagréables.

Quels ont été les comportements que je n'ai pas acceptés de sa part et pourquoi ?

Quelles sont mes valeurs qui ont été transgressées selon moi ?

Ai-je moi-même transgressé ces valeurs ? Et quels ont été mes comportements envers cette personne dont je ne suis pas fière ?

Après cet éclairage, qu'est-ce que je pourrais faire ou dire pour que la relation s'améliore entre nous ?

Quels est mon intérêt et celui de l'autre personne à faire en sorte que notre relation s'améliore ?

Lorsque vous aurez répondu à ces questions, il sera peut-être judicieux d'entrer en relation avec la personne que vous avez prise comme exemple, afin de lui faire part de ce que vous avez compris à propos de la problématique de votre relation. Puis de vous poser le même genre de question sur les relations difficiles que vous avez avec certaines personnes de votre entourage. Mais le plus important, c'est d'avoir conscience des processus qui génèrent du conflit entre vous et les personnes que vous côtoyez et de le désamorcer dès le début. Chaque fois que vous êtes agacé par le comportement d'une personne, demandez-vous si vous n'êtes pas justement en train faire la même chose.

Dans l'étape suivante, nous aborderons la communication interpersonnelle, ce qui vous permettra d'avoir des outils pour améliorer davantage la qualité de votre relationnel.

Passer du management au leadership

Par définition, le **leadership** décrit un ensemble de comportements et d'attitudes intrinsèques qui font qu'une personne emporte l'adhésion d'un groupe ou d'une équipe à travers la quête d'un objectif commun. C'est un trait de personnalité et d'habiletés relationnelles qui sont le résultat d'une bonne connaissance de soi et de son fonctionnement personnel. On pourrait dire que le leadership fait partie du domaine de l'« être ».

Le **management** quant à lui concerne les processus par lesquels un gestionnaire ou un dirigeant va interagir avec chacun des membres de son équipe afin d'obtenir les résultats recherchés. On pourrait dire que le management fait partie du domaine du « faire ».

Ceux qui sont à la tête d'une équipe adoptent généralement un style de management qui découle de leur personnalité, de leurs croyances, de leurs valeurs et parfois même de leurs craintes. À un moment ou à un autre, ils se retrouvent face à deux directions possibles, qu'ils emprunteront en fonction des circonstances : celle de l'autorité et celle du leadership.

Pour faire le choix du leadership, il est indispensable de prendre le temps de s'observer en train d'agir. De se poser des questions fondamentales sur le sens de la vie. De savoir d'où on vient et qui on est. De se positionner pour exprimer ce qu'il y a au plus profond de soi-même. De s'affirmer et de choisir sa destinée. Et la meilleure façon d'y arriver, c'est de considérer cela comme une véritable aventure intérieure.

C'est en traversant des périodes de doute et en se posant des questions de sens que ceux qui ne se sont pas encore révélés comme des leaders évoluent. Cela leur permet d'accéder à une conscience élargie pour trouver les ancrages intérieurs qui leur conféreront leur force.

Pour qu'une équipe soit performante, elle a besoin d'un chef, d'un guide, d'un **leader**. De quelqu'un qui sait établir le lien entre ceux qui sont en amont et ceux qui sont en aval de l'organisation ; qui sait communiquer sur les enjeux des uns et des autres ; défendre ses collaborateurs le cas échéant en étant leur porte-parole tout en défendant la vision de l'organisation. D'une personne qui a un point de vue systémique sur la situation et qui est susceptible de trancher et de prendre les décisions finales, afin que chacun puisse se concentrer sur ses propres tâches et ses enjeux personnels.

Contrairement aux idées reçues, les leaders n'ont pas toujours de fortes personnalités et ne sont pas tous aussi stéréotypés que les modèles qui nous ont été si souvent présentés par le passé et sur lesquels nous étions censés nous calquer pour être reconnus. Tous n'ont pas accumulé des récompenses, ni réussi ce qu'ils ont entrepris. Ils ne sont pas toujours des communicants exceptionnels, dotés d'un charme captivant…

Et même si ce type de leader a longtemps été légion dans le passé, il est plus juste de considérer que la richesse d'une entreprise se trouve dans la diversité et la juste place de chacun. Que ces généralités sont à relativiser, car il serait totalement utopique de considérer qu'un manager doit être capable de résoudre toutes les difficultés, dans tous les environnements et à tout moment. Ce sont juste des hommes et des femmes qui savent utiliser leurs talents dans l'exercice de leur fonction et dont le succès repose sur l'authenticité de leur personnalité, ce qui n'est déjà pas si mal !

Ce qui est certain, pourtant, c'est qu'ils ont en commun certains traits de caractère qui les rendent attirants et qui font qu'on a envie d'accomplir ce qu'ils demandent pour les satisfaire. Certains vont faire preuve d'autorité, tandis que d'autres n'y auront jamais recours. Certains sont appréciés pour leur professionnalisme, tandis que d'autres le sont pour leur créativité. Et on trouve chez eux toutes les qualités, ainsi que toutes sortes de défauts. **Mais ce qui compte au final, ce sont leurs personnalités et la façon dont ils se servent de leurs atouts pour initier chez les autres l'envie d'agir et de donner le meilleur d'eux-mêmes.** Inspirer confiance à leurs collaborateurs et, dans certaines situations, inspirer une confiance aveugle qui les mènera là où ils n'auraient pu aller s'ils n'avaient pas suivi leurs directives.

Chez les leaders, il n'y a pas plus d'hommes que de femmes. Ces dernières font juste un peu moins de bruit, mais elles sont tout aussi présentes sur la toile de notre société.

Malgré la grande variété de leurs personnalités, **voici un aperçu de ce que les leaders ont en commun.**

- *Ils savent ce qu'ils veulent et maintiennent toujours leur cap.*
  Ils ont une vision parfaitement claire de ce qu'ils souhaitent accomplir et n'en dérogent jamais, quoi qu'ils aient à affronter pour arriver à leurs fins.
- *Ils savent ce qu'ils doivent faire pour atteindre leurs objectifs.*
  Ils ont établi un plan d'action avec précision et connaissent parfaitement les tâches qu'eux-mêmes et les membres de leur équipe doivent accomplir. Tel un chef d'orchestre, ils ont une vue globale et savent maintenir cohérence et harmonie.
- *Ils font confiance autant à leur instinct qu'à leur pragmatisme.*
  Mais s'ils ont à prendre des décisions, c'est à leur intuition qu'ils donneront la priorité.
- *Ils n'ont pas peur de ne pas être appréciés par la majorité.*
  Ils n'agissent pas pour être appréciés, mais parce que cela leur semble juste. Ils sont authentiques et sincères dans leurs agissements.
- *Ils ont un sens de l'intégrité élevé.*
  Ils respectent leurs engagements quoi qu'il advienne et incitent les autres à respecter les leurs en restant alignés sur la parole qu'ils ont donnée.
- *Ils connaissent parfaitement leurs valeurs et les respectent en tout état de cause.*
  Celles-ci sont en parfait accord avec leur vision et leur mission. Ils maintiennent leur cohérence.

- *Ils savent ce dont ils sont capables et ce qu'ils ne peuvent accomplir.*
  Ils connaissent leurs talents et aussi leurs défauts, qu'ils ne perdent pas de temps à camoufler, mais ont appris à les pallier.
- *Ils établissent des liens privilégiés avec les personnes de leur entourage et s'intéressent sincèrement à elles.*
  Ils savent apprécier chacun à sa juste valeur, respecter ses compétences et sa personnalité.
- *Ils maîtrisent l'écoute active.*
  Ils écoutent sans complaisance, sans indulgence excessive. Savent être compatissants sans être condescendants car ils respectent les autres et les voient toujours grands.
- *Lorsqu'ils ont quelque chose à dire, ils s'adressent à la personne qui est concernée et lui parle en face.*
  Ils savent adapter leur discours à leurs interlocuteurs et les respectent, quel que soit le message qu'ils ont à faire passer.
- *Ils supervisent sans être contrôlants.*
  Ils accordent leur confiance, mais savent recadrer une personne lorsqu'elle a manqué d'intégrité ou qu'elle n'a pas atteint ses objectifs, tout en respectant sa dignité.
- *Ils maîtrisent leurs émotions et ont fait un travail sur eux-mêmes.*
  Ils ont développé leur sérénité et sont sortis de leurs schémas de domination. Ils savent que s'ils veulent être respectés, ils doivent respecter les autres et ne pas déverser sur eux leurs émotions.
- *Ils savent susciter chez une personne l'envie d'agir.*
  Ils ont la faculté de rendre les gens heureux de faire ce qu'ils leur demandent.
- *Ils ne vivent pas dans le passé.*
  Ils ont su tirer profit de leurs expériences et cherchent toujours le bénéfice qu'ils peuvent retirer d'une situation.
- *Même si leurs projets leur tiennent à cœur, ils n'y sont jamais attachés.*
  En général, ils savent prendre du recul sur une situation et se mettre en quête de nouvelles solutions lorsque celles qui avaient été mises en place n'ont pas fonctionné.

- *Ce sont les « gardiens du possible ».*
  Quel que soit le moral de leurs troupes, ils conservent leur optimisme et considèrent que tout est possible, lorsqu'on s'en donne la peine et qu'on travaille en équipe.
- Etc.

Même si un leader a besoin de prendre sa place, celle-ci doit lui être consentie par les personnes qu'il manage. Et il est important qu'il soit reconnu tant pour ses qualités humaines que pour ses compétences professionnelles et ses qualités de meneur.

S'il veut devenir un manager accompli, un leader qui ne sera pas tenté d'abuser de son pouvoir pour dominer les autres, il doit être un exemple pour ses collaborateurs, capable de susciter chez eux l'envie de suivre ses directives tout en prenant plaisir à se mettre en action. Et pour cela, il a besoin de faire un travail sur lui-même pour développer une certaine maturité (ce qui n'a rien à voir avec l'âge, ni le genre). Il doit découvrir ses forces et ses faiblesses, étudier ses comportements relationnels ainsi que ceux des autres et avoir pris le temps d'identifier ce qui motive chacun de ses collaborateurs pour qu'ils donnent le meilleur d'eux-mêmes et qu'ils réalisent leurs projets dans un esprit de coopération.

ÉTAPE 4
DÉVELOPPER MES COMPÉTENCES EN COMMUNICATION INTERPERSONNELLE

On peut difficilement aborder le management sans aborder la communication interpersonnelle, car pour être efficace, un manager doit avoir les moyens de comprendre ses collaborateurs et de se faire comprendre d'eux.

Vous l'aurez constaté, chaque profil est différent, il perçoit le monde et se met en interaction avec son environnement de façon différente. **En ayant une communication adaptée à la personnalité de vos collaborateurs, vous accédez aux portes de leur univers et pouvez actionner les leviers qui les inciteront à se mettre en action et à donner le meilleur d'eux-mêmes.** C'est un peu comme si vous appreniez leur langage.

En réalité, chaque individu possède son propre langage car il vit dans un univers de valeurs, de principe et des croyances bien à lui. C'est ce qui fait la particularité de chacun, mais aussi sa complexité. Il n'est pas tout à fait juste de réduire les comportements humains aux cinq types de personnalités que je vous ai présentés. Mais c'est un outil précieux qui permet de décrypter les personnalités qui vous entourent. Un peu comme la légende d'une carte. Et comme rien ne vaut de fouler le sol pour avoir un aperçu réel du terrain, vous devrez aller un peu plus loin et apprendre à connaître vos collaborateurs individuellement afin de pouvoir mieux les manager.

Mais comme « charité bien ordonnée commence par soi-même ! », vous allez devoir d'abord observer vos propres comportements avant d'analyser ceux de votre entourage. Ainsi, vous pourrez mieux comprendre comment vous vous comportez et communiquez avec les autres pour maîtriser cet art bien particulier qu'est la communication interpersonnelle.

Les enjeux de la communication interpersonnelle

La communication interpersonnelle est fondée sur l'échange entre un émetteur et un récepteur. Toute activité humaine est communication, elle est partout et elle est inévitable. C'est la base de notre vie en société.

On ne peut pas ne pas communiquer. Que l'on se taise ou que l'on parle, tout est communication. Nos gestes, notre posture, nos mimiques, notre façon d'être, notre façon de dire, notre façon de ne pas dire, toutes ces choses « parlent » à notre récepteur. Elle peut être aussi une forme de manipulation lorsque nous cherchons à modifier notre environnement ou le comportement d'autrui.

Même si nous avons une façon habituelle de nous comporter et de communiquer, bien souvent, nous la modifions en fonction de la personnalité des individus avec lesquels nous sommes en interaction. Ce qui fait que nous pouvons très bien être considéré comme quelqu'un de calme et de posé par une personne et comme quelqu'un d'agressif par une autre. Cela dépend non seulement de la façon dont nous nous comportons envers elle, mais aussi de la façon dont elle-même perçoit notre façon de nous comporter. Car, comme je l'ai déjà dit, chacun perçoit son environnement avec ses propres filtres, ce qui rend la communication bien complexe.

Qu'on soit émetteur ou récepteur, chacun y va de ses propres interprétations.

Du côté de l'émetteur :
➔ il y a ce qu'il veut dire ;
➔ puis ce qu'il dit (pas toujours synchrone avec ce qu'il voulait dire) ;
➔ et ce qu'il pense avoir dit…

Du côté du récepteur :
➔ il y a ce qu'il entend ;
➔ puis ce qu'il comprend ;
➔ et enfin, la façon dont il interprète ce qu'il a compris…

Pas étonnant que nous ayons des difficultés à nous comprendre les uns les autres !

Pour corser encore un peu plus les choses, l'opinion que nous avons des personnes joue un rôle important dans la façon dont nous nous adressons à celles-ci. Nous ne les considérons pas toutes au « même niveau ». Du coup, nous ne nous adressons pas à toutes de la même façon et nous adaptons notre mode de communication au leur (à ce que nous pensons être le leur). Généralement, on ne s'adresse pas à un enfant comme on s'adresse à un adulte ; ou on ne s'adresse pas à l'un de ses collaborateurs comme on s'adresse au PDG de notre entreprise. Même si éthiquement nous pensons que c'est ce que nous devrions faire.

Permettez-moi de vous poser une question : pensez-vous que c'est l'opinion que nous avons d'une personne qui guide notre mode de comportement envers elle ; ou est-ce l'opinion qu'elle a d'elle-même qui transpire si fort que cela nous incite à nous comporter d'une certaine façon avec elle ?

Pour ma part, je répondrais : les deux. Ce qui sous-entendrait que nos relations sont transactionnelles et systémiques. Qu'elles sont l'œuvre simultanée des personnes concernées.

D'un côté : si je me considère comme une personne douce et sensible, est-ce que les autres me considéreront comme douce et sensible ?

Ou si je me considère comme quelqu'un de volontaire et d'entreprenant, les autres percevront-ils cela de moi et le penseront-ils à leur tour ?

Si on part de ce point de vue, cela voudrait dire que ce que nous pensons de nous-mêmes est à l'origine des relations que nous avons avec les autres. Ce qui induit que si nous voulons changer les relations que nous avons avec notre entourage, nous devons transformer l'opinion que nous avons de nous-mêmes (voir la partie sur les croyances, p. 68).

« Si tu te traites comme ce que tu crois être, tu le resteras. Si tu te traites comme ce que tu pourrais être, tu le deviendras. »

D'un autre coté : il ne serait pas juste de s'arrêter là, car nous avons tous rencontré une personne avec qui nous nous sentions tellement en confiance que nous avons, en tout cas avec elle, amélioré notre manière d'être ; il se peut même que nous ayons eu le courage d'entreprendre des choses que nous n'aurions jamais faites si cette personne n'était pas à nos côtés.

« Si tu traites quelqu'un tel qu'il est, il le restera. Si tu le traites comme ce qu'il pourrait être, il le deviendra. »

Ce qui voudrait dire que si une personne en valorise une autre, cette dernière finit par changer l'opinion qu'elle a d'elle-même et que, grâce à cela, elle peut évoluer plus vite qu'elle le ferait par elle-même.

Depuis notre plus jeune âge, nous avons été exposés aux luttes de pouvoir qui se jouaient entre nos parents, nos frères et sœurs ou les membres de notre entourage. Nous avons connu la pression de nos pairs, le contrôle exercé par une autorité parentale stricte ou un enseignant plutôt sévère. Nous avons été soumis au conditionnement social, avec ses normes à respecter et ses lois à ne point enfreindre. Nous avons été programmés à notre insu pour réagir aux moindres fluctuations énergétiques environnantes et nous nous sommes inconsciemment laissés manipuler au fil des ans, devenant non pas celui que nous rêvions d'être, mais un « bon petit soldat », un numéro parmi d'autres, anonyme parmi la foule. Et ce, même s'il nous plaît à penser que sommes restés libres d'esprit, car rares sont ceux qui échappent aux normes de notre société, à la domestication.

Pas étonnant que nous nous rebellions pour avoir notre place au soleil ! Et comme, depuis notre plus tendre enfance, nous avons pris l'habitude de prendre de l'énergie aux personnes qui nous entourent à travers notre schéma de domination et que personne ne nous a enseigné comment être autonomes en nous ressourçant par nous-mêmes, nous faisons naturellement ce que nous avons l'habitude de faire et nous créons des clashs avec les membres de votre entourage.

Il n'est pas utile de se juger ou de s'en vouloir pour cela. Ces réactions primaires sont un mal nécessaire, une obligation existentielle pour celui qui n'a pas trouvé d'autres façons de s'alimenter sur le plan énergétique. Il importe de s'accepter et de s'aimer tels que nous sommes et de commencer à accepter que chaque mécanisme de domination est un défi que nous lance notre âme afin de dépasser nos peurs et de reconquérir qui nous sommes réellement.

Chaque fois que survient un événement imprévisible ou un conflit interrelationnel dans notre vie, nous avons le choix :

- nous battre pour assurer notre survie, en allant dérober l'énergie vitale de nos « ennemis » ;

- ou décider de relever un tout nouveau défi, en dépassant nos anciennes programmations pour enfin vivre pleinement le moment présent, dans la reconnaissance de notre nature puissante, profonde et pure.

Chaque expérience de vie constitue un défi, une nouvelle aventure qui s'ouvre à nous afin de nous permettre d'apprendre à aller chercher de l'énergie autrement. La vie nous incite à découvrir notre potentiel intérieur illimité pour jouir d'une existence simple, facile, joyeuse et heureuse… y compris dans nos relations avec les autres, peu importe notre profil dominant.

En conclusion, je dirais que si nous voulons développer des relations harmonieuses avec notre entourage, nous devons *prendre soin de soi-même* avant de savoir *prendre soin des autres.*

Prendre soin de soi-même, signifie :

- Que nous devons commencer par nous accepter tels que nous sommes. Abandonner les reproches que nous nous faisons à nous-mêmes. Pardonner nos erreurs.
- Que nous devons apprendre à nous libérer de notre passé, des souffrances qui y sont rattachées et qui pourraient impacter nos comportements présents si nous ne le faisons pas. Pardonner aux autres.
- Que nous devons développer notre confiance en soi en apprenant à reconnaître nos talents, nos réussites ainsi que toutes nos petites victoires quotidiennes. En adoptant des croyances positives et en conservant notre optimisme en toutes circonstances.
- Comprendre et respecter nos besoins et apprendre à les exprimer de façon claire, tout en nous assurant que les autres sont en mesure de les satisfaire lorsqu'ils sont impliqués. Sans leur reprocher de ne pouvoir le faire car, en réalité, c'est à nous seuls qu'incombe la tâche de satisfaire nos besoins personnels.

Pour *prendre soin des autres*, nous devons faire preuve de bienveillance envers eux. Et pour cela :

- Nous devons apprendre à les connaître, à reconnaître leurs qualités, leurs points forts, leurs besoins et mêmes leurs incertitudes.
- Les accepter tels qu'ils sont et tels qu'ils ne sont pas, ce qui revient à apprendre à les aimer ou du moins à les apprécier et à ne plus être affligés par certains des comportements qu'ils ont parfois, ne plus les subir. Ne pas les juger et ne pas prendre de façon personnelle leur manière de réagir, ou de ne pas réagir.
- Nous devons nous libérer des attentes que nous avons envers eux. Avoir avec eux une communication claire et vérifier qu'ils ont compris nos demandes et qu'ils sont en mesure de les satisfaire. Ce qui nous libère de nombreuses contrariétés vis-à-vis de notre entourage. Être responsable de nos relations et de notre manière de communiquer avec eux.

Quelques règles générales pour mieux communiquer avec mon entourage

Faire attention au pouvoir des mots

Vous l'avez certainement remarqué, les mots sont dotés d'un pouvoir incroyable. Ils ont bien plus d'importance que celle qu'on veut leur prêter. Ils peuvent nous libérer ou nous asservir plus que vous ne pouvez le supposer. J'irais même jusqu'à dire que ce sont des instruments magiques, car si la parole nous permet de nous exprimer et de nous manifester, leur force peut aussi tout détruire autour de nous, selon la façon dont nous les utilisons. Ce sont des armes à double tranchant. Les mots possèdent une énergie qui ne reste jamais sans effet.

Le Mot

Braves gens, prenez garde aux choses que vous dites !
Tout peut sortir d'un mot qu'en passant vous perdîtes ;
TOUT, la haine et le deuil !
Et ne m'objectez pas que vos amis sont sûrs
Et que vous parlez bas.
Écoutez bien ceci :
Tête-à-tête, en pantoufle,
Portes closes, chez vous, sans un témoin qui souffle,
Vous dites à l'oreille du plus mystérieux
De vos amis de cœur ou si vous aimez mieux,
Vous murmurez tout seul, croyant presque vous taire,
Dans le fond d'une cave à trente pieds sous terre,
Un mot désagréable à quelque individu.
Ce MOT – que vous croyez que l'on n'a pas entendu,
Que vous disiez si bas dans un lieu sourd et sombre –
Court à peine lâché, part, bondit, sort de l'ombre ;
Tenez, il est dehors ! Il connaît son chemin ;
Il marche, il a deux pieds, un bâton à la main,
De bons souliers ferrés, un passeport en règle ;
Au besoin, il prendrait des ailes, comme l'aigle !
Il vous échappe, il fuit, rien ne l'arrêtera ;
Il suit le quai, franchit la place, et cætera
Passe l'eau sans bateau dans la saison des crues,
Et va, tout à travers un dédale de rues,
Droit chez le citoyen dont vous avez parlé.
Il sait le numéro, l'étage ; il a la clé,
Il monte l'escalier, ouvre la porte, passe, entre, arrive
Et railleur, regardant l'homme en face dit :
« Me voilà ! Je sors de la bouche d'un tel. »
Et c'est fait. Vous avez un ennemi mortel.

Victor Hugo

Ainsi, par des mots, nous pouvons soit jeter un sort à quelqu'un, soit l'en libérer. Et chaque être humain en a le pouvoir. Il appartient donc à chacun de faire le choix d'utiliser sa parole à bon escient.

L'esprit humain est tel un jardin dans lequel des graines sont continuellement semées et des opinions, des idées ou des concepts germent à tout moment. Malheureusement, il s'avère souvent trop fertile pour les pensées négatives. La médisance, par exemple, est un véritable poison émotionnel et relationnel : elle salit, pollue, détruit...

Si nous voulons améliorer notre communication interpersonnelle, nous n'avons d'autre choix que de prendre soin de ce qui sort de notre bouche et d'avoir des paroles qui ne nuisent ni à autrui, ni à nous-mêmes. Ce qui signifie que nous devons nous abstenir de juger, de critiquer, de calomnier les autres ; et que nous devons nettoyer notre langage de leurs termes et expressions négatifs habituels. Que nous gagnerions à nous équiper intérieurement d'un « détecteur de paroles mauvaises », afin de ne plus en être les complices et les propagateurs même inconscients. Le prophète Jésus affirmait que ce n'est pas ce qui entre dans la bouche d'un homme qui le souille, mais ce qui en sort. Refuser de propager des rumeurs ou de médire, c'est faire de l'écologie de la parole : ne pas polluer autrui ni soi-même avec les mots, mais au contraire contribuer par sa parole à créer un monde meilleur.

Cela n'est pas si simple et demande un effort soutenu, comme celui requis pour maîtriser un instrument de musique. Il vous faudra être patient avec vous-même, car nous n'acquerrons pas une parole impeccable du jour au lendemain, d'autant que tout nous pousse souvent dans l'autre sens. Mais si on est persévérant, on perçoit rapidement un mieux-être relationnel, nos rapports avec autrui gagnent en clarté et on se sent tellement mieux vis-à-vis de soi-même. Avoir le contrôle de ce qui sort de notre bouche nous permet finalement de prendre la responsabilité de nos relations, et cela a des répercussions dans les nombreux aspects de notre vie.

Dépasser mes propres opinions

Pour pratiquer cet art qu'est la communication, nous devons commencer par avoir sincèrement envie de le pratiquer pour améliorer nos relations. Y avoir un intérêt précis, car sans envie, ni intérêt, nous avons peu de chances de nous y atteler.

Comme je l'ai déjà relevé, sachez que nous voyons les gens à travers le filtre de nos croyances. Et que ce que nous pensons d'une personne correspond rarement à ce qu'elle est. Surtout s'il s'agit de personnes que nous ne côtoyons pas dans l'intimité. Tant que nous n'avons pas pris le temps d'observer quelqu'un (et parfois même si nous l'avons fait) nous ne pouvons avoir qu'une opinion restreinte de sa personnalité car, la plupart du temps, et surtout dans le milieu professionnel, les personnes se montrent sous un angle particulier. Et pour compliquer le tout, ce que la personne pense de nous l'incite à montrer un aspect de sa personnalité qu'elle suppose être en accord avec ce que nous représentons pour elle. Nous ne nous comportons pas avec nos amis comme nous nous comportons avec nos collègues de travail, car en fonction de notre environnement et du type de relation que nous avons avec les gens, nous jouons des rôles très différents. Nous avons donc peu de chances de connaître le véritable visage de la personne que nous avons en face de nous.

Nous pouvons dire que nous avons une écoute particulière des personnes et que nous communiquons avec elles en étant coincés dans cette écoute, car nous avons tendance à mettre les gens dans des cases et à considérer que ce que nous connaissons d'eux correspond à ce qu'ils sont.

Lorsque nous avons une mauvaise opinion d'une personne et que nous leur collons une étiquette sur le front, nous l'écoutons à travers ce filtre (exemple : « Cette personne est incompétente ! »). À partir de là, tout ce qu'elle va dire ou faire passera à travers ce filtre. Et, même si la personne nous prouve à maintes reprises sa compétence et nous propose des choses perspicaces, nous ne retiendrons que ce qu'elle propose d'inapproprié et ainsi nous renforçons notre opinion et « elle est incompétente ! » finira par devenir une réalité, pour nous. Puis nous renforçons ce processus en nous disant : « De toute façon, elle est incompétente ! », ou « Je savais bien qu'elle était incompétente ! », ou encore « Elle est trop incompétente pour que je puisse lui demander cela ! »… Pire, il peut nous arriver de mettre la personne en porte-à-faux pour avoir la preuve de son incompétence et ainsi renforcer notre opinion sur elle en manipulant nos demandes ou notre interprétation des faits.

Je vous invite à prendre l'exemple d'une personne avec qui vos relations ne fonctionnent pas très bien et de réfléchir à l'opinion que vous avez de cette personne, afin d'illustrer ce que je vous suggère ici.

Les raisons pour lesquelles nous faisons cela sont multiples, elles peuvent être nourries par notre désir inconscient de nous venger : la personne aurait fait quelque chose que nous ne lui avons pas pardonné, et nous cherchons à la punir… Nous pouvons aussi chercher à dominer les autres *inconsciemment*, afin de valoriser notre propre image (dominer pour ne pas être dominé)… Ou notre opinion de nous-mêmes est tellement *basse,* que nous cherchons à tout prix à nous *élever* en abaissant les autres et en attaquant le premier afin d'être certain de ne pas être attaqué ou abaissé. Etc. Quoi qu'il en soit, ses raisons sont rarement du domaine de la bienveillance et du respect des personnes qui nous entourent.

En ce qui concerne l'exemple que vous avez pris un peu plus haut, demandez-vous quelles sont, selon vous, les raisons pour lesquelles vous avez des difficultés relationnelles avec cette personne.

Adapter ma stratégie à mes intentions

Influencer mes collaborateurs

Si vous voulez influencer les autres et les rallier à votre point de vue, évitez de les critiquer, de les condamner ou de les juger. Même si vous ne le faites pas ouvertement, cela transpire dans votre façon de communiquer. Souvenez-vous que notre communication non verbalisée est aussi explicite que celle qui l'est. Évitez autant que possible de vous plaindre auprès de vos collaborateurs d'une situation ou du comportement d'une tierce personne, car non seulement vous ne savez jamais vraiment si ceux à qui vous vous adressez sont de votre côté, mais ils risquent de se demander si vous ne faites pas la même chose à leur sujet auprès d'autres personnes.

« Si vous voulez récolter du miel, ne bousculez pas la ruche ! »
Dale Carnegie, écrivain américain

Entraînez-vous à complimenter honnêtement et sincèrement vos collaborateurs. Faites de votre mieux pour vous mettre à leur place afin de considérer les choses de leur point de vue, autant que du vôtre. Et lorsque vous leur demandez d'accomplir une tâche, faites preuve d'imagination pour susciter chez eux un vif désir de faire ce que vous demandez. De préférence en les informant de l'utilité de la tâche qu'ils devront accomplir, en partageant avec eux la vision globale du projet ou de l'objectif (les gens détestent ne pas savoir pourquoi ils font les choses).

Gagner la sympathie des autres

Pour être apprécié des autres, intéressez-vous sincèrement à eux et apprenez à voir leurs bons côtés. Si vous souhaitez qu'ils se plaisent en votre compagnie, vous devez montrer que vous vous plaisez en la leur. N'hésitez pas à faire les premiers pas et à exprimer ouvertement ce que vous souhaitez qu'on exprime envers vous. En tant que leader, c'est à vous de monter l'exemple en faisant preuve d'optimisme, d'enthousiasme, de détermination. Et si l'un de vos collaborateurs a une petite baisse de forme, ne lui en tenez pas rigueur et donnez-lui tout simplement un sourire, car nul n'a plus besoin d'un sourire que celui qui n'en a plus à offrir.

Vous gagnerez la sympathie de vos collaborateurs en faisant l'effort de mémoriser les noms et les activités des personnes qui leur sont proches (enfants, conjoints et autres). Au besoin, notez sur des fiches privées ce qu'elles font dans la vie afin de vous en souvenir, ainsi que tout ce qui vous paraît important*. Loin d'être du voyeurisme, n'oubliez jamais que ces personnes ont une grande importance pour vos collaborateurs et la moindre des choses, c'est de vous y intéresser. Sachez les écouter et invitez-les à parler d'eux-mêmes afin de connaître ce qu'ils chérissent le plus. Ainsi, ils pourront en déduire que vous vous intéressez sincèrement à eux et qu'ils ont de l'importance à vos yeux.

Rallier les personnes à mon point de vue

C'est par le cœur qu'on parvient à l'esprit. Si une personne n'est pas d'accord avec vous, ce n'est pas en argumentant pour lui prouver qu'elle a tort que vous l'amènerez à épouser votre point de vue. Même si votre raisonnement semble inébranlable. Sachez que les gens détestent modifier leurs opinions et qu'il sera totalement futile de vouloir les obliger à partager votre avis par la force. Pour cela, comptez plutôt sur la douceur et la subtilité.

« Une goutte de miel attrape plus de mouches qu'une pinte de fiel. »

Avant d'entrer dans le vif du sujet, ayez une intention parfaitement claire de ce que vous allez obtenir de la personne, de ce que vous allez lui dire et de ce que, d'après vos prévisions, elle répondra vraisemblablement, en vous efforçant sincèrement de voir les choses de son point de vue.

Commencez par écouter pour tenter de trouver des terrains d'entente, vous ne gagnerez rien à argumenter sur le vif du sujet. Promettez de réfléchir aux idées de votre antagoniste et

* Voir p. 236 : « Identifier les talents de mes collaborateurs ».

étudiez-les avec soin. N'hésitez pas à le remercier pour ce qu'il a partagé avec vous puis prenez ouvertement du recul afin de laisser aux deux parties le temps d'examiner en détail le problème.

Évitez à tout prix les controverses et respectez ses opinions. Ne lui dites jamais qu'il a tort, même si c'est clairement ce que vous pensez afin d'éviter qu'il se sente humilié, surtout devant la communauté. C'est le seul moyen d'arriver à vos fins. Accueillez avec sympathie ses idées et ses désirs et, quelle que soit la situation, tenez-le pour une personne intègre et loyale en faisant appel à des sentiments élevés.

Pour déclencher chez votre interlocuteur une réaction positive, vous pouvez par exemple lui lancer un défi. Lui poser des questions qui l'obligent à dire oui immédiatement. Ou démontrer spectaculairement vos idées en frappant sa vue et son imagination. Vous gagnerez aussi beaucoup à le laisser avoir le plaisir de croire que les idées viennent de lui en le laissant parler à son aise pour obtenir sa coopération.

Et si, au final, c'est vous qui avez tort, vous ferez preuve de courage, de sagesse et susciterez l'admiration en l'admettant promptement, ainsi qu'en prenant les devants pour faire votre *mea culpa*.

Modifier l'attitude des individus sans irriter ni offenser

Personne n'aime recevoir des ordres, alors il est préférable de poser des questions plutôt que de donner des ordres directs. Pensez à ménager l'amour-propre de votre interlocuteur et laissez-le sauver la face en toutes circonstances. Si vous voulez modifier l'attitude d'une personne, incitez-la à se dépasser en lui donnant une belle réputation à mériter.

« Je n'ai pas le droit de dire ou de faire quelque chose qui diminue un homme à ses propres yeux. Ce qui compte, ce n'est pas ce que je pense de lui, mais ce que lui pense de lui-même. Blesser un homme dans sa dignité est un crime. »

Antoine de Saint-Exupéry

S'il vous faut corriger une faute, commencez par des éloges sincères et évitez de rentrer directement dans les reproches et les hostilités. Ainsi, vous aurez plus de chances de faire progresser la personne en lui précisant ce que vous attendez d'elle à l'avenir. Surtout si vous avez affaire à quelqu'un de sensible qui n'a pas une grande confiance en soi. Il est plus approprié d'attirer indirectement l'attention sur ses erreurs en étant factuel, afin d'avoir plus d'impact.

N'hésitez pas à parler de vos propres erreurs avant de corriger celles des autres, car en les reconnaissant (même si vous ne les avez pas encore corrigées) vous montrez votre humanité et incitez chacun à évoluer.

La meilleure façon de stimuler une personne, c'est de louer le moindre de ses progrès et même de louer tout progrès. De l'encourager de façon que l'erreur semble facile à corriger. Soyez chaleureux dans votre approbation et sachez prodiguer des éloges. Reconnaissez qu'il n'est pas facile de transformer un comportement et que les éloges et la reconnaissance sont rares dans notre société. Alors, ne vous en privez pas et vous aurez tout gagné !

Nos comportements en état de stress

Nous avons mis en place nos schémas comportementaux depuis des années et nous sommes pris dans un piège qui ne nous donne pas beaucoup de liberté en ce qui concerne notre manière d'être et de communiquer avec notre entourage. Certaines de nos réactions ternissent notre personnalité et ne nous permettent pas toujours de montrer au monde la personne que nous sommes vraiment, celles-ci sont d'autant plus amplifiées lorsque nous sommes stressés ou que nous manquons d'énergie.

Ces comportements en état de stress ont tendance à nous tirer vers le bas. Au fond de nous-mêmes, nous savons que nous sommes dans un processus qui nous domine et que nous avons des difficultés à gérer. La plupart du temps, ils nous rendent inauthentiques et manipulateurs, et nous empêchent de trouver la paix, la joie et le bonheur.

En dehors du fait que certaines de nos manières d'être peuvent nous rendre impopulaires, c'est envers nous-mêmes que ces processus font le plus de dégâts, car ils finissent par générer un manque d'estime et de confiance en soi. Ce qui nous plonge dans un véritable cercle vicieux.

En étudiant les quatre Profils Élément, nous pouvons observer que lorsque nous sommes en énergie basse, tous nos schémas sont orientés vers la prise de pouvoir sur l'autre. Que nous soyons agressifs ou victimes, notre but est de gagner, même si, en fin de compte, nous perdons… beaucoup d'énergie et d'harmonie dans la relation. Nous cherchons soit à attirer l'attention de l'autre, à être reconnus, à être aimés ou du moins considérés, à avoir raison de quelque chose… La plupart du temps, nous ne reconnaissons pas nos besoins et les dénigrons ; ainsi, nous ne prenons pas soin de communiquer clairement aux autres ce qui est important pour nous et ne faisons pas de demandes en conséquence. Et comme il est évident qu'on ne va pas dire aux autres « Je veux que tu fasses attention à moi ! » ou « Je veux avoir raison ! », nous finissons par dire un mot pour un autre, du coup, on devient confus et la communication ne passe pas. Mais nos besoins sont nos besoins et nous finissons par donner tort aux autres de ne pas les comprendre ou de ne pas les satisfaire (comment le pourraient-ils, nous ne les assumons pas nous-mêmes).

Bien sûr, nous ne sommes pas toujours aussi caricaturaux, et il existe un grand nombre de variantes plus « soft ». Mais nous avons tous l'une de ces quatre tendances principales, présentées ici sous forme des quatre éléments, qui se révèlent davantage lorsque nous sommes en état de stress.

Pour améliorer nos comportements, nous devons améliorer nos réactions spontanées. Mais il n'est pas facile de changer, alors la meilleure chose à faire, c'est de prendre soin de son bien-être et de créer autour de soi un environnement dans lequel on se sent bien. Lorsqu'on a pris soin du contexte, la première démarche à avoir pour nous libérer de nos schémas, est de comprendre notre fonctionnement et de l'intégrer voire de l'accepter. Personne n'est parfait et toutes les réactions se valent. Elles ne sont, après tout, qu'un mode de survie face à ce que nous prenons pour des agressions extérieures ; et même une façon de récupérer de l'énergie lorsque nous ne savons pas faire autrement.

La deuxième démarche est de nommer le mécanisme ; c'est-à-dire, de partager notre prise de conscience concernant nos comportements. En effet, les personnes qui nous entourent sont souvent impliquées dans nos réactions, et ont certainement dû déjà en souffrir. Bien sûr, elles sont elles aussi prises dans leurs processus. Quoi qu'il en soit, nous ne pouvons pas agir sur l'autre, seulement sur soi. Alors, ne nous privons pas de ce partage sous prétexte que : « Oui, mais l'autre aussi n'a pas bien réagi !… » C'est certainement le cas, mais se transformer, c'est avoir une influence sur la transformation des autres, et partager avec eux ce que nous avons compris de nous leur permet *parfois* de se comprendre, eux.

La troisième démarche consiste à mettre en place une stratégie qui nous permet de gérer nos tensions. Faire de la relaxation, du yoga, du sport, des balades dans les bois, voir des expositions, organiser des soirées avec des amis chers, prendre un bain au lieu de regarder le téléfilm, partir en voyage ou passer une semaine à la campagne chez un(e) ami(e), aménager son lieu de vie pour qu'il inspire davantage le bien-être et la détente… C'est à chacun de trouver ce qui lui convient le mieux. Mais ce qui est certain, c'est que les choses ne changeront pas d'elles-mêmes.

Il est nécessaire de planifier et de trouver un moyen pour s'en tenir à son planning. (Prendre un coach, avoir un binôme ou mettre à contribution son(a) meilleur(e) ami(e).) Peu importe, le tout, c'est d'être en action !

N'ayez pas peur de paraître maladroit au début. Vous êtes en train de modifier un schéma de comportement aussi ancien que vous-même.

Voici comment les profils communiquent les uns avec les autres lorsqu'ils sont en énergie basse :

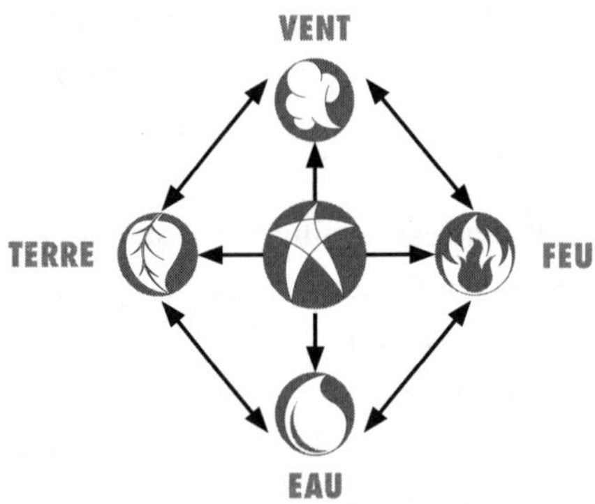

- **Lorsque le Vent est en conflit avec l'Eau** 

Entre eux, c'est une longue histoire de domination. Comme le Feu et la Terre, ce sont des « couples » qui peuvent aller très loin étant donné l'interdépendance de leur fonctionnement énergétique. Lorsqu'ils sont en conflit, l'Eau à tendance à réagir par l'enfermement sur soi, ce qui a la particularité d'énerver profondément le Vent, étant donné son besoin d'être écouté, apprécié et aimé. Mais la plupart du temps, ils ne peuvent se défaire l'un de l'autre, car le Vent est confronté à son manque d'estime de lui-même qu'il nourrit par la réaction de l'Eau (il agit comme si se faire apprécier par l'autre devenait un défi). L'Eau a besoin de l'énergie impulsive et boostante du Vent pour ne pas tomber dans le gouffre de l'isolement voire de la dépendance. Ce qui résulte de cette relation, c'est une grande souffrance pour l'un comme pour l'autre, difficile à transformer sans estime de soi. Le Vent et l'Eau, ça produit des nuages.

- **Lorsque le Feu est en conflit avec la Terre**

On tombe sur le schéma classique de la victime et du bourreau, du harcelé et du harceleur. Et les choses peuvent aussi aller très loin entre eux, étant donné qu'ils nourrissent un processus énergétique fort. Le Feu a besoin de la Terre pour se prouver qu'il est puissant et la Terre a besoin du Feu pour se prouver… qu'elle ne vaut pas grand-chose. Pas étonnant qu'ils aient du mal à se séparer. Ils peuvent transformer les choses en considérant chacun que leur problème personnel est le même, même si leurs réactions sont différentes. Ils ont tous deux un problème d'estime de soi extrêmement fort. Dans la nature, le Feu brûle la Terre, mais c'est ainsi qu'elle donnera les meilleures récoltes. C'est très compliqué tout ça !

- **Lorsque le Vent est en conflit avec le Feu**

Étant donné qu'ils veulent tous les deux pendre le pouvoir sur l'autre, ça peut ruer dans les brancards ! Le Vent attise le Feu. L'un comme l'autre ne se laissera pas faire, mais on peut dire que, en règle générale, c'est le Feu qui gagne, parce qu'il peut être d'une extrême violence. Le Vent aura plutôt tendance à utiliser la parole qu'il maîtrise avec aisance, la plupart du temps. Même si tous deux en ressortiront meurtris. Si c'est le Feu qui domine le Vent, ce dernier risque d'entrer dans un processus de victimisation, ou de dépression ; car il a des difficultés à supporter les échecs relationnels et il finira par avoir le sentiment de ne pas être apprécié, ce qui le mine particulièrement. Si c'est le Vent qui gagne, ce sera au prix d'une longue joute verbale, voire une mise à mort qui immobilisera totalement le Feu ; enfin, sur le moment, car rien ne pourrait plus le mettre en colère.

- **Lorsque le Feu est en conflit avec l'Eau**

La plupart du temps, leur relation ne dure pas très longtemps, parce que la réaction de retrait quasi systématique de l'Eau n'intéresse pas longtemps le Feu. On peut considérer que, en général, ils ne se côtoient pas beaucoup, ou ils s'évitent. L'Eau éteint le Feu. Pourtant, la seule différence qui existe entre eux, c'est leur manière de s'exprimer. Car l'Eau est en fin de compte extrêmement violente, mais il ne se contient et ne se permet pas de la manifester (un tsunami peut être aussi dévastateur qu'un incendie). Et le Feu en est conscient et fait attention à ne pas trop le titiller. Concrètement, il peut régner entre eux une forme de statu quo voire de respect, sur fond d'incompréhension mutuelle.

- **Lorsque l'Eau est en conflit avec la Terre**

Entre eux, ça n'accroche pas beaucoup. Car la Terre à des difficultés à trouver des points d'accroche sur l'Eau. Lorsque la Terre se lance dans ses complaintes, le fait de se retrouver face à un mur ne donne que peu de change à son schéma de domination. L'Eau peut devenir extrêmement méprisante envers la Terre et leur relation reste alors superficielle. Mais lorsqu'ils cohabitent, il peut exister entre eux une forme de respect, car l'Eau est le seul élément qui n'entre pas dans le jeu de la Terre, ce qui peut l'aider à se défaire de sa fâcheuse tendance à s'apitoyer sur son sort ; enfin jusqu'à ce qu'il rencontre quelqu'un qui puisse écouter ses doléances s'il ne trouve pas le moyen de gérer son stress. Dans la nature, l'Eau nourrit la Terre.

- **Lorsque la Terre est en conflit avec le Vent**

La relation qui sévit entre eux serait plutôt de l'ordre de la victime et du sauveteur, car ils se nourrissent énergétiquement l'un l'autre. Le Vent parce qu'il a un besoin important d'être écouté et admiré (la Terre sait faire cela très bien !). Et la Terre, parce qu'il a besoin qu'on s'occupe d'elle. Plus le vent sent qu'il est utile, plus il plonge dans la relation. Mais même si ce type de liaison peut durer longtemps, le Vent finit souvent par se sentir utilisé car, au final, la Terre devient rarement un soutien pour lui lorsqu'il en éprouve le besoin. La plupart du temps, c'est le Vent qui finit par se libérer de cette relation avec un sentiment d'épuisement, ou la Terre qui trouve un autre Vent moins fatigué et plus énergétique. C'est la cohabitation de la raie et du poisson-pilote, très utile à la raie pour le débarrasser de ses parasites ; mais lorsqu'il n'y a plus rien à manger, le poison-pilote cherche une autre raie.

- **Face au même profil**

Il n'est pas plus facile de nous retrouver face à une personne qui a la même façon de réagir que soi lorsqu'elle est stressée, contrariée ou prise dans des émotions qu'elle a des difficultés à gérer. Nous nous retrouvons alors face à notre miroir et, en fonction de notre niveau de bien-être et d'estime de soi, nous avons deux types de réaction. Soit nous avons entrepris un travail sur nous-mêmes et nous nous acceptons tels que nous sommes, du coup nous avons conscience que les comportements de l'autre nous permettent d'encore mieux nous comprendre et peuvent nous aider à nous améliorer et nous accepter davantage. Soit nous ne nous acceptons pas tels que nous sommes et le fait de nous retrouver face à une personne qui a les mêmes comportements que soi nous exaspère au plus haut point et cela devient une lutte ouverte. L'autre représentant ce qui nous dérange le plus chez nous, nous avons des difficultés à supporter sa présence et faisons tout pour l'éviter ou le contrer. D'une certaine façon c'est contre nous-mêmes que nous combattons. Les Vents entrent dans des joutes verbales interminables pour montrer qui a raison et qui a tort. Les Feux ne ratent pas une occasion de se défier pour savoir lequel est le plus fort (ou la plus forte). Les Eaux montent, passent leur temps à s'analyser pour mieux se critiquer et s'isolent dans des tourelles inaccessibles puis communiquent entre eux de façon virtuelle. Et les Terres partagent leurs doléances sans jamais chercher de solution, ils se plaignent pour se plaindre et rien n'avance.

Enfin, comme l'aurez constaté, ces relations sont basées sur le manque d'estime de soi et donc le manque de reconnaissance, car nous avons tendance à chercher chez les autres ce que nous ne trouvons pas à l'intérieur de nous-mêmes. Nous pouvons donc en conclure que la meilleure façon de gérer nos relations, peu importe qui nous avons en face de nous, c'est de cultiver l'amour de soi.

Mieux communiquer avec les autres profils

Pour mieux communiquer avec les différents profils, surtout lorsqu'ils sont dans leurs schémas de domination, vous avez intérêt à apprendre à écouter les indications que votre interlocuteur vous donne sur ce qui se passe en lui afin de l'aider à sortir de l'impasse dans laquelle il se trouve. Il arrive fréquemment que l'objet apparent de l'affrontement diffère des enjeux véritables. Vous gagnerez à chercher la vérité qui gît sous l'évidence. Mais évitez de vous transformer en inspecteur de police… Simplement, réfléchissez-y.

Lorsque votre interlocuteur ou vous-même êtes en énergie basse, la première chose à faire, c'est de vous détacher de la situation et de prendre du recul afin de vous libérer tout en libérant l'autre personne, ainsi que de l'engrenage dans lequel vous vous trouvez. Le mieux, c'est de prendre un moment pour respirer afin de faire redescendre votre tension. Tentez de lui apporter votre soutien avec compassion et l'aider à se rendre compte de ce qui est en train de se passer. Faites part à la personne de ce qu'elle est en train de faire, sans la juger, sur le ton du détachement et en faisant de votre mieux pour ne pas la culpabiliser de son comportement ; l'humour est un bon moyen pour calmer certaines situations difficiles.

Si vous ne vous sentez pas encore familier avec les profils, vous aurez peut-être besoin de les relire avant d'aborder les paragraphes ci-dessous.

N'ayez pas peur de paraître maladroit au début, car vous êtes en train de modifier un schéma de comportement aussi ancien que vous-même.

Faites de votre mieux pour accepter votre interlocuteur tel qu'il est.

Mieux communiquer avec les profils du Vent

Lorsqu'il est dans son schéma de domination, demandez-lui pour l'en faire sortir et prendre conscience de son fonctionnement :

- Je vous apprécie beaucoup, mais lorsque je suis avec vous, je me sens tout le temps critiqué !
- J'ai l'impression que vous n'avez pas dit ce qui vous préoccupe réellement ?
- Y a-t-il quelque chose qui vous ennuie en dehors de cette affaire ?

La meilleure façon de communiquer avec lui :

- Créer un environnement chaleureux et convivial.
- Ne pas se lancer dans des explications trop détaillées.
- Lui donner l'occasion de faire les choses à sa façon.
- Lui demander son avis.
- Le rassurer, le complimenter...
- Se montrer relationnel, chaleureux et enthousiaste.
- Partager son plaisir et le laisser s'exprimer.
- Être créatif et informel.
- Accepter le tutoiement, la bise, le café, le restaurant.
- Rêver avec lui, ne pas hésiter à sortir du sujet, sans oublier d'y revenir plus tard.
- Montrer en quoi vous l'appréciez.
- Entrer dans son réseau d'influence.

Facteurs générateurs de tension et d'insatisfaction :

- Être sec, froid et distant.
- Ne pas écouter ce qu'il a à dire.
- Diriger la conversation.
- Lui donner des ordres sans lui laisser le choix de faire les choses comme il l'entend.
- Insister sur des faits, des alternatives ou des éléments abstraits...

Négocier avec lui :

Soyez chaleureux, enthousiaste et faites preuve de conviction pendant votre rencontre. Démarrez par un échange informel. Sachez jouer, improviser, montrez que vous avez plaisir à être avec lui, que vous soutenez ses projets et ses opinions. N'ayez pas peur de lui faire des compliments. Valorisez la créativité de votre offre ou de votre projet, son caractère exceptionnel. N'hésitez pas à faire témoigner d'autres personnes sur la qualité de votre offre, de votre service ou de votre prestation. Ne craignez pas de mêler travail et plaisir et de favoriser les cadres conviviaux. Allégez les formalités administratives et épargnez-lui les détails en lui précisant que vous vous en occupez, il appréciera sûrement. Soyez mobile dans l'espace et n'hésitez pas à changer de place. Renforcez vos arguments par de l'enthousiasme et de l'humour.

Mieux communiquer avec les profils du Feu

Lorsqu'il est dans son schéma de domination, demandez-lui pour l'en faire sortir et prendre conscience de son fonctionnement :

- Pourquoi êtes-vous tellement en colère ?
- J'ai l'impression que vous voulez me faire peur ?
- Si je ne vous connaissais pas, je penserais que vous cherchez à m'intimider !
- Il me semble que vous n'êtes pas dans de bonnes dispositions pour que nous continuions cette conversation ; je propose que nous en reparlions plus tard !

La meilleure façon de communiquer avec lui :

- Parler avec précision, être clair et aller droit au but.
- S'en tenir au sujet concerné et éviter de passer du coq à l'âne.
- Réfléchir à ce que vous avez à dire et structurer vos propos le plus possible.
- Être sûre de soi…
- Aller droit au but.

- Exposer vos objectifs et le questionner sur les siens.
- Aller à l'essentiel, surtout si vous ressentez de l'impatience de sa part.
- Valoriser ce qu'il peut gagner en allant dans votre sens.
- Lui laisser la possibilité d'être moteur et décideur.
- Valoriser son sens du défi et de la réactivité.
- Si vous voulez qu'il vous écoute, vous avez intérêt à le faire bouger.

Facteurs générateurs de tension et d'insatisfaction :
- Avoir des propos hors sujet.
- Laisser des zones d'ombre ou des éléments flous.
- Avoir des propos désordonnés.
- Paraître désordonné.
- Montrer un manque de confiance en soi.
- Hésiter, se défendre, se plaindre…

Négocier avec lui :
Parlez-lui en termes de résultats et de performance. Allez droit au but. Présentez-lui d'emblée les objectifs de votre conversation. Soyez concis et bref. Réduisez au maximum le temps de l'entretien. Posez des questions essentielles. Valorisez votre position. Mettez en avant les gains de temps, l'efficacité, le retour sur investissement, l'autonomie. Soyez sûr de vous. Ayez une voix dynamique et des gestes marqués. Donnez-lui l'impression que c'est lui qui décide et proposez-lui des choix alternatifs. Lancez-lui des défis qui mettent en avant ses qualités et lui permettent d'entrer dans une certaine compétition.

Mieux communiquer avec les profils de l'Eau

Lorsqu'il est dans son schéma de domination, demandez-lui pour l'en faire sortir et prendre conscience de son fonctionnement :
- J'ai l'impression que vous vous retirez et que vous devenez distant. Quelles sont vos intentions ?

- J'ai l'impression que nous jouons au chat et à la souris !
- J'ai l'impression que vous n'êtes pas intéressé par ce que je vous demande, voulez-vous que je le demande à quelqu'un d'autre ?
- Je ne voudrais pas vous importuner, pourtant il me semble que vous avez longuement réfléchi à la question ; pourriez-vous me donner votre avis ?

La meilleure façon de communiquer avec lui :
- Être précis, concret, factuel et structuré.
- Savoir de quoi vous parlez.
- Parler du sujet concerné et de rien d'autre.
- Ne pas lui poser trop de questions.
- Lui laisser le temps de la réflexion.
- Lui demander son avis.
- Être attentif à ce qu'il dit et éviter de lui couper la parole pour lui donner votre avis…
- Préparer vos entretiens.
- Introduire le sujet, le contexte et valider le temps nécessaire à la réflexion.
- Soutenir une approche réaliste et mesurée, sans vous emballer, ni vous enthousiasmer de façon excessive.
- Prendre le temps d'aller dans les détails, sans le brusquer.
- Ne pas chercher à réchauffer l'ambiance.
- Rester distant et ne pas le toucher.

Facteurs générateurs de tension et d'insatisfaction :
- Être étourdi, désinvolte, familier, bruyant, exubérant.
- Poser trop de questions.
- Lui demander son avis tout de suite.
- Mettre la pression.
- Être désordonné dans ses propos.
- Être irréaliste.
- Maintenir la conversation lorsque tout a déjà été dit…

Négocier avec lui :
Préparez vos entretiens avec une grande rigueur et ne vous présentez pas les mains dans les poches. Commencez en validant

le cadre de votre visite, le temps imparti et respectez ce qui a été défini. Validez les sujets ainsi que leur ordre de traitement. Soyez précis, argumentez en vous appuyant sur les caractéristiques, les avantages et apportez des preuves. Rassurez-le en décrivant l'organisation, la structure, la logistique, la qualité... Montrez des documents, des tableaux, des extraits d'articles professionnels. Établissez éventuellement un rétroplanning. Vérifiez avec lui si tout est OK. Puis respectez son délai de réflexion pour qu'il prenne le temps de valider votre proposition et impliquez-le dans le processus de décision, il vous reviendra sûrement avec une réponse positive. Soyez factuel, neutre, sans chercher à l'impliquer. Ayez une voix constante et des gestes neutres et réguliers. Respectez surtout vos engagements.

Mieux communiquer avec les profils de la Terre

Lorsqu'il est dans son schéma de domination, demandez-lui pour l'en faire sortir et prendre conscience de son fonctionnement :

- J'ai l'impression que vous me rendez responsable de ce qui ne va pas dans votre vie ?
- Ce n'est peut-être pas votre intention, mais j'ai le sentiment que vous essayez de me culpabiliser ?

La meilleure façon de communiquer avec lui :

- Commencer par une réflexion personnelle ; briser la glace.
- Parler calmement, de façon rassurante.
- Poser des questions afin de susciter son opinion, sans la lui demander directement...
- Être empathique, relationnel et amical.
- Créer des relations partenariales et solidaires.
- Donner le temps à la confiance de s'installer petit à petit.
- Éviter de l'exposer en lui demandant son avis sur-le-champ.
- L'accompagner et l'aider le dans ses décisions.
- Soutenir sa démarche.

Facteurs générateurs de tension et d'insatisfaction :

- Entrer directement dans le vif du sujet.
- Être dominateur et exigeant.
- L'obliger à répondre rapidement à vos questions…

Négocier avec lui :

Prenez le temps de construire un climat de confiance. N'hésitez pas à être informel et à évoquer vos sentiments personnels. Développez une attitude d'écoute active en laissant des silences pour que les idées puissent s'exprimer jusqu'au bout. Valorisez les méthodes employées, leur cohérence. Montrez la dimension humaine de votre projet, nommez les interlocuteurs. Facilitez sa prise de décision en reprenant patiemment chaque terme de votre négociation. Utilisez des « On » afin de lui montrer qu'il n'est pas seul. Insistez sur le suivi et le partenariat à long terme que vous souhaitez engager. Laissez-lui le temps de prendre une décision, il se sentira respecté.

Mieux communiquer avec les profils de la Quintessence

Ce profil correspond à la mutation de chacun des quatre autres profils vers la **Quintessence**. Quel que soit son profil principal, la personne qui a obtenu de bons résultats au test (entre 60 et 100 %, soit entre 12 et 20 réponses cochées) a su tirer parti de ses propres expériences ainsi que des leçons que lui a apportées la vie. Elle a pris en main son développement personnel, professionnel, spirituel et est consciente d'en être la responsable. Elle ne ressent plus le besoin de se mettre en avant en imposant ses points de vue, en coupant les cheveux en quatre ou en suscitant la compassion des autres pour attirer leur attention, comme elle a pu le faire lorsqu'elle était encore prisonnière de son schéma de domination. Elle a cessé de se juger autant que de juger les autres et accepte les individus tels qu'ils sont. En se détachant ainsi de leurs comportements, elle ne cherche plus à leur prouver quelque chose et à rentrer en interaction avec eux à travers leurs schémas comportementaux.

Généralement, il lui suffit d'être elle-même pour que les autres la respectent et lui accordent leur sympathie et, plutôt que de considérer les quatre autres profils comme étant des éléments opposés à elle, elle a choisi d'accepter chacun comme étant un élément complémentaire. C'est cette intégration qui est la source de son équilibre, car elle a accepté l'idée que nous formons tous UN et que nos différences sont notre richesse (relire le profil de la Quintessence de l'Être p. 138).

Ces personnes connaissent aussi bien leurs talents que leurs limites et ont fini par s'accepter telles qu'elles sont. Elles savent utiliser leur valeur ajoutée à bon escient ou dire sans crainte qu'elles ne sont pas capables d'accomplir telle ou telle chose.

Elles ont étudié la communication interpersonnelle et comprennent parfaitement ce qui se joue dans les relations entre les individus. Elles gardent le contrôle de leurs émotions lorsqu'elles sont prises dans une situation conflictuelle et savent s'exprimer sans rendre les autres responsables de ce qu'elles éprouvent.

Elles prennent soin de leur façon de communiquer et adaptent leur discours en fonction des personnes à qui elles s'adressent, car elles savent que les mots ont le pouvoir de créer ou de détruire. Elles ont du respect pour les êtres humains tels qu'ils sont et évitent de les blâmer ou de leur faire honte tant en public qu'en privé. Elles laissent à chacun l'opportunité de faire ses preuves et ne cherchent pas à les diriger pour qu'ils fassent les choses à leur façon, car elles leur font confiance et savent reconnaître leurs qualités. Elles savent donner et recevoir, sans attendre quelque chose en retour.

Elles ont mis en place des stratégies pour gérer leur énergie et leur stress en adoptant une certaine hygiène de vie et n'hésitent pas à prendre du recul pour se ressourcer lorsqu'elles en ressentent le besoin. En se libérant de leurs pensées et croyances négatives (voir p. 68), elles ont développé leur confiance en elles, en leurs talents et en leurs compétences.

Elles prennent soin de clarifier les informations, les objectifs, les projets avec leurs collaborateurs. Elles vérifient que chacun a bien compris sa mission en restant factuel et en prenant garde aux interprétations. Elles savent adapter leur façon de communiquer à la personne à qui elles s'adressent car elles ont compris que chacun a sa propre vision du monde et des situations ; et que si elles voulaient tirer le meilleur de leurs collaborateurs, elles devaient prendre cela en compte dans leur façon de s'adresser à eux pour les motiver. Mais chaque fois que c'est nécessaire, elles savent donner des instructions claires, faire preuve de détermination et d'autorité, car elles savent qu'en tant que manager, c'est à elles qu'il revient de trancher.

Lorsqu'elles sont dans le doute ou la confusion, elles évitent de faire des suppositions et n'hésitent pas à poser des questions pour vérifier que tout le monde se soit compris et part sur de bonnes bases. Elles savent reconnaître leurs erreurs et leurs échecs avec objectivité. Assument leurs responsabilités et lorsqu'elles prennent un engagement elles s'y tiennent, car elles ont un grand sens d'intégrité.

Elles disent ce qu'elles pensent et savent formuler des représailles immédiates et brèves si celles-ci sont justifiées. Elles privilégient les solutions qui permettent à chacun de ressortir gagnant d'une situation. Elles s'extraient facilement d'une situation ou d'une conversation si les enjeux n'en valent pas la peine, afin d'éviter de rester bloquées dans des situations improductives. Elles prennent soin de ne jamais conserver une rancœur trop longtemps, car elles considèrent que cela consomme de l'énergie inutilement et nuit à leur équilibre. Elles sont optimistes et cherchent à faire émerger le bon côté d'une situation, quelle qu'elle soit.

Lorsque vous êtes en communication avec une personne qui a développé sa quintessence, vous avez du mal à identifier son profil principal. Et comme elle a acquis une bonne compréhension de la nature humaine, elle sait parfaitement ce qui se joue à travers les relations et la communication des individus. Son calme lui permet d'avoir une vision plus systémique et réaliste des contextes et, bien souvent, elle fait confiance à son ressenti et à son intuition. Si vous devez lui présenter un projet, soyez honnête et exposez-lui les choses telles qu'elles sont, avec simplicité et intégrité. Ne cherchez pas à l'influencer ou à la manipuler, car elle vous sentira venir et cela risque de ne pas aller dans votre sens. Comme elle a développé un grand sens des responsabilités, n'hésitez pas à lui faire des demandes et à l'impliquer dans le processus de décision. Vous pourrez compter sur elle, car elle fait ce qu'elle dit et dit ce qu'elle fait.

Résoudre un quiproquo ou un conflit

« Si tu ne veux pas t'attirer d'ennuis, partage toujours la responsabilité. »
Paulo Coelho (*Veronika décide de mourir*), écrivain brésilien

Lorsqu'il y a quiproquo ou conflit, Il serait vain de chercher à identifier *qui* est responsable de *quoi*, car il y a peu de chances que vous réussissiez à dénouer cette pelote, tellement les éléments peuvent être complexes. Et à moins de vous transformer en investigateur et à y consacrer du temps, qui par ailleurs vous est souvent précieux, vous gagnerez à considérer que chaque acteur a une part de responsabilité équivalente et vous en tenir à la vôtre.

Pour résoudre une difficulté de ce genre, vous devez dans un premier temps analyser la nature de la divergence en examinant *les faits* et en vous interrogeant sur ce qui s'est passé exactement, de façon à faire le tri entre *les faits* et *les interprétations* (principalement les vôtres). Essayez de vous mettre à la place de votre interlocuteur et d'analyser vos propres conversations intérieures. Il est aussi très intéressant d'identifier les valeurs qui ont pu être transgressées (voir la partie sur les valeurs, p. 57).

Faits ≠ interprétations

Vous pouvez aussi vous demander si vous-même et l'autre personne avez eu accès aux mêmes informations, car si celles-ci sont différentes, il y a peu de chances que vous puissiez « parler le même langage ». N'oubliez pas que même si vous avez eu les mêmes informations, chacun d'entre vous a pu en avoir une perception totalement différente et qu'en fonction de votre position, celle-ci peut être totalement influencée.

Puis trouvez une stratégie qui vous permettra d'atteindre vos objectifs en prenant soin de clarifier ceux de chacun.

Voici une série d'initiatives qui vous permettront de sortir des conflits :

- Avoir sincèrement l'intention d'améliorer une relation.
- Identifier le filtre ou l'écoute que vous avez de la personne.
- Si nécessaire, lui présenter vos excuses pour les préjugés que vous avez eus à son égard lorsqu'ils ont fait obstacle à la fluidité de votre échange.
- Vous engager auprès d'elle à transformer vos opinions et à sortir de vos jugements.
- Vous entraîner à formuler clairement vos attentes, vos sentiments, vos besoins et à être en accord avec vous-même (être honnête envers soi-même et envers les autres).
- Gérer votre propre stress en prenant en considération vos propres besoins et vos propres sentiments et faire en sorte qu'ils soient satisfaits. Ne pas attendre que les autres les satisfassent à votre place.

- Prendre soin de vos émotions en rétablissant le lien avec leur source, car elles sont rarement en relation avec les événements du moment.
- Prendre soin de ne pas communiquer avec votre entourage lorsque vous êtes contrarié ou en colère et faire quelque chose pour évacuer vos émotions négatives avant de vous exprimer (voir plus loin quelques exercices qui permettront de mieux les gérer).
- Parler en terme de « JE » lorsque vous partagez votre point de vue avec quelqu'un et soyez clair avec le fait que ce que vous dites n'est que votre opinion. Que ce n'est en aucun cas la réalité, seulement votre vision de la réalité.
- Vous adresser directement à la personne concernée en termes de « TU ». Ne jamais vous adresser à de tierces personnes en disant « ELLE » ou « IL » (ce qui équivaudrait à tenter de manipuler votre entourage en vue de les rallier à votre point de vue, ou à chercher un accord auprès d'autres personnes et ainsi créer une conspiration – ce qui risquerait de mettre une très mauvaise ambiance dans votre équipe). Vos conflits ne regardent que vous et la personne concernée, personne d'autre.
- Écouter sincèrement ce que les autres ont à vous dire, sans les interrompre et sans chercher à « contre-argumenter ». Mettez vos opinions de côté, tant que vous n'êtes pas certain d'avoir compris ce qu'ils veulent vous communiquer et avoir vérifié que vous avez bien compris en posant des questions qui permettront à la personne de préciser ses idées. Éviter de faire des suppositions.
- Être au clair avec le fait que ce que les autres proposent est leur propre point de vue et ne pas prendre ce qu'ils disent de façon personnelle car, comme vous, ils n'ont qu'une vue réduite des situations et des personnes.
- Demander de l'aide aux personnes à qui vous faites confiance pour transformer certains aspects de vos comportements qui nuisent à la fluidité de votre communication interpersonnelle.
- Être sincèrement intéressé par les besoins de votre entourage et faire de votre mieux pour les satisfaire, dans la mesure du

possible, sans que cela interfère sur vos propres besoins afin de ne pas vous retrouver à en être « victime ».

- Communiquer clairement et sans agressivité votre façon de considérer les choses ou les situations. Prendre soin de votre parole.
- Faire de votre mieux quotidiennement, sans vous attendre à ce que, du jour au lendemain, certaines de vos relations passent de « mauvaises » à « excellentes ». Et vous accorder le temps de la transformation. Mais ne jamais lâcher l'intention de les voir s'améliorer.

Réflexions sur mes relations avec mon entourage

Quels sont les profils avec qui j'ai des difficultés relationnelles ?

Raconter un cas qui me tient particulièrement à cœur :

À partir de quand nos relations se sont-elles dégradées ?

Quels ont été les comportements que je n'ai pas acceptés de sa part et pourquoi ?

Quels ont été mes comportements envers cette personne dont je ne suis pas fière ?

....

....

Qu'est-ce que j'ai entrepris pour améliorer notre relation ?

....

....

Qu'est-ce que je pourrais faire ou dire pour que la relation s'améliore aujourd'hui ?

....

....

Quel en est mon intérêt ?

....

....

Quel est l'intérêt de l'autre ?

....

....

Que dois-je transformer dans mon comportement pour améliorer notre relation, ainsi que mes relations avec les personnes en général ?

....

....

Quel engagement puis-je prendre dès à présent ?

....

....

Quand vais-je rentrer en relation avec la personne pour lui communiquer ce que j'ai compris à propos de la problématique de notre relation en ce qui me concerne ?

....

....

Quel est mon objectif précis concernant cette communication ?

....

....

Quand vais-je m'occuper des autres conflits qu'il y a autour de moi et me poser les questions ci-dessus en ce qui les concerne ?

....

....

Gérer mon énergie et mon stress

La qualité de notre communication est directement liée à notre niveau d'énergie et de stress. Lorsque nous sommes en pleine forme et dans de bonnes dispositions, notre communication est plus fluide, nous avons plus de patience, nous sommes davantage à l'écoute de nos interlocuteurs et nous ne cherchons pas à avoir raison ou à les déstabiliser pour obtenir leur attention malgré eux en leur prenant leur énergie.

Même si ces processus que j'ai déjà abordés dans le Profil des 5 Éléments® sont inconscients, ils sont pourtant bien réels. Il suffit de s'observer pour se rendre compte que lorsque quelque chose ne va pas, que nous sommes fatigués, contrariés ou pris dans des émotions négatives, nous avons tendance à nous en prendre plus facilement à notre entourage.

Les scientifiques nous disent que l'énergie se mesure en termes de vitesse et par l'amplitude des ondes qu'elle crée ; cette amplitude de l'onde est basse ou haute, lente ou rapide. Que tout dans notre univers est un mouvement d'énergie. L'énergie supérieure qui est plus rapide dissout et convertit l'énergie inférieure qui est plus lente. En gardant cela à l'esprit, je vous invite à vous considérer vous-même et vos pensées, comme un système énergétique. Vous avez bien lu, vous êtes un système énergétique.

Pas seulement des os, des muscles, des cellules, mais une multitude de systèmes énergétiques internes composés de pensées, de sentiments et d'émotions.

> **« Ayant consacré toute ma vie à la plus rationnelle des sciences, à l'étude de la matière, je peux vous dire que les résultats de mes recherches m'ont conduit à cette conclusion : il n'y a pas de matière en tant que telle ! Toute la matière tire son origine et n'existe qu'en vertu d'une force qui fait vibrer les particules de l'atome et maintient ensemble ce petit système solaire miniature... Nous devons donc supposer qu'il existe derrière cette force un esprit conscient et intelligent. Cet esprit est la matrice de toutes les matières. »**
> **Max Planck – Prix Nobel de physique (déclaration faite lorsqu'il reçut son prix pour ses recherches sur l'atome)**

Ce système énergétique que nous sommes peut être mesuré. Chaque pensée qui nous habite peut être étalonnée sur le plan énergétique, de même que son impact sur notre corps et sur notre entourage. Plus notre niveau d'énergie est élevé et plus nous sommes en mesure de neutraliser et de convertir les énergies inférieures qui nous affaiblissent, puis d'influencer positivement tous ceux qui vivent dans notre environnement immédiat.

L'objectif de cette partie est de vous faire prendre conscience de votre propre niveau d'énergie. Nous pouvons la définir en termes de **quantité**, celle-ci pouvant être haute (➚) ou basse (➘) ; et en termes de **qualité**, celle-ci pouvant être positive (+) ou négative (-). Ce qui a pour résultat de nous propulser dans 4 états différents. Plus notre énergie vitale est équilibrée, plus nous allons vers le centre du schéma ci-après (la quintessence) et plus notre énergie est positive. Plus nous allons vers l'extérieur (notre profil principal) et plus notre énergie est négative.

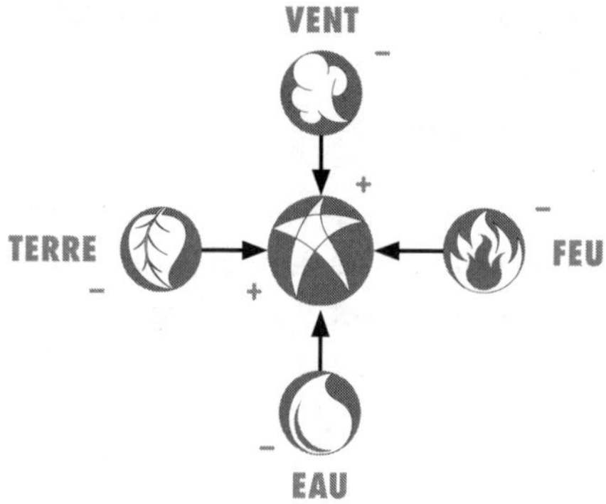

Lorsque notre énergie est haute et positive (➚+), nous sommes dans un état de **plénitude**. Nous nous sentons énergiques, posés, optimistes, confiants, efficaces et sereins. Alors que lorsque notre énergie est positive mais basse (➘+), nous nous trouvons dans un état de **survie**. Nous commençons à fonctionner en « roue libre » et à perdre de vue notre mission. Même si nous conservons notre bonne humeur, nous agissons pour agir, ce qui nous rend généralement inefficaces.

Lorsque notre énergie est haute mais négative (➚-), nous entamons la première phase du **stress**. Nous commençons à devenir irritables, impatients, anxieux, inquiets et frustrés. Nous ne sommes pas totalement plongés dans notre schéma de domination mais nous perdons peu à peu notre confiance. Alors que lorsque notre énergie est basse et négative (➘-), nous entamons une phase de **surmenage**. Nous sommes épuisés, devenons réactifs et agressifs, prêts à bondir sur tout ce qui bouge pour exprimer notre désaccord ou notre mécontentement sans prendre soin des personnes à qui nous nous adressons. Nous nous sentons vidés, déprimés, n'avons plus la force de réagir de façon réfléchie, cohérente et efficace, et plongeons totalement dans notre schéma de domination.

Savoir gérer son énergie est donc primordial si nous voulons nourrir de bonnes relations avec notre entourage, être présent et au top à chaque instant. Lorsque nous n'en sommes pas capables nous nous laissons envahir par le stress.

Qu'est-ce que le stress ?

Le stress est une réaction biologique bien réelle à une stimulation extérieure. C'est un quasi-réflexe physiologique qui se décompose en trois phases.

Phase 1. Tout d'abord, une phase de choc intervient au moment où nous recevons le stimulus « stressant ». Notre rythme cardiaque s'emballe, notre tonus musculaire et notre taux de sucre dans le sang s'effondrent. Du coup, notre organisme va tout faire pour s'adapter et notre système nerveux envoie un message à notre hypothalamus (c'est un organe situé dans notre cerveau...) qui, en agissant sur une glande, libère de l'adrénaline. Cette dernière fournit à l'organisme l'énergie dont il a besoin en augmentant le rythme de notre cœur pour mieux oxygéner nos muscles et nos tissus, et faciliter la libération du sucre et des graisses par le foie. À ce stade, notre mémoire et notre capacité à réfléchir s'améliorent et la plupart de nos sens sont en éveil.

Phase 2. Si le stimulus persiste, nous passons à une phase de résistance. Notre organisme est en position d'alarme et de mobilisation pour tenter de capitaliser d'autres ressources afin de trouver un nouvel équilibre. Il se met à sécréter d'autres hormones, comme l'endorphine aux vertus apaisantes, et bien d'autres. À ce stade, le stress est considéré, d'un point de vue biologique, comme un agent stimulant bénéfique pour l'organisme qui lui permet de réagir pour survivre à des situations pouvant le mettre en danger. Bref ! C'est tout bénef... Dans le langage courant, on l'appelle **le bon stress**.

Phase 3. Mais très vite survient une phase d'épuisement lorsque notre résistance au stress persiste dans le temps. Alors, nos sécrétions hormonales deviennent trop abondantes et notre corps envoie des signaux d'alarme pour faire cesser la situation. Attention aux réactions de notre organisme si l'on n'y fait pas attention. C'est ce qu'on appelle **le mauvais stress**. Et nous devons tout faire pour ne pas en arriver là en apprenant à identifier ses symptômes et à lâcher la pression avant que la corde ne casse.

Les causes du stress peuvent être :

1. **Physiologiques :** nous n'avons pas une alimentation équilibrée qui nous apporte tous les nutriments dont notre organisme a besoin pour se régénérer, ne prenons pas suffisamment soin de notre santé ou n'avons pas une activité physique suffisante pour être en forme.
2. **Psychiques :** nous avons des soucis, vivons une situation sociale ou financière compliquée, ou sommes inquiets par rapport à notre avenir.
3. **Relationnelles :** nous avons des difficultés à nous sortir de situations conflictuelles avec des personnes proches ou importantes.

Le bon ou mauvais stress

Le *bon stress* est celui qui nous permet de faire face à des événements qui nous dépassent dans des situations d'urgence (par des réflexes nous permettant de sauver notre vie ou la vie de quelqu'un d'autre), ou pour prendre des décisions qui demandent des initiatives immédiates afin de sortir d'une situation précaire (vendre des actions dont le cours est en train de chuter, prendre des décisions managériales ou organisationnelles pour redresser une situation)… Le *bon stress* nous sert à survivre. C'est un mécanisme de conservation et, en cas de danger, il nous permet de réagir plus efficacement.

Le *mauvais stress* est celui qui devient chronique et dévastateur parce que la situation dure trop longtemps (phase 3).

Lorsqu'on parle du stress, l'habitude est de faire allusion à son côté négatif. Mais autrefois, le stress était une réaction physique essentielle : on se battait pour survivre et on utilisait cette énergie corporellement à bon escient. Il n'y a pas si longtemps, l'homme devait entretenir un état de vigilance pour se protéger, pour protéger les siens, mais aussi pour se nourrir, afin d'attraper ses proies. Dans ce contexte, le stress lui était extrêmement utile.

Aujourd'hui, ce sont les mêmes mécanismes qui se mettent en action mais, bien sûr, le contexte est différent. Alors que l'humain devait se maintenir dans un état de stress intense sur de courtes périodes et était soumis à une forte activité physique qui lui permettait de se décharger de ses tensions et de retrouver rapidement sa quiétude, il est de nos jours souvent contraint à un maintien du stress sur de longues périodes et pratique rarement des activités physiques suffisantes pour retrouver sa sérénité.

De plus, nos modes de vie se situent principalement dans les zones urbaines, ce qui crée un ensemble de facteurs de stress, appelés agents stresseurs, non négligeables (bruits, lumières, pollution, transports en commun, rythmes de plus en plus rapides, manque d'activité physique…). Le contexte économique : chômage réel ou redouté, pressions économiques et sociales… ; les relations de travail insatisfaisantes : compétition interne et concurrence externe, surinvestissement dans l'image sociale, forte hiérarchisation, rapports de force et luttes de pouvoir… ; la vie personnelle : manque de sens, anxiété accrue face à l'avenir, manque d'estime et d'affirmation de soi, manque de temps consacré aux amis et à la famille, dislocation du noyau familial… sont d'autant d'agents stresseurs qui nous déstabilisent et nuisent à notre équilibre. Lorsque les causes médicales sont éliminées, le stress est souvent généré par de mauvaises habitudes de travail et d'organisation, par des difficultés relationnelles avec des collègues ou des membres de notre entourage, par une mauvaise hygiène de vie (on ne prend pas soin de soi et on tire sur la corde au risque qu'elle casse).

Vous l'aurez compris, **le stress est avant tout une réaction normale d'adaptation à une situation**. Dans une société qui demande toujours plus de productivité, certaines personnes auront besoin de situations d'urgence, de conflits ou de complexité pour se dépasser et travailler de façon efficace. D'autres, au contraire, réagiront plus violemment à ce qui leur semble être une agression. Si le stress est interrompu, l'équilibre revient. Mais s'il devient chronique, il y a danger, car il pompe beaucoup d'énergie en demandant constamment à l'organisme de s'adapter.

Chaque individu fonctionne différemment et a besoin de comprendre comment il réagit face à ce qui, chez lui, déclenche du stress ; de connaître ses limites et de trouver les solutions qui sont adaptées à sa problématique personnelle. Il lui faut trouver des solutions pratiques et construire une structure qui va lui permettre de transformer sa façon d'appréhender son stress au quotidien. Puis respecter ses besoins personnels, en être responsable et trouver les outils qui lui correspondent le mieux, afin de prendre les mesures nécessaires aux changements qu'il lui faut mettre en place pour trouver son équilibre*.

Dans un premier temps, **la connaissance de soi, la lucidité et le recul par rapport à une situation sont des armes essentielles pour s'accommoder ou réduire son stress**. Mais pour lutter efficacement contre, il faut apprendre à analyser les conflits internes ou environnementaux dans lesquels nous sommes pris, afin d'en extraire des données positives, relativiser les choses, avoir confiance en soi, se protéger et tirer des leçons de ses échecs.

La plupart des grands personnages sont d'accord sur le fait qu'il est extrêmement important de savoir maîtriser son stress afin de mieux se concentrer sur son but essentiel, car il peut devenir un obstacle important à la réussite de ses projets. Et lorsque nous sommes bien dans notre tête et dans notre corps, que nous trouvons notre équilibre, que nos idées sont claires et que notre imagination reste vive, nous restons peu de temps perturbés par les contrariétés passagères et nous axons plus facilement notre esprit vers les solutions.

* Voir aussi la partie : « Introverti ou extraverti ? », p. 109.

Voici une liste non exhaustive des bénéfices que nous retirons d'une meilleure maîtrise de notre stress.

- Savoir se détendre corporellement, émotionnellement et mentalement.
- Développer sa concentration.
- Mieux prendre soin de soi et être responsable de sa santé.
- Être responsable de son propre épanouissement.
- Gagner en sérénité et trouver son équilibre personnel.
- Développer sa confiance, son estime de soi et ses qualités.
- Découvrir sa richesse intérieure et se l'approprier.
- Adopter facilement des attitudes qui donnent du pouvoir.
- Mieux gérer ses émotions, rester stoïque lorsqu'on traverse des tempêtes et garder son sang-froid.
- Trouver son équilibre dans ses relations aux autres et savoir mieux les gérer.
- Développer des perceptions plus justes par rapport à ce que l'on vit et apprendre à les utiliser pour obtenir des changements positifs.
- Percevoir la vie de façon nouvelle et changer de point de vue sur la façon d'accéder au bonheur.

Les pathologies liées au mauvais stress

Le stress permet de faire face à certains événements imprévus ou de s'adapter à des changements importants. Cependant, il peut parfois être lié à des maladies dites « de l'adaptation ». Celles-ci apparaissent lorsque notre organisme n'arrive plus à faire face à des tensions permanentes et répétitives. Notez que le stress ne crée à lui seul aucune pathologie. Il va plutôt être à l'origine de l'évolution de certaines affections préexistantes telles que l'asthme, la migraine, le diabète, etc.

Lorsque notre corps est soumis à un stress trop important et atteint la phase 3, il commence par tirer la sonnette d'alarme. Si vous subissez un ou plusieurs des signes suivants, il est peut-être temps de lever le pied pour faire remonter votre niveau d'énergie (➚ +).

Premier stade :

- troubles du sommeil ;
- fatigue, surtout dès le réveil, qui n'est pas réparée par le sommeil ;
- anxiété ;
- irritabilité ;
- nervosité ;
- rhumatismes : douleurs articulaires, périarthrite, arthrose ;
- contractions musculaires, notamment les courbatures du cou ou du dos et les crampes ;
- troubles sexuels avec une baisse de la libido ;
- pertes de mémoire : oublis, erreurs.

Si vous n'avez pas su écouter votre corps, l'excès de stress peut entraîner de réels problèmes de santé, qui dépendent de vos prédispositions éventuelles et de vos antécédents. Chez les femmes, il se manifeste plutôt par de l'anxiété, de l'obsession et de la dépression. Les hommes quant à eux somatisent davantage : ulcères, troubles cardio-vasculaires et problèmes sexuels. De manière générale, on peut identifier certaines « maladies » qui sont souvent corrélées à un stress trop important.

Second stade :

- maladies digestives : spasmes, bouche sèche, ballonnements, diarrhée, gastrite, ulcère, colopathie… que des trucs super-cool ;
- troubles cardio-vasculaires : palpitations, douleurs, gêne dans la poitrine, hypertension, angine de poitrine voire infarctus du myocarde ;
- hyperthyroïdie ;
- infections virales ou microbiennes à répétition dues à une baisse des défenses immunitaires ;
- infections cutanées : eczéma, boutons rouges, psoriasis, herpès, chute de cheveux, démangeaisons ;
- troubles gynécologiques : retard ou absence de règles, affections bénignes du sein.

Tout cela est donc sérieux et si vous n'arrivez pas à maîtriser votre stress pour améliorer votre communication interpersonnelle, faites-le au moins pour préserver votre santé, vivre mieux et plus longtemps.

Prendre soin de mon hygiène de vie pour atténuer le stress

Il est primordial de commencer par éviter tous les excitants comme le tabac, la caféine ou l'alcool qui, dans un premier temps, calment le stress mais, à la longue, ne font que renforcer l'angoisse. Si vous avez une petite baisse de forme physique, pensez plutôt à avoir une alimentation équilibrée et n'hésitez pas à prendre des compléments alimentaires comme des vitamines et des oligoéléments. Plus ils sont d'origine naturelle et plus ils sont efficaces.

Sachez que la plupart des personnes ont un apport en magnésium inférieur aux recommandations (360 mg par jour pour les hommes et 420 mg pour les femmes) et sont en déficit. Dans l'organisme, le magnésium a de multiples fonctions, de la transmission de l'influx nerveux à la production d'énergie. Il est indispensable au bon déroulement de nombreuses réactions biochimiques cellulaires (plus de 300). Les conséquences d'un manque de magnésium sont les fatigues matinales, un sommeil agité moins réparateur, le manque d'entrain, des crampes et des douleurs musculaires, de l'anxiété, de l'irritabilité, des difficultés à se concentrer, une baisse de moral. Les liens entre le magnésium et le stress sont étroits, car ce dernier en fait consommer d'avantage à l'organisme. La libération des hormones du stress entraîne une perte du magnésium dans les urines, alors que celui-ci pourrait favoriser la production de neuromédiateurs comme la sérotonine... Un véritable cercle vicieux !

Il est important de maintenir une ambiance familiale et sociale harmonieuse tout en sachant prendre soin de soi. Par exemple, à l'heure du déjeuner, vous pouvez prendre la poudre d'escampette de temps en temps et partager vos repas, hors de votre lieu de travail, avec des personnes que vous appréciez. Le soir, vous pouvez faire un petit break avant de rentrer chez vous : promenez-vous dans un environnement qui vous est agréable, allez voir une expo, flânez ou faites un peu de shopping (pas les courses !). Aménagez-vous des activités, des loisirs, redonnez vie à vos centres d'intérêt. Ne centrez pas votre vie uniquement sur votre travail. Sachez respecter vos besoins et apprenez à dire non à la surcharge de travail, déléguer, communiquer. Lorsqu'on est stressé, on ne produit rien de bon et lorsqu'on est surmené, nos relations avec nos proches se dégradent.

Se détendre, faire de l'exercice physique (marche, gymnastique, yoga, stretching, piscine ou sauna…) est aussi extrêmement important pour diminuer les effets du stress. De même qu'avoir un sommeil réparateur, car la qualité de votre sommeil conditionne votre forme physique ainsi que votre équilibre psychique pour toute la journée. Prenez donc soin de dormir correctement, sans l'aide de traitements médicamenteux. Couchez-vous plus tôt, évitez de regarder des programmes angoissants à la télé et privilégiez la lecture d'ouvrages positifs et passionnants.

Savoir me reposer

Savoir se reposer est l'une des choses les plus importantes qui soient. Au cours de notre journée, nous sommes sujets à tant de stress physique, mental et émotionnel que nous nous fatiguons très facilement. Lorsque nous reconnaissons que nous sommes fatigués, nous devons trouver le moyen de nous reposer, car notre fatigue aggrave souvent la perception que nous avons des choses et, de ce fait, nos difficultés. Il est important d'être attentif et de respecter son propre rythme pour le bien de soi-même et des autres, d'apprendre l'art de se reposer et de permettre à son corps et à son esprit de se ressourcer en ne pensant à rien, en ne faisant rien.

Il y a plusieurs façons de se reposer. Vous pouvez arrêter ce que vous êtes en train de faire pour aller marcher quelques minutes à l'extérieur et rester seul avec vous-même ; vous changer les idées ; vous accorder le temps d'une petite sieste (plus facile à faire le week-end si on ne vit pas dans le sud de la France) ; pratiquer la relaxation dans une position assise ou allongée en respirant de façon consciente (voir plus loin) ; vous concentrer sur la nature qui vous entoure ou sur un bel objet pour observer ses couleurs, ses formes, sa beauté ; vous souvenir de moments où vous étiez plein d'énergie (retour de vacances, loisirs, projet passionnant...) et retrouver mentalement cette sensation positive afin de changer d'état d'esprit ; prendre l'habitude de vous voir comme une personne sereine et épanouie ; vous mettre à la place d'un observateur extérieur et neutre, puis chercher à comprendre le but positif caché des événements que vous traversez ; vous arrêter aussi souvent que possible (même pour de cours instants) pour vous relaxer et prendre soin de vos tensions physiques...

Savoir me concentrer

Apprendre à se concentrer et à être présent à ce que l'on fait est un atout capital qui nous permet d'aller à l'essentiel de ce que nous entreprenons en évitant de se disperser. Cela nous amène à affûter notre volonté jusqu'à ce qu'elle devienne aussi précise qu'un laser. De plus, cela nous permet de nous concentrer sur ce qui est important au détriment de ce qui ne l'est pas. De nous détacher des événements passés et de nos préoccupations pour l'avenir.

Plusieurs méthodes nous permettent de nous y entraîner. La meilleure serait de faire du sport ou d'avoir des centres d'intérêt qui mobilisent notre attention. Mais voici quelques idées qui vous permettront de trouver la ou les méthodes de concentration les mieux adaptées à votre mode de fonctionnement personnel.

Utiliser mes sens pour me concentrer

L'ouïe

Vous pouvez vous entraîner :

- en écoutant un morceau de musique et en vous concentrant sur un instrument à la fois ;
- en utilisant un CD de bruits de la nature pour vous focaliser dessus ;
- en allant vous promener en forêt et en étant présent à tous les bruits qui vous entourent ;
- en écoutant les bruits de votre corps (amplifiés si vous vous bouchez les oreilles).

Le goût

Vous pouvez vous entraîner en vous concentrant sur la saveur de ce que vous mangez, la texture, les sensations que cela vous procure (préparez-vous des petites coupelles de divers aliments et bandez-vous les yeux pour apprendre à reconnaître chacun d'entre eux).

L'odorat

Entraînez-vous en vous procurant des flacons d'odeurs différentes et, en fermant les yeux, essayez de les reconnaître. (Il existe sur le marché des flacons destinés à entraîner les nez !)

Le toucher

Vous pouvez vous entraîner :

- en vous procurant différentes étoffes et en apprenant à les différencier rien qu'en les touchant ;
- en caressant la peau de votre partenaire ou de vos enfants et en prenant soin de vous concentrer sur vos sensations. (Celui qui est touché peut lui aussi se concentrer sur ses sensations.)

La vue

Vous pouvez vous entraîner :

- en vous amusant à dessiner de mémoire les objets de votre choix, puis en les comparant avec la réalité ;

- en prenant un objet, n'importe lequel, et en le regardant attentivement, dans tous ses détails ; regardez sa forme, sa couleur, sa texture, les ombres qu'il projette ; émerveillez-vous, comme le font les petits-enfants lorsqu'ils découvrent quelque chose pour la première fois.

La visualisation

Entraînez-vous en imaginant une plage, une forêt ou un lieu qui vous attire et prenez soin de l'imaginer avec le plus de détails possible, jusqu'à ce que cet endroit devienne totalement réel et que vous puissiez tendre la main pour le toucher. Vous pouvez aller jusqu'à vous inclure dans l'image et sentir les odeurs, les bruits et toutes les sensations qui s'y rattachent...

Réapprendre à respirer afin de prendre soin de mon équilibre

Pour mieux gérer nos émotions ou apaiser nos douleurs, il nous faut respirer...

Même si cela nous paraît évident, la majorité d'entre nous vivons en rétention d'air. Au quotidien, nous oublions que cette fonction automatique du corps est aussi celle qui nous maintient en vie. Et dès que ce mécanisme perd de sa fluidité, il provoque des tensions physiques directement liées à nos émotions (lorsque nous sursautons, par exemple, nous bloquons notre souffle et notre corps se tétanise). Bien souvent nous respirons mal ou pas suffisamment profondément, alors que c'est une fonction essentielle qui a pour but d'oxygéner notre sang, donc nos organes, nos muscles et notre cerveau, qui en ont besoin pour fonctionner normalement. De plus, l'oxygène est un apaisant naturel.

L'inspiration favorise l'étirement et invite à la concentration, alors que l'expiration favorise la détente du mental et du corps. Et lorsque nous respirons consciemment, nous obligeons notre cerveau à déconnecter, à nous détacher de nos préoccupations en nous concentrant sur l'instant présent.

S'exercer chaque jour à mieux respirer ne prend que quelques minutes et procure un bénéfice plus que positif. Sans oublier que cela nous permet de réguler notre sommeil voire de le trouver plus facilement. En changeant de rythme respiratoire, nous changeons d'état d'esprit, et pour nous endormir il nous suffit de ralentir notre rythme volontairement comme nous le faisons naturellement lorsque les fonctions du sommeil ne sont pas perturbées. Ça vaut le coup d'essayer ! Alors voici différentes méthodes qui pourront vous aider. À vous de trouver celle qui vous conviendra le mieux.

1. Respirer par le ventre pour favoriser la détente
À l'inspiration, je gonfle mon ventre ; ma poitrine elle aussi se gonfle d'elle-même. À l'expiration, j'abaisse mon ventre et ma poitrine en même temps. Et à chaque expiration, je me détends davantage.

2. Respirer par la bouche pour favoriser la concentration
J'entrouvre mes lèvres et je respire par la bouche. À l'inspiration, je prends conscience de la fraîcheur de l'air qui se glisse dans ma gorge. À l'expiration, l'air est au contraire plus tiède, mes mâchoires sont bien desserrées, ma langue est décollée du palais et molle à l'intérieur de ma bouche…

3. Ralentir mon rythme respiratoire pour favoriser l'apaisement ou le sommeil
J'observe mon souffle. Je sens l'air passer dans chaque narine, à l'inspiration comme à l'expiration, et je ralentis mon rythme respiratoire en allongeant l'expiration par rapport à l'inspiration.

4. Changer de rythme respiratoire pour favoriser le détachement :
J'inspire sur quatre temps et j'expire sur huit temps. Je double la durée de l'expiration par rapport à l'inspiration, et je compte dans ma tête.
Je respire de façon réfléchie en ayant une inspiration longue, une expiration longue, en 8 temps chacune. Une inspiration courte, une expiration courte, en 4 temps chacune. Et je compte dans ma tête…

5. Écouter mon souffle pour favoriser la détente et la concentration
Je suis à l'écoute de mon corps et de mon souffle, je prends conscience de l'air qui m'inonde comme une vague. À l'inspiration, je laisse glisser l'air de mes pieds à ma tête. À l'expiration, je le laisse redescendre de ma tête à mes pieds. Je ressens le mouvement continu de l'air comme celui des vagues sur une plage...

6. Produire un son sourd avec ma gorge pour ralentir le rythme, se détendre et se concentrer
Je fais apparaître un son plus sourd en serrant les muscles de ma gorge, la glotte vient obstruer le passage de l'air, qui se ralentit. J'amplifie petit à petit ma respiration et je me concentre sur le son de ma gorge...

7. Contractions/décontractions pour apprendre à relâcher les tensions du corps
Je descends ma conscience dans la région du corps que je souhaite détendre et je fais de mon mieux pour ressentir cette région. Puis je la contracte et je la relâche au rythme de ma respiration. À l'inspiration, je contracte, et à l'expiration, je relâche jusqu'à ressentir une sensation de chaleur dans la partie de mon corps que je cherche à détendre et imprimer dans ma conscience la différence entre détente et contraction.
Lorsque la sensation de détente se fait de plus en plus agréable, je cesse de me contracter et je continue à me détendre à chaque expiration. Lorsque c'est terminé, je reste un moment sans bouger pour goûter le vécu de l'exercice...

La cohérence cardiaque pour gérer mes émotions

Le concept de cohérence cardiaque est issu des recherches médicales en neurosciences et en neurocardiologie. Il est apparu aux États-Unis il y a une quinzaine d'années, et son impact bénéfique sur la gestion du stress a été mis en lumière par l'Institut HeartMath. Il a notamment été montré que cette méthode a de nombreux bénéfices sur la santé, un rôle important dans la prévention de maladies cardio-vasculaires, et permettait souvent de s'affranchir d'anxiolytiques et/ou d'antidépresseurs. C'est dans cette optique thérapeutique que le Docteur David Servan-Schreiber publia en 2003 le livre *Guérir* dont le sous-titre était justement « le stress, l'anxiété et la dépression sans médicaments ni psychanalyse ».

Les applications thérapeutiques sont nombreuses et apportent une aide non négligeable pour :
- prévenir les maladies cardio-vasculaires ;
- gérer le stress, l'anxiété et la dépression ;
- gérer les troubles du comportement alimentaire et l'obésité ;
- guérir les affections psychosomatiques ;
- assister la psychothérapie et la dépendance…

La méthode consiste en des exercices pratiques, simples et accessibles à tous, qui entraînent un état particulier de la fluctuation de la fréquence cardiaque. Elle permet d'équilibrer le système nerveux autonome et de gérer nos émotions.

Lorsque nous sommes pris par une émotion, quelle qu'elle soit, les battements de notre cœur s'accélèrent et deviennent incohérents. Les liens qui unissent notre cœur et notre cerveau sont nombreux et ils sont réciproques ; calmer les battements de notre cœur permet de faire disparaître nos émotions. Il suffit pour s'en convaincre de voir comment le fait de prendre de grandes inspirations lorsque nous sommes énervés permet de ralentir les rythmes de notre cœur… et d'apaiser notre cerveau.

Vous me direz qu'il n'est pas facile de contrôler son cœur à volonté à moins d'être un yogi surentraîné ou de s'appeler Jacques Mayol. Mais sachez qu'il est possible d'agir sur son rythme cardiaque de manière indirecte, en travaillant sa respiration. C'est ainsi que nous obtenons une cohérence cardiaque.

À l'origine, la méthode propose d'apprendre à contrôler son rythme cardiaque, avec des techniques simples et une sorte d'électrocardiogramme qui permet de visualiser les battements de son cœur sur un graphique, et de voir directement les effets de la technique pour le calmer. Mais en réalité, nous n'avons nul besoin de ce biofeedback pour la pratiquer tellement c'est simple.

- Il s'agit de nous isoler durant 3 minutes dans un endroit où nous ne sommes pas dérangés pour calmer notre rythme respiratoire en adoptant une respiration ample avec un temps d'inspiration égal au temps d'expiration.
- Imaginez que la boule suit la courbe ci-dessous. Lorsque celle-ci monte, vous inspirez et lorsqu'elle descend, vous expirez. Et faites cela pendant 3 minutes pour vous entraîner.

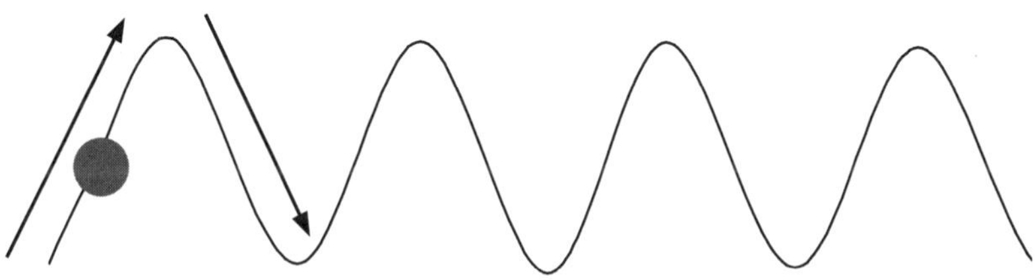

En vous entraînant 3 minutes par jour pendant 3 semaines minimum, vous apprenez à réguler les battements de votre cœur et au moment où vous avez des difficultés à gérer vos émotions vous devenez capable d'utiliser la méthode spontanément pour retrouver votre calme.

Cette méthode thérapeutique issue des recherches scientifiques et médicales est largement diffusée. On trouve de nombreuses vidéos sur YouTube pour s'y entraîner. Par exemple en tapant « cohérence cardiaque grande motte » dans le moteur de recherche du site, vous trouverez un exercice de cohérence cardiaque sur la plage de la Grande Motte.

Vous trouverez également des informations intéressantes sur le site : www.coherencecardiaque.org

Conseils pour que chaque profil développe sa Quintessence

Conseils pour le profil Vent

Si votre profil principal est le Vent, vous êtes de nature plutôt angoissée et pour lutter contre vos préoccupations, vous avez tendance à fuir en avant et à vivre dans l'urgence. Mais malheureusement, en multipliant vos activités, vous risquez d'accroître votre stress. Il serait judicieux de vous organiser davantage en commençant par lister vos obligations (travail, démarches administratives, rendez-vous, enfants...), puis de planifier et de séquencer vos tâches par dossier, afin de régler une difficulté après l'autre.

Avant d'agir, vous gagnerez à prendre le temps de réfléchir aux implications. Évitez de faire l'autruche lorsqu'une difficulté se présente, car ce n'est pas ainsi que vous pourrez arranger les choses. Vous risquez même de la rendre encore plus insurmontable. Sans l'attaquer de front (ce qui ajouterait à votre suractivité), prenez le temps de réfléchir aux difficultés et n'hésitez pas à demander du soutien aux personnes qui vous entourent ou à faire appel à une personne qualifiée. Il y en a certainement sur qui vous pouvez compter. Si, si !

Vous avez besoin d'apprendre à vous concentrer et à vivre le moment présent sans vous projeter continuellement dans l'avenir. Ce n'est qu'une suggestion, mais la pratique d'un art martial comme le Iaïdo* ou le Kyudo** peut vous y aider car ils ont pour but de vous permettre de développer la maîtrise du geste pour pouvoir transcender à la fois l'esprit et le corps par la discipline et la concentration. En apprenant à vous détendre

* Iaïdo : art martial japonais se focalisant sur l'acte de dégainer le sabre.
** Kyudo : tir à l'arc japonais, cherchant à développer la maîtrise du geste et le lâcher-prise.

et à vous ressourcer par vous-même, votre caractère gagnera en profondeur.

Soyez clair sur vos talents et vos compétences de manager et nourrissez graduellement votre confiance en vous, ainsi vous éviterez de vous mettre trop en avant pour pallier votre manque d'assurance. Prenez le temps de relire régulièrement ce qui est ressorti en première étape de ce livre et n'hésitez pas à approfondir ce travail chaque fois que vous en comprenez davantage sur vous-même.

Évitez surtout de...

- Vous contraindre à une routine stricte. Vous avez besoin d'imprévus et de diversité pour fonctionner.
- Croire que vous pourrez vous calmer sur-le-champ. Si vous vous initiez à la relaxation, vous devrez faire preuve de persévérance pour transformer votre comportement. Mais avec l'aide d'un coach, vous pourrez faire des miracles.

Conseils pour le profil Feu

Si votre profil principal est le Feu, votre comportement colérique est une réponse à votre stress. Et votre attitude est avant tout un réflexe défensif motivé par la crainte de ne pas être à la hauteur ou de ne pas contrôler les choses.

Vous avez besoin de prendre soin de vos émotions et d'apprendre à contrôler vos impulsions par la pratique d'un sport qui vous permettra de vous défouler ou d'une activité qui vous aidera à vous détendre et à vous ressourcer. Le simple fait de faire régulièrement du jogging peut vous permettre d'améliorer votre équilibre. Mais comme vous aimez la compétition, n'hésitez pas à expérimenter les sports extrêmes et les sports d'équipe un peu punchy.

Apprenez à contourner les obstacles et évitez d'exploser. En cas de problème, prenez du recul et éviter d'affronter les situations sur le moment même, sans prendre le temps d'y réfléchir préalablement. Ou vous risquez de vous laisser manipuler par vos propres émotions. Essayez de considérer les autres comme des alliés et non comme des ennemis.

Vous gagnerez à expliquer aux personnes de votre entourage que vos manières parfois un peu rudes ne vous empêchent pas de les apprécier ; à accepter que tout le monde ne fonctionne pas comme vous et à prendre soin de reconnaître les compétences et les talents de vos collaborateurs, de même que l'importance de celles-ci pour le bon déroulement des projets de l'entreprise.

Essayez d'être davantage à l'écoute des autres et de moins les sacrifier sur l'autel de la performance.

Au bureau, identifiez clairement vos besoins (sociabilité, matériels, etc.), vos priorités et vos capacités. Ensuite seulement, fixez-vous des objectifs en accord avec ce que vous êtes. Cela vaut mieux que de poursuivre des buts contradictoires tels que vouloir plus de responsabilités et plus d'indépendance.

Évitez surtout de…

- Vous mettre au yoga sous prétexte que cela détend (il y a peu de chances que vous ayez la patience nécessaire).
- Vous imposer un régime alimentaire draconien (cela ne ferait qu'ajouter à votre stress).

Conseils pour le profil Eau

Si votre profil principal est l'Eau, il est fort probable que vous doutiez constamment de vous-même. Pour pallier cela, prenez le temps de lister vos compétences et vos talents. Gardez cette liste à proximité et relisez-la régulièrement. Fixez-vous des objectifs réalistes en évitant de placer la barre trop haute, car vous risquez de vous décourager et de diminuer votre image de vous-même. Si besoin est, demandez l'avis d'autres experts sur la faisabilité de ce que vous entreprenez.

Apprenez à relativiser, à être plus positif et à dédramatiser les enjeux, car comme tout le monde vous avez le droit à l'erreur. Vous devez apprendre de vos échecs et prendre en considération le côté positif d'une situation.

Vous gagnerez à transformer votre tempérament souvent trop perfectionniste, en essayant de vous imposer un temps défini pour vous acquitter de vos tâches… Au bureau, modérez votre agenda et dégagez 25 % de votre temps pour faire face aux imprévus ou profitez des opportunités qui s'offrent à vous. Le changement et l'inconnu peuvent présenter des aventures enrichissantes.

Vous avez tendance à vous référer à ce que vous connaissez (aux normes, aux conventions, aux lois et aux raisonnements dits objectifs) et à ne pas faire assez confiance à vos émotions, à votre ressenti ou à votre intuition. Comme vous réfléchissez et étudiez beaucoup, vous avez tendance à considérer que ce que vous connaissez du monde, représente le Monde… ce qui vous décerne une certaine arrogance et, d'une certaine façon, vous rend obtus.

Vous devriez vous essayer à l'art, comme la musique, ou n'importe lequel. Parce qu'il permet de faire sortir nos émotions, de nous libérer de nos angoisses et de nous exprimer en utilisant d'autres vecteurs que les mots. Ne vous braquez pas sur vos points faibles et osez exprimer vos talents, quels qu'ils soient. Vous avez besoin d'apprendre à développer votre spontanéité et à être plus ouvert aux sentiments des autres.

Sachez qu'en vous, il y a une certaine violence. Mais celle-ci est totalement réprimée parce qu'elle vous fait peur. Du coup, elle reste latente et vous empêche de vous exprimer normalement.

Plus que tout, il importe de comprendre que vous n'êtes pas exempt d'émotivité, mais que, au contraire, c'est votre hypersensibilité qui vous incite à vous protéger de manière excessive. Peut-être qu'un sport de combat vous permettrait de vous défouler et d'évacuer votre trop-plein d'énergie. Et même si vous n'affectionnez pas les sports d'équipe, sachez tout de même qu'ils n'ont pas leur pareil pour trouver sa place au sein d'un groupe.

Comme vous vous placez facilement en marge de la société, que vous vous perdez dans vos pensées et restez le plus souvent impassible à ce qui vous entoure, les autres ont du mal à vous comprendre. Obligez-vous à faire un pas vers eux, ils en seront certainement ravis. Et confiez-vous plus souvent à une personne qui vous est chère en lui accordant votre confiance.

Plutôt anxieux, il vous arrive de stresser même quand le ciel est sans nuages. Côté santé, cela se traduit par un risque accru de troubles spasmophiles – crampes, tétanie, paresthésie, douleurs de poitrine, fatigue chronique… – dus souvent à une carence en magnésium (le stress est l'un des premiers responsables, avec les régimes amaigrissants et les céréales raffinées, de la déperdition de magnésium). Prenez soin d'en compter dans votre alimentation.

Accordez-vous du temps pour vous interroger sur ce que vous ressentez sur le plan émotionnel. En prenant cette habitude, vous reprendrez contact avec vos émotions et vous vous autoriserez à les vivre de plus en plus.

Évitez surtout de…

- Considérer que les autres sont la source de vos problèmes.
- Vous renfermer sur vous-même en coupant toute communication. Les gens peuvent vous comprendre si vous vous donnez la peine de vous expliquer clairement.

Conseils pour le profil Terre

Si votre profil principal est la Terre, il est probable que le sentiment fréquent de fatigue que vous éprouvez soit un symptôme de stress qui peut aussi révéler des carences physiologiques (fer, magnésium, etc.). Alors, pensez d'abord à équilibrer votre alimentation, à prendre soin de votre forme physique et de votre discipline de vie. Imposez-vous des horaires réguliers (travail, repas, sommeil) et un programme chargé pour vous obliger à bouger, à moins penser et à vous détacher de vos difficultés. Listez vos habitudes ; les bonnes comme les mauvaises ; et tous les jours, changez-en une pour sortir de votre zone de confort afin de vous permettre d'explorer d'autres possibles. Enfin, entourez-vous de gens ultra-speed pour profiter de l'effet d'entraînement.

Au bureau, évitez de vous comporter comme si vous aviez quelque chose à prouver. Si vos collègues ont tendance à vous « refiler le bébé » sous prétexte que vous être plus compétent, plus ceci ou cela, n'hésitez pas à vous défiler. Chacun ses responsabilités ! Gardez votre objectif sur vos priorités et ne vous laissez pas déborder par celles qui ne font pas vraiment partie de vos attributions sous prétexte de vous rendre utile et d'être gentil. Apprenez à dire « non ». Ne vous sentez pas obligé de « materner ou paterner » tout le monde pour être apprécié par eux, vous n'avez pas besoin de cela.

Prenez le temps de faire le point sur vos talents et vos compétences. En fin de journée, listez ce que vous avez réalisé et appréciez vos réussites. N'hésitez pas à les mettre en avant afin qu'elles soient reconnues par votre entourage. Comme vous êtes souvent en charge de petites tâches, il est probable que les autres ne se rendent pas compte de l'importance de ce que vous faites. Alors, n'hésitez pas à le faire savoir autour de vous, même si cela vous paraît un peu arrogant. Sachez que les autres ne feront que rarement la démarche de vous reconnaître. C'est donc à vous de mettre en avant votre valeur ajoutée et de faire des demandes si vous voulez obtenir quelque chose d'eux. Sortez de l'anonymat et osez vous mettre sur le devant de la scène.

Prenez vos projets en main, fixez-vous régulièrement des objectifs et n'hésitez pas à relever de nouveaux défis, à prendre de nouvelles initiatives qui vous permettront d'atteindre vos buts. N'hésitez pas à faire appel à un mentor ou à un coach pour vous accompagner. N'ayez pas peur du changement et des confrontations et entraînez-vous à leur faire face sans vous défiler.

Évitez surtout de…

- Vous fixer des objectifs irréalistes que vous aurez du mal à atteindre et qui risquent de vous décourager davantage. Découpez vos tâches en petits morceaux afin qu'elles soient plus facilement réalisables.
- Vous lever tard (lorsque votre sommeil est perturbé et que vous avez du mal à dormir, vous risquez d'avoir envie de le prolonger le matin). Choisissez de garder le rythme en vous levant tôt malgré tout, et de vous mettre très vite en action.

Conseils généraux pour conserver mon énergie

1. **Entraînez-vous à maîtriser votre énergie et à gérer votre stress.** N'attendez pas d'être stressé ou épuisé pour vous y mettre. Généralement, c'est beaucoup plus difficile, car on a plus de mal à s'astreindre à faire des efforts. Faites en sorte que cela devienne une habitude en consacrant une demi-heure par jour à votre bien-être. Et le jour où cela deviendra nécessaire, vous ferez ce qu'il faut pour en sortir rapidement.
2. **Prenez soin de votre alimentation.** Choisissez une nourriture variée et équilibrée, de préférence crue pour conserver un maximum de vitamines et de sels minéraux, etc. Évitez le sel, le sucre, les édulcorants. Privilégiez des aliments complets (toujours pour plus de vitamines et de sels minéraux).

Évitez les viandes de mauvaise qualité et les plats préparés. Si nécessaire, prenez des compléments alimentaires d'origine naturelle, car plus efficaces que ceux d'origine chimique. (Quelques infos intéressantes sur www.mangerbouger.fr)

3. **Jeûnez.** En apprenant à contrôler votre appétit, vous apprenez à prendre le contrôle sur vos émotions. Entourez-vous de professionnels compétents et ne le faites jamais seul (surtout au début), ce sera plus facile et vous prendrez de bonnes habitudes. Sachez que dans toutes les cultures on a toujours jeûné, et que nos grands-parents le faisaient à chaque changement de saison pour reposer leur organisme et repartir sur de bonnes bases avec un corps tout propre. Contrairement aux idées reçues, c'est très dynamisant et la privation de nourriture pendant quelque temps favorise l'activité cérébrale. En Russie, depuis une quinzaine d'années, on fait jeûner les personnes atteintes de maladies graves telles que le cancer pour qu'elles guérissent plus vite et subissent moins les effets indésirables de la chimiothérapie. Les résultats qu'ils ont obtenus sont impressionnants*.
4. **Buvez.** Après l'oxygène, l'eau est l'élément le plus important pour la vie. Elle est indispensable à l'ensemble des processus vitaux. Les fluides occupent quasiment tous les espaces de notre corps, autant à l'intérieur des cellules qu'à l'extérieur. Celui-ci est composé de 60 % à 70 % d'eau, selon notre morphologie. Boire environ 2 litres à 2 litres ½ par jour en fonction de la température environnante et de notre corpulence permet l'activité neurologique du cerveau, les réactions chimiques dans les cellules, l'absorption et le transport des nutriments ingérés, l'élimination des déchets de la digestion et des divers processus métaboliques, etc.
5. **Ayez une activité physique régulière.** Loin de n'être qu'une pratique de bien-être physique, c'est aussi une pratique de

* Des informations dans *Les surprenantes vertus du jeûne*, Sophie Lacoste, éditions Quotidien Malin, et sur : www.arte.tv (dans la barre de recherche, tapez « jeûne » puis cliquez sur l'article « Le jeûne, une nouvelle thérapie ? ») et sur http://adn109.over-blog.com (article du 9 février 2012 : « Le jeune aussi efficace que la chimiotherapie pour lutter contre le cancer »).

bien-être mental et émotionnel. Notre cerveau a besoin de mouvement pour conserver sa jeunesse et sa clarté. Cela permet de rester en forme physiquement et d'entretenir nos muscles, notre souplesse, notre coordination et notre tonus. Mais aussi d'améliorer le fonctionnement de notre cœur et de nos poumons. D'augmenter notre capital osseux et de ralentir notre vieillissement. Et d'augmenter notre résistance à l'effort pour lutter plus efficacement contre la fatigue. Cela diminue aussi notre risque de développer certaines maladies cardio-vasculaires, l'hypertension artérielle, le diabète de type 2, etc. Bouger limite la prise de poids et élimine les toxines, ainsi que les surplus d'hormones produites par le stress.

6. **Marchez dans la nature.** La nature nous permet de nous ressourcer et de laisser notre esprit vagabonder en observant ce qui nous entoure, de prendre du recul sur ce que l'on vit ou fait, de nous amener dans de nouveaux paradigmes et de nous recharger en ions négatifs.
7. **Occupez-vous de votre bien-être physique.** Faites-vous masser si vous avez des contractures ou des douleurs dorsales, allez chez le kiné ou l'ostéo, occupez-vous de vos dents. Sachez que les petites douleurs qui nous paraissent insignifiantes finissent toujours par nous taper sur le système et nous pomper un maximum d'énergie.
8. **Dormez.** Prenez soin de votre sommeil. Apprenez à connaître vos cycles et respectez-les. Trouvez un rituel qui favorise votre endormissement. Utilisez des techniques de relaxation ou de respiration pour vous détendre et mettre de côté vos préoccupations, quelles qu'elles soient.
9. **Méditez.** Le terme est très mal connu en réalité. La méditation est en fin de compte le moyen de calmer son esprit et de lui donner l'occasion de se défaire de ses préoccupations. On peut méditer en étant concentré sur ce que l'on fait. Mais aussi en étudiant une idée, un principe, une valeur, une situation…, en étant détaché de ses croyances et de ses propres préjugés.
10. **Entourez-vous de personnes positives,** avec qui vous vous entendez bien. Sous prétexte que vous êtes débordé de travail, vous avez peut-être tendance à mettre de côté vos

relations amicales. Si c'est le cas, c'est une très mauvaise idée. Entretenir de bonnes relations avec son entourage, c'est primordial pour sa santé. Il paraît même que ça prolonge la vie...

Les règles d'or des relations harmonieuses

1. **Étudiez vos modes de fonctionnement** avant d'étudier ceux des autres. C'est vous le capitaine du navire, alors c'est à vous de montrer l'exemple. Sachez vous remettre en question et admettre vos erreurs, cela permettra aux autres d'en faire autant.
2. **Prenez la responsabilité de la relation.** Si quelqu'un doit faire le premier pas pour rétablir le lien, que ce soit vous. Ayez une attitude noble et éthique. Soyez un leader charismatique que tout le monde respecte et a envie de suivre. Ne jugez pas et ne vous jugez pas non plus. Ayez du respect pour vous-même et pour les autres.
3. **Devenez un maître en communication interpersonnelle.** Entraînez-vous sans cesse, reconnaissez vos améliorations et analysez vos erreurs jusqu'à ce que vous soyez satisfait. Lisez des livres sur le sujet, faites des stages, mais pensez surtout à vous entraîner car, dans ce domaine, rien ne vaut la pratique.
4. **Prenez soin des mots qui sortent de votre bouche** et évitez de blesser vos interlocuteurs par la parole, mais aussi des attitudes non verbales négatives qui pourraient vous échapper. Sachez exprimer vos points de vue et vos émotions sans blesser l'autre et sans lui donner tort. Instaurez une relation d'égal à égal, sans chercher la domination. Adaptez votre communication à votre interlocuteur selon son profil. Cherchez à comprendre ce qui le motive, sachez respecter ses besoins.
5. **Soyez à l'écoute des personnes qui vous entourent :** observez leurs changements de comportement ou de ton, ils sont peut-être la conséquence de quelque chose de plus profond, de non exprimé. Montrez de l'intérêt pour les autres et prenez le temps de les valoriser, ils vous le rendront au centuple. Et par ce biais, vous-même serez valorisé.

6. **Sachez féliciter et reconnaître vos collaborateurs.** Souvenez-vous que peu d'entre nous ont confiance en soi. Et que la tendance générale est de se manifester lorsqu'on a des doléances à formuler. Naviguez à contre-courant et soyez celui ou celle qui sait reconnaître et valoriser un talent, une réussite, un effort, une amélioration ou une grosse victoire. N'ayez pas peur d'en faire des tonnes, même vis-à-vis de ceux qui sont plutôt introvertis. Les éloges sincères sont si rares de nos jours…
7. **Évitez de faire des interprétations.** Souvenez-vous que chacun vit selon son mode de valeur et de croyance, alors osez poser des questions pour éviter les conflits. Ne prenez pas non plus les choses de façon personnelle et gardez à l'esprit que les autres font rarement exprès de se comporter comme ils le font et que ce sont des réflexes de survie.
8. **Cherchez et dites toujours la vérité.** Ayez une intégrité irréprochable et soyez factuel.
9. **Si vous devez faire une réprimande à quelqu'un, faites-le en privé.** Exposez l'objet de votre désaccord le plus clairement possible. N'ayez pas peur de dire ce que vous avez à dire et faites-le de façon claire en vérifiant que votre interlocuteur vous a compris. Donnez-lui l'opportunité de s'expliquer, écoutez-le sincèrement et totalement. Puis dites clairement ce que vous attendez de lui à l'avenir et accordez-lui de nouveau votre confiance. Ne revenez pas dessus une fois que la discussion est close et n'abordez plus le sujet. Donnez-lui une chance de se corriger et une réputation à gagner.
10. **Utilisez l'intelligence collective de votre équipe** lorsque vous avez une stratégie à mettre en place. Sachez vous adapter aux différentes situations et ne restez pas figé dans une pensée unique, vous obtiendrez davantage de soutien de la part des membres de votre équipe. Soyez conscient de la valeur de la coopération et ne cherchez pas la coopération de ceux qui ne veulent pas créer avec vous. Utilisez votre environnement en fin stratège, et soyez un ingénieux utilisateur de l'approche systémique et de ses potentialités. Mais n'oubliez pas que c'est vous qui tenez la barre et qui devez trancher au final.

ÉTAPE 5
MANAGER LES TALENTS DE MES COLLABORATEURS

Il n'est pas aisé de nommer les ingrédients qui font qu'une équipe est performante, car une équipe est avant tout constituée d'un ensemble d'individus. Et ces individus sont par définition tous différents. Pour développer leurs performances, on pourrait être tenté d'appliquer des méthodes globales. Mais celles-ci correspondent souvent à des idées reçues et perpétuées parce qu'elles représentent des solutions de facilité telles que : tous les salariés possèdent un potentiel illimité ; le meilleur moyen d'aider un individu est de corriger ses points faibles ; faire aux autres ce que vous voudriez qu'on vous fasse ; mettre tout le monde sur un pied d'égalité pour éviter d'être accusé de favoritisme...

The Gallup Organization* s'est intéressée pendant plus de 75 ans aux managers de tout secteur d'activité dans le monde entier, qui savent le mieux transformer les talents de leurs collaborateurs en performance et ont cherché à savoir ce qu'ils avaient en commun. Et il s'est avéré qu'en fin de compte, ils se comportent tous de façon très différente vis-à-vis de leurs collaborateurs. Leur style de management, leurs objectifs, leur race, leur sexe, leur âge diffèrent totalement. Pourtant, quelque chose les relie : ils ont fait table rase des idées reçues telles que celles qui

* Lire *Manager contre vents et marées*, Marcus Buckingham et Curt Coffman, Village mondial.

viennent d'être citées. Ils n'essaient pas d'aider un individu à surmonter ses faiblesses. Ils n'observent jamais les règles d'or du management, et vont même jusqu'à miser sur les favoris...

Les études qu'ils ont menées leur ont aussi permis de constater que les salariés les plus talentueux ont surtout besoin de grands managers pour leur permettre de transformer leurs talents en productivité. Même si ceux-ci peuvent vouloir rejoindre une entreprise pour ses leaders charismatiques, la popularité de son enseigne, ses bénéfices élevés et ses excellents programmes de formation, ce sont les relations qu'ils entretiennent avec leur manager qui détermine leur fidélité à l'entreprise ainsi que leur niveau d'efficacité*.

Ces grands managers sont en réalité des novateurs, même s'ils ne se considèrent pas comme tels pour la plupart. Et ils sont tous d'accord pour dire qu'il n'y a pas de secret pour former une grande équipe, mais que certains ingrédients sont pourtant indispensables, comme **permettre à chaque individu de s'accepter tel qu'il est** et de ne pas confronter ses doutes à longueur de journée au travail sous peine de perdre le moral, ce qui aurait pour résultat de faire chuter ses performances.

Les grands managers n'essayent pas non plus de changer leurs collaborateurs, et ne cherchent pas à ce qu'ils se ressemblent. Ils considèrent que leur rôle est de créer un environnement dans lequel ils sont encouragés à être plus que ce qu'ils étaient déjà. Tant qu'ils se respectent mutuellement et qu'ils produisent des résultats, il est important de ne pas se soucier de leurs différences, mais d'en faire au contraire une richesse.

Ils sont d'accord aussi pour dire qu'**un manager doit passer beaucoup de temps avec ses collaborateurs afin d'apprendre à les connaître**. Il doit les écouter et s'intéresser à ce qu'ils sont, car ils considèrent qu'on ne peut pas diriger des gens si on ne les

---

* Lire par exemple la biographie de Nicolas G. Hayek *Au-delà de la saga Swatch*, écrite par Friedemann Bartu.

connaît pas, si on ignore leur personnalité, leurs motivations, leur situation personnelle. Et que sans « familiarité », c'est impossible !

Ils ne traitent pas tout le monde de la même façon, parce que tout le monde est différent. Et considèrent qu'il n'est pas injuste de les traiter différemment, car cela leur permet de se sentir uniques.

« Les deux choses les plus importantes n'apparaissent pas au bilan de l'entreprise : sa réputation et ses hommes. »
Henry Ford, industriel américain

Les grands managers attachent beaucoup d'importance au choix de leurs collaborateurs, car cela rend le reste beaucoup plus simple. Et une fois qu'ils ont été choisis, ils leur font confiance, car ils pensent que c'est en attendant le meilleur des gens, qu'ils donnent le meilleur. Mais lorsque des erreurs sont commises, ils considèrent que c'est à eux d'en assumer la responsabilité, car s'ils la rejettent sur les membres de leur équipe, c'est l'ensemble de l'organisation qui s'en trouvera affaiblie.

Enfin, **ils pensent que la meilleure façon d'instaurer un climat de confiance au sein de leur équipe, c'est de faire peu de promesses, mais de les tenir toutes**. Qu'un manager est toujours sur scène, et tout ce qu'il fait, tout ce qu'il dit est significatif pour les personnes qu'il manage, et influe sur leurs performances…

Le monde de l'entreprise change constamment, et différentes approches du management sont tour à tour prônées et abandonnées. Les idées qui sont présentées ici ne sont pas d'une grande nouveauté. Pourtant, il est certain qu'elles forment la trame de relations puissantes entre un manager et son équipe. Et que c'est grâce à cette relation que celle-ci développe ses talents, ses compétentes et devient performante.

Parce que rien n'est plus enrichissant que de faire partie d'une équipe unie… Parce que si les individus sont capables de réaliser des projets extraordinaires, l'équipe y ajoute des dimensions hors du commun… Et parce que les valeurs sûres de l'entreprise reposent sur les individus qui la constituent.

Identifier les talents de mes collaborateurs

Donc la première chose à faire pour manager les talents de vos collaborateurs, c'est d'apprendre à savoir les repérer, qu'il s'agisse de ceux de vos partenaires actuels ou de ceux que vous allez recruter.

Votre rôle, c'est de leur permettre de développer leur confiance en eux en misant sur leur talent et en les aidant à les transformer en performances durables. En prenant le temps d'étudier la personnalité de chaque membre de votre équipe, vous serez à même de trouver les clés qui ouvriront les portes de sa motivation, mais aussi les chaînes qui l'entravent et l'empêchent de donner le meilleur de lui-même. Et ce sera à vous de les en libérer.

Chacun a besoin de se sentir compris et vous devez lui permettre de s'accepter tel qu'il est en créant un environnement dans lequel il est encouragé à être encore plus lui-même. En le traitant différemment, vous lui permettez de se sentir unique. Chacun a aussi besoin de sentir qu'on lui fait confiance et il est primordial de savoir le reconnaître, voire de le récompenser pour la qualité du travail qu'il fournit. Ainsi, il sait que ce qu'il fait en vaut la peine pour continuer à s'investir.

Par ailleurs, toutes les missions professionnelles se valent et chacun a sa place dans l'organisation. Il n'y a pas de petite et de grande mission, toutes les actions qui sont menées dans l'entreprise contribuent à sa réussite. Quelle que soit sa position sur l'échelle hiérarchique, chaque poste est important. Sans les ouvriers, une usine ne pourrait pas tourner et d'un autre côté, ceux-ci n'auraient pas les compétences requises pour faire marcher les affaires de l'entreprise et permettre à tous de gagner leur vie. Il est intéressant d'avoir conscience de cette réalité, car cela permet de mettre en avant l'importance de tous les acteurs de l'organisation et contribue à ce que chacun soit conscient de la valeur de l'autre.

Le succès de l'entreprise dépend notamment de sa capacité à mobiliser ses coéquipiers et à valoriser les niveaux de contributions spécifiques de tous. Dans ce cadre, le management des talents ouvre de formidables perspectives.

Chaque individu a des talents, des aptitudes toutes particulières qui lui sont propres et qu'il a besoin d'apprendre à mettre en avant, afin qu'elles deviennent des forces qui nourrissent sa confiance en soi tout au long de sa carrière. Des talents qui ne demandent qu'à être dénichés. Et la meilleure façon de développer vos talents de manager, c'est de permettre à vos collaborateurs de révéler les leurs. En les valorisant, vous leur permettez de comprendre en quoi ils sont utiles à l'entreprise et d'évoluer plus sereinement dans des contextes parfois instables.

Un manager doit savoir assumer ses responsabilités et ne doit jamais la rejeter sur les autres, pas même sur ses dirigeants, car toute l'organisation s'en trouverait affaiblie et à la longue c'est sa propre notoriété qui en pâtira. Éthiquement parlant, lorsque votre équipe remporte une victoire, c'est elle qui en est responsable et qui doit être mise en avant, alors que lorsqu'elle échoue dans sa mission, c'est vous, son manager, qui en est responsable et qui doit en assumer les conséquences, pas vos équipiers. En assumant totalement vos responsabilités et vos engagements, vous permettez à chacun d'en faire autant. Soyez l'exemple de ce que vous voulez obtenir des membres de votre équipe.

« Nos actes ne sont éphémères qu'en apparence. Leurs répercussions se prolongent parfois pendant des siècles. La vie du présent tisse celle de l'avenir. »
Gustave Le Bon, sociologue français

L'entreprise ayant mis en place un système qui lui permet de détecter les talents de ses collaborateurs et de révéler les spécificités de chacun dispose d'une multitude de ressources qu'elle peut adroitement mobiliser dans ses projets. Cela lui permet de se projeter au-delà du prisme des compétences, et de donner à chacun l'opportunité d'être identifié puis sollicité pour des missions dans lesquelles il peut s'épanouir pleinement et être challengé en connaissance de cause. Ainsi, elle obtient une meilleure lecture de ressources individuelles et collectives sur lesquelles elle peut compter pour porter ses stratégies de développement.

Voici une fiche « profil » qui vous permettra de repérer la majeure partie des atouts de chaque membre de votre équipe. Sentez-vous libre de la modifier à votre convenance et en fonction des particularités de votre activité. Chaque manager devrait prendre le temps de tenir à jour un système de fiches comme celle-ci pour le soutenir dans son rôle. N'hésitez pas à les remplir en sollicitant la contribution de vos collaborateurs, cela leur permettra de prendre conscience de leurs points forts et de se les approprier. Chacun pourrait ainsi miser sur ses atouts pour construire son plan de carrière. Les bénéfices de ce travail peuvent alors devenir infinis et faire partie de la construction globale de la culture de votre entreprise.

PROFIL DE :	
Ses talents	**Ses compétences**
Sa formation	

→

Ses postes antérieurs	
Sa vision idéale du monde	
Sa mission actuelle	
Ses qualités principales	**Ses atouts pour l'entreprise**
SON ÉLÉMENT :	
Introverti ☐ Centroverti ☐ Extraverti ☐	
Ses valeurs	**Ce qu'il cherche à éviter**
Sa place dans l'équipe	
La meilleure façon de le manager	

→

Ce qu'il faut éviter pour qu'il reste motivé	
Ses engagements	
Son ambition	
Ses besoins en formation	**Ses passions & loisirs**
État civil	
À propos de ses proches	
Divers	

Chacun sa place

Comme sur un terrain de jeu, chacun doit avoir une place définie, afin qu'il sache exactement ce qu'il doit faire et qu'il soit reconnu par ses pairs pour ce qu'il apporte à l'équipe. Et pour construire une équipe efficace et performante, vous devez vous assurer que celle-ci comprend au moins une personne de chaque profil (Vent, Feu, Eau, Terre). Impossible de gagner la partie si certaines fonctions ne sont pas remplies.

L'association entre des personnes enthousiastes, de même mentalité et orientées vers la même vision est l'un des plus étonnants instruments du succès. Vos collaborateurs doivent être capables de réfléchir ensemble aux situations et aux circonstances afin de trouver des solutions face aux obstacles que vous rencontrez, puis de coopérer efficacement pour les résoudre. Il est important qu'il règne parmi vous une harmonie de cœur et d'esprit.

> **« Si tu veux construire un bateau, ne rassemble pas tes hommes et femmes pour leur donner des ordres, pour expliquer chaque détail, pour leur dire où trouver chaque chose... Si tu veux construire un bateau, fais naître dans le cœur de tes hommes et femmes le désir de la mer. »**
> **Antoine de Saint-Exupéry**

Soyez constamment aux aguets pour dénicher les bonnes personnes que vous inviterez à se joindre à votre équipe. Chaque membre doit passer une période de probation de trois mois. Et s'il se révèle égoïste, négatif ou centré sur lui-même, il est préférable qu'il quitte votre équipe. C'est votre équipe. Ne faites pas d'exception à cette règle, car l'attitude est d'une importance cruciale, elle peut créer ou anéantir vos efforts. L'enthousiasme et la coopération doivent être perceptibles. Seule une équipe dévouée, engagée et enthousiaste remporte de grands défis.

« Mieux vaut des individus pas géniaux, mais solidaires, que des individus géniaux solitaires ! »
Norio Ohga, ancien PDG de Sony

Chaque personne doit trouver sa place et si vous conservez avec vous une personne qui n'a pas la sienne, vous l'empêchez de trouver l'équipe dans laquelle elle s'épanouira. Toutes les alchimies individuelles doivent s'harmoniser pour former une entité à part entière, un corps. La convivialité crée une grande force, beaucoup de pouvoir et de nombreuses possibilités pour chaque individu. En équipe, chacun accomplit davantage. Mais les relations que vous entretenez avec chaque membre de votre équipe doivent rester confidentielles. Ce sont les résultats que vous obtiendrez qui révéleront ce qui se passe dans votre équipe et qui parleront d'eux-mêmes.

Nous l'avons vu, les valeurs* et les croyances** sont ce qui gouverne notre vie au quotidien. Elles définissent l'essence même de notre être. Dans votre équipe, les valeurs doivent s'accorder, car vous n'obtiendrez de résultats significatifs que lorsque le chemin emprunté pour y parvenir se fondera sur des valeurs communes. Lorsque celles-ci diffèrent, cela produit un éclatement, un dysfonctionnement et, au final, de la déception. Prenez grand soin d'identifier celles de chaque membre de votre équipe, y compris les vôtres. Plus loin, vous trouverez un jeu de cartes de valeurs que je vous suggère d'utiliser pour permettre à vos collaborateurs d'identifier avec vous ses valeurs personnelles et professionnelles.

Selon Allen Fahden et Marie West***, la réalisation d'un projet se divise en quatre catégories de travail :

1. **Les solutions :** trouver des options et des idées pour résoudre les problèmes et profiter des occasions.
2. **Les stratégies :** choisir les idées liées à la priorité principale et établir un plan d'action.

* Voir la partie sur les valeurs (p. 57).
** Voir la partie sur les croyances (p. 68).
*** The Perfect Team – www.sunzu.com.

3. **L'analyse :** déterminer les problèmes potentiels.
4. **Les résultats :** convertir le plan d'action en un système concret et l'exécuter.

Et ces quatre types de travail correspondent aux talents de nos quatre Profils Éléments.

1. Le profil Vent

Ce sont des créatifs qui pensent de manière spontanée. Au sein d'une équipe, c'est généralement eux qui trouvent les idées, qui font émerger les options, qui permettent de profiter des opportunités qui se présentent et de résoudre les difficultés. Habituellement, ils perdent tout intérêt pour une idée une fois qu'ils en ont fait le tour. Il peut arriver que les autres se plaignent de leur manque de suivi. Il leur faut donc quelqu'un pour prendre le relais si on veut que leurs idées soient mises en application.

Ils ont besoin de créer de la convivialité autour d'eux, ont le sens du relationnel et de la communication. On peut toujours compter sur eux, car ils aiment se rendre disponibles, assument leurs responsabilités avec diligence et veillent à ce que tout le monde se sente bien.

➔ **Catégorie solution.**

2. Le profil Feu

Au sein d'une équipe, ils sont souvent les plus aptes à sélectionner une idée en fonction des priorités parce qu'ils ont souvent une vision plus élargie et plus systémique que les autres profils. Ils savent très rapidement comment la mettre en application. On peut leur faire confiance pour ce qui est d'établir des priorités et planifier une stratégie menant à la réussite. Ce sont des personnes d'action qui excellent à créer des réseaux de relations. Ils aiment la compétition, que le rythme soit rapide et que les projets progressent efficacement.

➔ **Catégorie stratégie.**

3. Le profil Eau

Ces personnes pensent qu'une course se gagne lentement et sûrement, ils savent considérer le pour et le contre et se méfient des idées préconçues, ils sont très utiles pour mettre en lumière la réalité des faits. Ils savent éprouver une solution avec prudence, identifient très rapidement le problème et ce qui ne pourrait pas fonctionner dans un projet. Grâce à eux, on peut détecter l'échec à l'étape du concept et épargner ainsi du temps et de l'argent à l'organisation.
Ils n'hésitent pas à se faire « l'avocat du diable ». Dans un groupe, ils sont capables de déceler les difficultés avant tout le monde et d'attirer l'attention sur les consignes à observer. Ils n'hésitent pas à rappeler les autres à l'ordre s'ils se dispersent ou se laissent entraîner par leurs émotions. Très attachés aux structures ils font d'excellents gestionnaires pour ce qui est du temps, des échéanciers et de tout ce qui est factuel.
➔ **Catégorie analyse.**

4. Le profil Terre

Au sein d'un groupe, ce sont des éléments majeurs qui renforcent la cohésion, car ils ont de grandes capacités à obtenir le soutien des autres. Ils sont ceux qui savent convertir un plan d'action en système concret et sont particulièrement doués pour le mettre à exécution. Axés sur le détail, ils excellent dans le travail étape par étape, pensent et agissent de manière méthodique et logique. Grâce à eux, tout est bien organisé et se déroule sans anicroche.
Pour se sentir à l'aise et s'acquitter de leurs tâches avec brio, ils ont besoin qu'on leur indique précisément ce qu'ils doivent faire et qu'on les laisse s'en acquitter à leur propre rythme. Se fixer des objectifs et prendre des décisions n'est pas leur fort, ils préfèrent être encadrés et se sentent plus à l'aise s'ils savent précisément ce qu'on attend d'eux pour passer à l'action.
➔ **Catégorie résultat.**

Bien composer son équipe

Votre équipe doit compter au moins une personne de chaque catégorie. La plupart des individus ont un profil déterminant et un style de travail, mais certains en ont un autre un peu moins évident.

Les membres de l'équipe peuvent se répartir de multiples façons tant que tous les profils sont représentés. S'il en manque un, la réalisation de vos projets risque d'être compromise, car il vous manquera une dynamique. Mais si votre équipe ne contient que deux membres, idéalement ce devrait être un profil Vent et un profil Terre ou un profil Feu et un profil Eau.

Si vous n'avez que des profils Vent avec des idées et des profils Feu avec des stratégies, votre équipe manquera de suivi. Il lui faut des profils Eau pour élaborer un plan d'action sensé et des profils Terre pour exécuter ce plan de manière efficace.

Une équipe composée de profils Eau analytiques et des profils Terre soucieux des détails peut instaurer un bon système, mais manquera d'idées novatrices et originales pour aller de l'avant. Alors que si vous avez des profils Vent et des profils Eau, vous aurez deux parties engagées dans un débat sans fin. Les profils Eau trouveront que les profils Vent ont des idées débridées et les profils Vent penseront que les profils Eau ne sont là que pour les critiquer, car ils rejetteront systématiquement leurs idées. Au bout du compte, ils ressentiront de la frustration, perdront leur moral et accompliront peu de chose.

Pour tirer le meilleur parti de votre équipe, vous pouvez, dans un premier temps, confier à d'autres les tâches qui sont mal exécutées par certains membres de votre équipe. Sachez qu'il y a toujours quelqu'un qui aime effectuer ce que quelqu'un d'autre n'aime pas.

Par exemple : bien souvent, le profil Vent déteste faire le tri dans ses notes de frais, alors que le profil Terre retire un sentiment de devoir accompli en remplissant ces colonnes de chiffres bien faites et en établissant la balance des comptes. Et pour ce qui concerne l'animation des réunions qui paralyse totalement le profil Terre, c'est plutôt le domaine du profil Feu. Il excelle particulièrement dans ce domaine ; ou du profil Vent, tout dépend des objectifs de la réunion.

Il n'y a pas de tâches ingrates, seulement des personnes qui n'ont pas les bonnes compétences ou les talents nécessaires à leur exécution. Ce que nous détestons faire nous ennuie et ce qui nous ennuie nous ralentit, alors que nous pourrions en faire davantage si nous faisions ce qui nous permet d'utiliser nos talents naturels et nous plonger dans le *flow**. En tant que manager, vous devez prendre soin de répartir les tâches à réaliser en fonction des aptitudes de vos collaborateurs, afin de créer une dynamique efficace.

Vous pouvez par exemple demander à tous les membres de votre équipe de dresser la liste des tâches qu'ils ont à faire dans la journée. Puis associer chaque tâche à chaque type de travailleur :
Le profil Vent : trouver des solutions.
Le profil Feu : établir des stratégies.
Le profil Eau : analyser ou identifier les problèmes.
Le profil Terre : convertir les stratégies en plan d'action et le mettre à exécution.

Repérer ainsi toutes les tâches qui ne correspondent pas au type de travailleur à qui elles ont été confiées et redistribuez-les **sans tenir compte des descriptions de poste**.

---

* Voir plus loin la partie « Motiver mes collaborateurs » (p. 249).

Animer des réunions productives

Une réunion est à la fois un acte de management et de communication. Il est important que vous preniez soin de la préparer et de vérifier que vous avez de sérieuses raisons de la mettre en place si vous voulez que vos collaborateurs y participent à cent pour cent. Pour permettre d'exploiter l'intelligence collective des participants, les objectifs doivent être partagés par tous. Et si un problème différent de ce qui avait été présenté dans les objectifs est soulevé pendant la réunion, il est préférable de choisir de le régler au cours d'une autre réunion, et vous en tenir à ce qui avait été fixé au départ afin d'éviter les dérives. Il est aussi très important de fixer une durée limitée à la réunion et de s'y tenir.

En tant qu'animateur de la réunion, vous devez être neutre, savoir synthétiser et reformuler ce qui a été dit de façon à recentrer les échanges sur les objectifs. Votre rôle est alors d'être un facilitateur et un régulateur et vous devez permettre à chacun de s'exprimer clairement pendant un temps donné. Pour éviter que certaines personnes monopolisent la parole, n'hésitez pas à utiliser un sablier de trois minutes. Cela permettra à vos collaborateurs de s'habituer à être synthétiques. Et pour que les participants s'écoutent les uns, les autres, vous pouvez instaurer une autre règle qui stipulera que celui qui parle (pendant trois minutes maximum) ne peut être interrompu par qui que ce soit. Ainsi, vous préservez la parole de chacun et créez un espace protégé dans lequel chacun peut exprimer ce qu'il pense. De plus, cela les obligera à parler chacun leur tour, ainsi vous ne perdrez rien de ce qui a été dit.

Si les esprits s'échauffent et que les règles établies sont difficiles à tenir, vous pouvez calmer l'ambiance en utilisant un « bâton de parole », n'importe quel objet, comme un stylo, fera l'affaire : seul celui qui le possède entre les mains a le droit de parler. Vérifiez bien que chacun a pu donner son point de vue pour éviter toute frustration. Si quelqu'un n'a rien à dire, faites-lui dire qu'il n'a rien à dire…

Vous devez aussi être attentif aux manifestations verbales et non verbales de vos participants. Les gestes en disent parfois aussi long que les mots. Lorsqu'une personne manifeste son désintérêt lors d'une réunion (tapotements des doigts sur la table, bâillements, regard ailleurs...), vous devez vous interroger sur les raisons de son attitude et veiller à faire en sorte qu'elle participe à nouveau.

La plupart des gens détestent les réunions qu'ils trouvent généralement non productives et frustrantes. Ils se sentent fatigués et deviennent défaitistes parce que des actions concrètes ne sont pas toujours mises en place et que les bonnes idées meurent dans l'œuf. Mais si chaque idée comporte des aspects négatifs, cela ne veut pas dire qu'elle doit être rejetée, du moins pas avant qu'elle ait été sérieusement explorée. Une idée a besoin de temps pour mûrir, elle doit être soutenue pour être reprise et améliorée. Ainsi, les profils Eau qui n'aiment pas les risques doivent exprimer leurs appréhensions et, à leur tour, les profils Vent à l'esprit fertile doivent proposer des solutions aux problèmes soulevés, afin de solidifier l'idée.

Dans une réunion, il y a un moment pour créer, pour rêver et imaginer, et un moment pour réfléchir aux stratégies. Mais avant tout, chaque idée devra recevoir des appuis et être explorée sous tous les angles, avant qu'on décide de l'adopter ou non. Les esprits critiques auront l'occasion d'exprimer leurs craintes et leurs réserves. Ainsi, vous aurez toutes les chances de soutenir les bonnes idées au lieu de les étouffer.

Voici les étapes d'un brainstorming positif.

1. Dans un premier temps, chaque personne engagée dans le projet a l'occasion de donner son avis, sauf les **profils Feu**. L'équipe a alors 10 minutes pour mettre sur papier les idées qui lui permettront de résoudre une difficulté, de trouver des solutions pour avancer vers ses objectifs. Puis chaque membre du groupe les partage à haute voix. Et chacun se doit d'écouter celui qui parle. À ce stade, personne n'a le droit

d'émettre de commentaire négatif ni de jugement. Seulement de partager les énoncés qui appuient ou complètent l'idée traitée.

2. Lorsque la liste est complète, tous les membres quittent la salle, à l'exception des **profils Feu**, car ceux-ci perçoivent facilement les priorités et savent définir ce qui est réalisable ou pas. Ils savent aussi reconnaître les bonnes idées et ont la faculté de voir le bon côté de différentes idées, qu'ils combinent pour en faire encore quelque chose de plus puissant. Ils choisissent alors les idées qui selon eux ont le plus grand potentiel et consignent les autres dans une « banque d'idées » dans laquelle vous pourrez puiser lors de séances de brainstorming ultérieures.
3. Les **profils Eau** peuvent alors faire leur entrée pour rejoindre les **profils Feu**, sans les autres, afin de trouver les failles des idées retenues. Faites-leur plaisir et demandez-leur de donner leur avis sur tout ce qui pourrait ne pas fonctionner. Il est possible que leurs objections ne soient pas bien accueillies, mais laissez-les s'exprimer sur les problèmes qu'ils perçoivent. Puis ils quittent à nouveau la salle.
4. Enfin, permettez aux **profils Vent** de revenir dans la salle pour se joindre aux **profils Feu**. Les deux profils doivent alors trouver des solutions aux problèmes soulevés. Et répétez cette étape autant de fois que c'est nécessaire, jusqu'à ce que les **profils Vent** aient résolu de façon satisfaisante ce que les **profils Feu** ont admis comme principales failles des idées.
5. Les **profils Terre** interviennent quant à eux dans la phase de planification et de réalisation.

Motiver mes collaborateurs

Certaines conceptions du management sont aujourd'hui totalement dépassées parce qu'elles supposent que pour avancer, les collaborateurs ont besoin d'être guidés et stimulés par des récompenses ou des punitions, sans quoi ils sont perdus. Qu'en l'occurrence, ce sont des paresseux en puissance qui attendent le regard d'un supérieur pour agir et sont incapables d'initiatives !

De telles croyances* n'incitent pas un individu à donner le meilleur de lui-même, car si c'est ce qu'on pense de lui avant même qu'il montre sa valeur ajoutée et ses talents, il n'a aucune raison de ne pas « coller » à l'image que se font de lui ses supérieurs, puisqu'il y a des chances que cela ne change pas grand-chose aux intentions qu'on lui prête. Alors pourquoi se donnerait-il à fond dans son travail ? Souvenez-vous que si nous traitons une personne comme ce que nous croyons qu'elle est, elle le restera. Et si nous la traitons comme ce qu'elle pourrait être, elle le deviendra**…

La meilleure façon de motiver une personne, c'est avant tout de la considérer comme une personne compétente et de lui faire confiance. Daniel H. Pink a écrit un livre passionnant sur le sujet : *La vérité sur ce qui nous motive****, dans lequel il argumente les bienfaits de ce qu'il appelle la Motivation 3.0 sur la base d'expériences scientifiques. Il nous explique pourquoi en matière de motivation, ce qui marchait au siècle passé ne fonctionne plus du tout de nos jours.

Par exemple, il nous prouve que, contrairement aux idées reçues, recevoir des récompenses financières systématiques en contrepartie d'une activité ruine la motivation et ne donne pas envie à un individu de donner le meilleur de lui-même. Ce qui ne veut pas dire non plus que les salariés apprécieraient de travailler gratuitement.

Il existe trois niveaux de motivation. La Motivation 1.0, fondée sur notre instinct de survie. La Motivation 2.0, basée sur les récompenses et les punitions (taylorisme et organisation

* Voir la partie sur les croyances (p. 68).
** Voir « les enjeux de la communication interpersonnelle », (p. 170).
*** Leduc.s Éditions, « Zen Business ».

scientifique du travail). Et la Motivation 3.0, basé sur la motivation intrinsèque.

À la fin du XXe siècle, le travail a évolué et on s'est mis à distinguer les fonctionnements *algorithmiques* et *heuristiques*. Le fonctionnement algorithmique consiste à suivre de façon répétitive une série de tâches routinières. Alors que dans le cas du fonctionnement heuristique, aucun script n'existe. Il s'agit d'expérimenter des solutions et d'avoir des idées pour faire avancer les projets de l'entreprise. Ainsi, le travail mécanique disparaît au profit d'activités dites heuristiques et c'est tout un nouveau système de motivation qu'il nous faut mettre en place (Motivation 3.0), car on ne peut continuer à motiver une personne qui doit être proactive et faire preuve d'initiatives dans son travail, comme on le fait avec quelqu'un qui exécute des tâches routinières. Mais dans la pratique, c'est ce qui continue à se passer dans de nombreuses organisations.

Le constat est sans appel : si le système de récompense/punition fonctionne bien pour les tâches algorithmiques, il fonctionne très mal pour les tâches heuristiques, car ce qui nous est imposé implique en fin de compte une perte de contrôle. Et le simple fait d'être payé compromet notre motivation intrinsèque, car lorsque nous cherchons une solution créative, la promesse d'une récompense nous détourne de notre objectif au même titre qu'un artiste apprécie moins de réaliser une commande pour un client, que de laisser son talent s'exprimer. Ainsi, les artistes qui recherchent du plaisir intrinsèque dans leur activité produisent un art reconnu comme supérieur à ceux qui réalisent leur activité pour des récompenses extrinsèques. Autrement dit en ne cherchant pas à gagner d'argent, ils finissent par en gagner beaucoup plus que ceux qui sont obnubilés par cela.

En se contentant de proposer de l'argent pour récompenser une action, on signale à l'exécutant que la tâche n'est pas gratifiante. Si elle l'était, il ne serait pas nécessaire de payer. Ce qui est contre-productif, c'est donc de mêler la récompense à des actions qui sont par nature intéressantes, créatives ou nobles. Les récompenses financières poussent aussi les personnes à n'accomplir que le strict minimum pour l'obtenir. Ainsi, celles-ci peuvent tuer la motivation intrinsèque, réduire la performance, empêcher la créativité, décourager une bonne conduite, inciter à tricher, engendrer une accoutumance et favoriser un raisonnement à court terme…

Cela étant dit, la « carotte et le bâton » n'ont pas que des défauts, car lorsque la tâche est mécanique (pas de passion, pas de réflexion), plus la récompense est importante, plus les personnes sont performantes. Ce qui veut dire que si l'on souhaite offrir une récompense à quelqu'un, il vaut mieux l'annoncer après la tâche effectuée, elle n'en sera que mieux appréciée. Pour motiver, donnez plutôt une belle réputation à gagner, partagez la vision et faites prendre conscience du sens de la mission et des valeurs de ce qui doit être accompli.

Le système de motivation intrinsèque (Motivation 3.0) n'est pas inné et il a besoin d'être étudié et pratiqué, car nous avons développé une tendance naturelle à vouloir contrôler les autres et il nous faut y résister. Les managers qui l'ont adopté ne dédaignent pourtant pas l'argent et les honneurs. L'argent devient une conséquence et non un but en soi. Ne pas chercher le succès et les honneurs a souvent été un bon moyen pour y arriver.

Pour alimenter la motivation intrinsèque, il faut maximiser les 3 composantes essentielles que sont **l'autonomie**, **la maîtrise** et **la finalité**.

L'autonomie c'est, par exemple, la possibilité qu'ont les collaborateurs de décider de la façon de réaliser leurs tâches et de choisir leurs horaires (ne pas confondre avec l'indépendance, car ils ont des comptes à rendre). Certaines entreprises, telles que Semco ou Google en ont fait un axe important du management de la motivation. Les salariés ne sont plus considérés comme des ressources, mais comme des partenaires impliqués dans le développement. Ils sont autonomes dans ce qu'ils font (le fameux temps libre chez 3M à l'origine du Post-it® ou les 20 % du temps chez Google). Ils sont maîtres de leur temps. Choisissent la façon dont ils exécutent leurs tâches et avec qui… L'entreprise Zappos, elle, accueille ses nouveaux salariés en les formant pendant une semaine à l'issue de laquelle elle propose l'équivalent de 1 500 € à ceux qui veulent partir. Ceci afin de ne conserver que ceux qui sont vraiment impliqués, car pour être autonome, il faut être impliqué.

De plus en plus d'organisations favorisent l'autonomie pour une raison simple : elles ont compris que les collaborateurs les plus talentueux et compétents ont horreur du contrôle. Si vous voulez garder les meilleurs, managez-les en leur permettant de conserver leur autonomie. Donnez-leur le choix de ce qu'ils font, de comment ils le font, avec qui et quand.

La maîtrise, quant à elle, est un état d'esprit qui requiert la capacité d'envisager ses propres possibilités comme étant infiniment améliorables. Vous l'avez compris, ce que nous croyons conditionne ce que nous accomplissons. Et seule l'implication permet d'accéder à la maîtrise pour devenir meilleur dans un domaine qui nous intéresse.

La notion de *flow* qui y est associée en est un élément essentiel. Le *flow* étant l'état optimal que nous atteignons lorsque les difficultés que nous rencontrons sont proportionnelles à nos capacités à les surmonter. Un environnement de travail intelligent est avant tout un environnement dans lequel les tâches ne sont ni trop faciles, ni trop difficiles. Il nous faut alors différencier les objectifs de performance (avoir 20/20) des objectifs d'apprentissage (savoir parler anglais). L'objectif d'apprentissage produit moins d'effets négatifs qu'une note et contribue à garder la personne motivée.

La maîtrise suppose des efforts, des difficultés et une pratique délibérée. Être bon nécessite d'être persévérant et donc d'y consacrer du temps. L'effort exige de la peine pendant une période qui peut se prolonger des mois, voire des années.

La maîtrise est aussi une asymptote. C'est l'histoire des peintres qui font fortune lorsqu'ils sont en fin de vie (ou même après leur mort). Le plaisir est avant tout dans la quête de la maîtrise, car elle est souvent impossible à atteindre, si bien qu'elle est à la fois attirante et frustrante, c'est ce qui la rend si motivante…

La finalité est dans notre nature humaine. Nous voulons tous participer à quelque chose de plus grand et plus permanent que nous, autrement dit avoir une *mission* qui s'inscrit dans une *vision.* C'est ce qui nourrit le sens que nous donnons à ce que nous entreprenons. Si nous n'avons pas une vision claire de ce que nous faisons, l'action perd totalement de son intérêt et nous devenons des robots qui s'exécutent dans des tâches routinières, algorithmiques.

Le sujet a déjà été abordé en première étape. Sans vision, nous sommes comme un navire sans gouvernail perdu au milieu de l'océan, sans but ni direction. Lorsque nous ne sommes plus en phase et perdons le sens de ce que nous faisons, nous perdons toutes stimulations. Avoir un but qui dépasse notre propre condition et nous permet de participer à quelque chose de vaste est une des plus grandes motivations qui soient.

Dans les organisations modernes, la maximisation du sens trouve sa place à côté de la maximisation du profit, en tant qu'aspiration et principe directeur. Celui-ci s'exprime sous la forme **d'objectifs de finalité** dans laquelle le profit est un moyen, sous la forme **d'un discours** qui met l'accent sur autre chose que l'intérêt personnel et sous forme **de mesures qui permettent aux collaborateurs de trouver par eux-mêmes le sens de ce qu'ils font**.

Le fait de donner du sens, de la finalité devrait permettre de redynamiser le monde de l'entreprise et de changer petit à petit notre société.

Pour motiver vos collaborateurs :

1. Soyez sincère, ne leur faites pas de fausses promesses et oubliez votre propre intérêt en vous concentrant sur leur intérêt à eux.
2. Sachez exactement ce que vous voulez qu'ils accomplissent et exprimez-vous clairement en vérifiant que votre message a bien été compris.
3. Mettez-vous à leur place et demandez-vous ce qu'ils veulent réellement.
4. Considérez les avantages qu'ils peuvent retirer en accomplissant ce que vous leur demandez.
5. Faites que leurs avantages soient en accord avec leurs désirs, leur vision, leur mission.
6. Quand vous faites une proposition, formulez-la de telle manière que chacun comprenne ce qu'il va en retirer comme avantage personnel.
7. Rendez-les heureux de faire ce que vous suggérez.

Focus sur le concept du *flow*

Le concept du *flow* a été inventé par Mihály Csíkszentmihályi, un professeur et chercheur en psychologie d'origine hongroise ayant émigré aux États-Unis. D'après lui, le *flow* est ce que ressent une personne lorsqu'elle éprouve un sentiment d'engagement total et de réussite. C'est l'état le plus propice au bonheur, d'où l'idée de chercher à le provoquer le plus souvent possible pour motiver vos collaborateurs.

L'état de *flow* est un état de concentration intense où l'individu se sent complètement absorbé par ce qu'il fait. C'est comme si le flot d'une rivière le portait presque sans effort vers son objectif. **Ce qu'il fait devient particulièrement plaisant et cela lui permet de devenir particulièrement productif.**

« Le *flow* n'est pas un luxe, mais une nécessité. Nous en avons besoin pour survivre. C'est l'oxygène de l'âme. »
Daniel H. Pink, écrivain américain

Csíkszentmihályi a défini que si nous vivons plus de 48 heures sans *flow*, nous nous trouvons dans un état étrangement semblable à un trouble psychiatrique grave.

Ce chercheur a conçu un procédé qu'il a appelé « Experience Sampling Method » (ESM), qu'on pourrait traduire par « Méthode d'échantillonnage de l'expérience ». Le principe étant d'interroger de façon aléatoire une personne sur ce qu'elle ressent durant une activité pendant un certain nombre de jours afin de prendre son témoignage sur le vif.

***Les 8 caractéristiques qui décrivent le* flow :**

1. Les objectifs sont clairement définis (toujours la finalité)
Lorsque nous sommes dans le *flow*, nous anticipons et savons exactement ce que nous devons faire, nous devenons stratégiques et logiques.

2. Le feedback (retour d'information) est direct et immédiat
Grâce au retour d'information, nous repérons immédiatement les réussites et difficultés au cours du processus et nous sommes à même d'ajuster nos comportements en fonction. C'est ce qui nous permet de rester concentrés sur l'activité.

3. Équilibre entre la difficulté de l'activité et les compétences de l'acteur
Lorsque notre activité offre des challenges à la mesure de nos compétences, même si nous ne l'aimons pas particulièrement, celle-ci peut devenir intéressante et plaisante.

4. Hyper-concentration
Lorsque les trois premières conditions sont réunies, nous nous retrouvons dans un état de concentration intense et nous sommes beaucoup plus efficaces. Nous ressentons une énergie spontanée qui nous transporte et nous sommes en harmonie avec nous-mêmes.

5. Les frustrations de la vie quotidienne s'effacent
Grâce à cette hyper-concentration, nous nous sentons transportés par l'énergie du *flow* et nous nous détachons de nos soucis. Ce soulagement devient une source de bien-être et de motivation considérable. Ainsi, cette énergie nous incite à nous donner de nouveaux défis et à bâtir de nouvelles compétences.

6. Sensation de contrôle de soi et de son environnement
Même si l'état de *flow* nous donne l'impression d'être capables de contrôler nos vies, nos actions et notre expérience, ce n'est pas exactement comme si nous pouvions tout contrôler, car cela signifierait que l'expérience n'est pas à la hauteur de nos compétences. Mais nous nous retrouvons à l'endroit où nous savons que, avec de l'entraînement, nous arriverons à mieux contrôler les choses.

7. Perte du sentiment de la conscience de soi
En situation de concentration optimale, notre sentiment d'ego défensif disparaît et nous cessons de nous soucier de ce que les autres pensent de nous. Mais après coup, notre estime de soi s'améliore et nous ressortons renforcés par l'expérience.

8. Distorsion de la perception du temps
Habituellement, nous séparons le temps en parties égales. Mais lorsque nous sommes dans le *flow*, nous perdons toute notion du temps et les heures deviennent des minutes. D'un autre côté, nous pouvons être tellement focalisés sur ce que nous faisons que les minutes deviennent des heures. Ainsi, notre notion du temps s'adapte à notre expérience et à la façon dont nous ressentons les choses.

Le bonheur en entreprise

Le sujet intéresse et suscite de nombreuses réflexions ces dernières années. La télévision s'empare de ces secrets, des associations fleurissent pour analyser les substrats du bonheur dans leurs laboratoires et on trouve 125 titres de livres contenant les mots « bonheur » et « entreprise » actuellement dans les librairies numériques.

Il y a quelque temps, j'ai assisté à une conférence sur le thème « Comment devenir une entreprise aimée ? ». Cette conférence réunissait des présidents et directeurs d'entreprises connues et moins connues pour échanger des points de vue, parfois très différents, sur le sujet. Et ce que je pourrais en conclure, c'est que la question n'a pas encore trouvé toutes ses réponses. Mais le fait que certaines grandes organisations s'interrogent sur le bonheur en entreprise est une marche essentielle sur l'échelle de l'évolution de l'environnement professionnel.

Voici quelques idées que j'ai extraites de cette conférence :

- Une entreprise aimée est une entreprise dans laquelle on a envie de travailler et où on travaille avec des personnes qu'on apprécie pour leurs qualités professionnelles, mais aussi pour leurs qualités humaines.
- Pour que les collaborateurs se sentent heureux de travailler dans l'entreprise et donnent le meilleur d'eux-mêmes, le contenu du travail doit être intéressant, le climat social doit être agréable et les conditions économiques doivent être acceptables.
- Il est important d'identifier les attentes des collaborateurs, afin de pouvoir mettre en place les moyens d'y répondre.
- L'argent ne peut pas être le seul critère de satisfaction. Les collaborateurs ont besoin d'être reconnus en tant qu'individus pour ce qu'ils sont et pour leurs compétences par leurs managers et leur direction.
- Il est important de porter attention à la personne elle-même et de savoir si elle est bien dans son job. Est-ce qu'elle se projette dedans ? Est-ce qu'elle a les moyens de faire correctement son travail ?
- Les managers doivent faire chaque jour des choses pour améliorer les relations entre leurs collaborateurs. Ils doivent transformer leurs propres comportements et montrer l'exemple.

- Il faut développer l'éthique dans l'entreprise et la recherche de sens. Faire en sorte que les décisions qui sont prises par la direction soient humainement et « moralement » acceptables.
- Les managers ont la mission de faire apprécier les valeurs de l'entreprise et de mettre en place des actions qui leur permettent de les vivre au quotidien et d'être en accord avec elles.
- Il est important de rendre les gens responsables de leur bien-être dans l'entreprise.
- L'entreprise doit être au service des êtres humains et non le contraire.
- L'entreprise doit considérer que leurs collaborateurs sont des personnes intelligentes, quelles que soient leurs tâches et leur place dans la hiérarchie.
- Nous devons croire en l'humanité.
- L'entreprise doit aimer ses collaborateurs si elle veut qu'ils l'aiment en retour.

De quoi nourrir un certain nombre de réflexions pendant un long moment pour améliorer le bien-être dans l'entreprise*. Ce qui est certain, c'est que les liens sociaux sont les ingrédients principaux du bonheur… Et que l'entreprise en est le terrain d'expérimentation privilégié.

Coacher mes collaborateurs

Influencer sans ordonner

Pour devenir un excellent manager, la difficulté, c'est de résister à la tentation de vouloir tout contrôler et de commander vos collaborateurs, pour privilégier une approche basée sur la coopération, l'implication et l'engagement. Autrement dit, une approche de coaching. Et pour y parvenir, vous devez considérer

* Lire *L'entreprise du bonheur*, Tony Hsieh, Leduc.s Éditions, « Zen Business ».

que **votre rôle est avant tout d'atteindre les objectifs de l'entreprise à travers les talents et les compétences des membres de votre équipe** au lieu de leur dire ce qu'ils doivent faire et de les guider dans leurs moindres gestes.

Adopter le coaching comme style de management exigera de vous que vous accompagniez vos collaborateurs pour les aider à libérer leur potentiel et à améliorer leurs propres performances. Il s'agit de leur permettre d'apprendre au lieu de leur donner des réponses toutes faites afin qu'ils développent leur autonomie. Être un manager-coach permet de ne pas perdre de vue ses objectifs tout en se concentrant sur le développement de son équipe et sur les compétences de chacun. C'est savoir identifier le potentiel et les ressources de ses collaborateurs pour pouvoir en tirer profit pour l'entreprise et pour eux-mêmes. C'est savoir faire de chaque situation une opportunité d'évolution du capital humain.

Mais pour que ce soit possible, **il est essentiel que le collaborateur opte pour une prise en charge autonome de son travail**, car il s'agit là de faire appel à des ressources internes que personne ne peut imposer ou insuffler. Mais le coaching peut induire leur développement.

Pour y parvenir, vous devez créer un environnement qui favorise l'apprentissage, la réflexion indépendante et les possibilités de contribuer au développement de l'organisation. Résistez au fait d'être celui qui apporte des solutions pour devenir celui qui permet aux autres de faire preuve de créativité pour trouver les leurs. Et être un animateur qui ouvre la voie pour que chacun puisse atteindre ses objectifs.

Pour devenir un bon manager-coach, vous allez devoir fournir un important travail personnel :

- Développer vos **compétences en communication interpersonnelle**. Avoir une communication authentique. Dire les choses telles qu'elles sont et de façon affirmée.

- Développer vos **qualités d'écoute** et avoir ce qu'on appelle une écoute active, ce qui sous-entend d'être centré sur l'autre et de faire abstraction de vos propres interprétations.
- Développer votre **empathie** et savoir vous mettre à la place de votre interlocuteur. Ce qui sous-entend des qualités d'observation.
- Savoir donner à votre interlocuteur un **sens de la perspective** en lui transmettant la stratégie globale de l'entreprise (la vision) et en définissant avec lui sa mission par rapport à celle de l'entreprise.
- Développer votre **acuité de perception**, une vigilance lucide qui est la conjonction d'une attention intense, de l'objectivité et de la clarté d'esprit. Une faculté d'observation, incluant la compréhension des systèmes, des dynamiques, des liens entre les choses et les gens.
- Avoir un **sens aigu de la psychologie humaine** qui s'étend aussi à la conscience de soi, en particulier pour reconnaître quand et comment vos propres émotions et désirs viennent déformer votre perception de la réalité. Ce sont les deux facteurs psychologiques les plus déterminants, car ils influent directement sur vos performances managériales.
- Enfin, vous devez devenir un **transmetteur d'énergie positive** tant aux individus qu'à votre équipe. Cela afin d'ouvrir de nouvelles perspectives en encourageant leurs réalisations tout en fixant des normes élevées et des objectifs ambitieux, afin de rendre la situation intéressante et digne d'un défi. Tout objectif est un défi en soi, si on sait le montrer sous cet angle. Permettez-leur de se dépasser et d'utiliser leurs talents naturels pour le relever et développer leurs compétences.

Le concept du coaching est d'amener la personne à lever ou à contrôler les obstacles intérieurs qui l'empêchent d'atteindre son niveau optimum de performance afin que son potentiel naturel se manifeste sans qu'il ait besoin d'un apport technique massif à l'extérieur. Il peut stimuler l'automotivation et transformer ensuite cette motivation en action productive, ce qui en fait un bon recours au stress, car il permet à chacun d'avoir un contrôle personnel sur son travail et de stimuler sa volonté. Autrement dit, d'être dans le *flow.*

En permettant à chaque membre de votre équipe de devenir excellent, vous contribuez à développer votre propre excellence. Tel un chef d'orchestre qui ne serait rien sans les talents de ses musiciens, mais réciproquement, si talentueux qu'ils soient, les musiciens seraient incapables de jouer une symphonie sans le talent de leur chef d'orchestre.

Transmettre une vision claire et savoir écouter

Votre rôle de manager est d'envisager la globalité du projet, car vous avez accès à des points de vue que n'ont pas vos collaborateurs, alors laissez de côté les détails, c'est à eux de s'en charger. **Les membres de votre équipe ont besoin d'avoir une direction et de savoir dans quel but ils font ce qu'ils font.** Sans vision, pas de motivation. Et vous êtes le gardien de la vision.

Donnez-leur la latitude de prendre des initiatives et des décisions. La confiance est une composante essentielle de cette équation. Et si vous pensez ne pas pouvoir faire confiance à vos collaborateurs pour produire un travail de qualité, c'est que vous avez choisi les mauvaises personnes ou que vous avez mal composé votre équipe. Peut-être avez-vous les bonnes personnes, mais que celles-ci ne sont pas suffisamment formées ? Bien souvent, les personnes ont toutes les qualités et compétences requises, mais leurs managers ont peur de se laisser dépasser. En les observant et en étant à leur écoute, vous découvrirez s'ils sont bien dans leur poste ou pas, car lorsque ce n'est pas le cas, ils le disent ou ils le montrent, mais encore faut-il qu'il y ait des oreilles ou des yeux qui veulent bien faire attention à eux ! **L'écoute active est véritablement l'une des meilleures attitudes pour développer les compétences des membres de votre équipe.**

« Savoir écouter, c'est posséder, outre le sien, le cerveau des autres. »
Léonard de Vinci

Et pour écouter vraiment, il faut être intéressé par son interlocuteur, faire preuve d'empathie et prendre du recul pour aller au-delà de la conversation et découvrir ce qui se cache derrière. Il faut développer sa concentration, faire taire ses jugements et ses croyances. En langage de coaching, on dit « écouter à partir de rien ». Ce qui signifie être dans une position totalement neutre, libre de ses expériences passées et de sa peur de l'avenir.

Concentrez-vous sur le développement des atouts de chaque collaborateur et prenez le temps d'identifier leurs besoins individuels, ainsi que leurs besoins d'évolution. Puis faites en sorte qu'ils les atteignent, car lorsqu'ils ont l'occasion de développer et d'améliorer leurs capacités, ils sont dans le *flow* et leur enthousiasme ainsi que leur efficacité augmentent. Alors ils deviennent plus concernés par l'évolution de l'entreprise et plus fidèles à elle.

> **« N'ayez pas peur de faire une erreur. Mais faites en sorte de ne pas faire la même erreur deux fois. »**
> **Akio Morita, cofondateur de Sony**

Sachez mettre en avant l'effort et la réussite de chacun et passez très rapidement sur leurs échecs et leurs erreurs. Difficile de ne jamais en faire, non ? Considérez plutôt que c'est une possibilité d'apprentissage et utilisez-les comme une source de développement. Cherchez ensemble la meilleure façon d'agir pour que la même erreur ne se reproduise pas à l'avenir. Souvenez-vous des scientifiques qui considèrent leurs erreurs comme une expérience leur permettant d'atteindre leurs objectifs.

Recadrer sans brimer

Dans leur best-seller *Le manager minute*, Ken Blanchard et Spenser Johnson parlent de Réprimandes Minutes.

Première moitié de la réprimande (30 secondes) :

1. Réprimander dès que l'erreur est commise par le collaborateur.

2. Confirmer les faits et décrire précisément l'erreur dont il est question.
3. Dire ce qu'on en pense de ce qu'il a fait sans équivoque.

Observer un instant de silence pour permettre à la personne de comprendre la situation.

Deuxième moitié de la réprimande (30 secondes) :
1. Mettre l'accent sur les compétences du collaborateur. S'assurer qu'il a bien compris que celles-ci ne sont pas remises en cause et à quel point on a du respect pour lui. Que ce qu'il a fait ne lui ressemble pas et qu'on n'acceptera pas qu'il refasse la même erreur.
2. Lui rappeler combien il est apprécié.
3. Réaffirmer qu'on estime sa personne mais pas son comportement dans cette situation.

Il est important de toujours préciser exactement ce dont il est question et de **ne jamais attaquer la personne elle-même**, mais seulement son comportement pour éviter qu'elle se mette sur la défensive. D'être toujours cohérent. Tout cela en une minute et, quand c'est fini, c'est fini. On ne revient jamais dessus.

Même si vous avez des compétences techniques, évitez de fournir des solutions, de partager votre avis et votre position sur la façon de gérer des situations ou de résoudre des problèmes. C'est une erreur de penser qu'il est plus rapide et plus simple de dire à quelqu'un quoi faire ou de le faire soi-même. En continuant à fournir vos réponses et vos solutions, vous excluez totalement la possibilité d'apprentissage et ne permettez pas à vos collaborateurs de proposer d'autres solutions (qui peuvent être meilleures que les vôtres, car ce sont eux qui sont au cœur du sujet). N'hésitez pas à leur demander ce qu'ils feraient dans cette situation.

Cessez de prendre toutes les décisions. Vous ne pouvez pas avoir toutes les réponses tout le temps. N'hésitez pas à engager les gens autour de vous (votre équipe et vos collègues) quand il s'agit de trouver une solution à un problème. La participation augmente l'appropriation et l'engagement. Plus vous trouverez des occasions permettant aux gens de contribuer au processus de prise de décision et plus vous les encouragerez à s'impliquer, plus ils auront envie de contribuer à la réussite de leur entreprise.

Faites de votre mieux pour être constructif la majeure partie du temps. Prenez l'entière responsabilité des actions de vos collaborateurs. Créez un environnement qui leur donne envie de travailler avec vous parce qu'ils se sentent valorisés et respectés. Faites-leur comprendre leurs responsabilités et donnez-leur la latitude de faire leur travail à leur façon. En bref, traitez-les de la façon dont vous souhaiteriez être traité.

Savoir définir des objectifs

L'art du coaching, c'est avant tout de savoir définir des objectifs. Un **objectif** est différent d'un but dans ce sens qu'il correspond à ce que vous aimeriez *voir*, *entendre* ou *ressentir* au moment où vous l'aurez atteint. Alors qu'un **but**, c'est en fin de compte ce qui reste après que l'objectif a été soigneusement défini. Comme l'écrit Genie Laborde dans son livre *Influencer avec intégrité* :

- Les buts sont comme des crayons tout neufs à peine déballés.
- Les objectifs sont des crayons bien taillés prêts à l'emploi.

Pour qu'un objectif soit clairement défini, il doit être énoncé en termes positifs. Cesser de faire quelque chose est plus un but qu'un objectif. Les buts sont généralement considérés comme quelque chose de difficile à atteindre, alors que les objectifs sont faciles. Et nous diriger vers ce que nous ne voulons pas est totalement antinomique.

Une fois que l'objectif est défini précisément, il est intéressant de se demander ce que nous voulons ressentir lorsqu'il sera atteint, autrement dit de clarifier les résultats précis que nous voulons obtenir afin de rendre l'objectif encore plus tangible. À ce niveau, les individus sont différents. Certains sont *visuels* et définissent ce qu'ils ressentent à travers ce qu'ils voient, d'autres sont *auditifs* et définissent ce qu'ils ressentent à travers ce qu'ils entendent, tandis que d'autres (plus rares) sont *kinesthésiques*, ils définissent ce qu'ils ressentent à travers les sensations qu'ils ressentent physiquement ou émotionnellement. En demandant à votre interlocuteur ce qu'il ressent, vous lui permettez de s'approprier totalement l'objectif fixé.

Savoir poser des questions

Coacher, c'est aussi savoir poser des questions, car en posant les bonnes questions, en écoutant beaucoup, en observant, en reformulant ce qui est dit et en donnant fréquemment des feedbacks on peut vérifier si notre communication est efficace. De même qu'en encourageant et en promouvant le travail bien fait ou l'initiative réussie, on crée un environnement agréable de travail, des dynamiques positives, et on contribue à développer une culture de participation et de responsabilisation.

Au travers de questions on cherche à ce que la personne coachée s'ouvre, ne résiste pas, remette en question ses pratiques et accepte de changer son point de vue et ses manières de faire, pour aller vers plus d'amélioration et de savoir-faire, vers plus de flexibilité.

Généralement, les questions servent à obtenir une information. Mais dans le cadre d'un coaching, les réponses sont d'importance secondaire, puisqu'elles ne sont pas destinées à l'usage personnel du manager. Ce qui lui importe c'est de vérifier que le collaborateur dispose bien des informations nécessaires pour se mettre en action. La question permet de focaliser son attention et d'aiguiser sa perception. Toute question pertinente engendre une réponse, une attitude de responsabilité et de prise en charge, mais elle aiguise aussi la perception des autres facteurs. L'objectif étant d'éveiller la capacité de la personne à s'autopercevoir et à se prendre en charge. Les réponses qui sont faites indiquent au manager la ligne stratégique que devront adopter les questions suivantes, tout en lui permettant de déterminer si la personne est lancée sur une voie productive et si ce qu'elle fait correspond bien aux objectifs fixés ou à la vision de l'entreprise.

Voici une série de questions définies par John Whitmore, auteur du *Guide du coaching*. Celles-ci pourront vous servir de trame pour coacher vos collaborateurs.

Déterminer l'objectif :

- Quel est le but de cette conversation ?
- À quels résultats voulez-vous aboutir (à court et long terme) ?
- S'agit-il d'un but global ou d'un objectif de performance ?
- S'il s'agit d'un but global, pouvez-vous l'étayer d'un objectif de performance ?
- Quand voulez-vous atteindre cet objectif ?
- Cet objectif est-il positif, accessible et mesurable ?
- Est-ce un défi stimulant ?

La réalité des faits :

- Que se passe-t-il actuellement ? (Quoi ? Quand ? Où ? Combien ?)
- Qui est concerné ?
- Quelles mesures avez-vous mises en place, jusqu'à présent, pour remédier au problème ?
- Quels ont été les effets de ces mesures ?
- Quel est l'impact que cela a eu sur vous et sur votre entourage ?
- Quels sont les principaux obstacles qui vous ont arrêté ?

Rechercher d'autres possibilités :

- Quelles options s'offrent à vous ?
- Que pourriez-vous faire d'autre encore ?
- Désirez-vous que je fasse une autre suggestion ?
- Quels sont les avantages et les coûts de chaque solution ?

Passer à l'action :

- Qu'allez-vous faire ?
- Quand allez-vous le faire ?
- Cela permettra-t-il d'atteindre votre but ?
- Quels obstacles pourriez-vous rencontrer ?
- Comment les surmonterez-vous ?
- Qui devez-vous tenir au courant ?
- Auriez-vous besoin que l'on vous aide et en quoi ?
- Aurez-vous besoin d'une contribution extérieure ?
- Comment obtiendrez-vous cette contribution ?
- Évaluez sur une échelle de 1 à 10 les chances que vous avez de mener à bien ce plan d'action…

Au début, il est préférable de suivre la trame, même si cela vous paraît un peu fastidieux. Mais très vite, vous aurez intégré la stratégie qui émane de ces questions et vous vous sentirez libre de les utiliser à votre guise. Mais pensez à faire vos gammes avant de jouer votre propre musique…

Faire émerger l'intelligence collective*

Aujourd'hui, la plupart des organisations rencontrent d'insurmontables difficultés. Elles subissent en permanence des conflits d'intérêts entre profitabilité et développement durable. Qu'elles soient moyennes ou grandes, les entreprises ont en commun une infrastructure fondée sur l'autorité, le contrôle, la division du travail, les organigrammes. Jusqu'à une période récente, cette architecture était le seul système d'information à notre disposition pour piloter et organiser des édifices humains complexes. Mais nous ne pouvons que constater sa vulnérabilité et son inefficacité dans des

« La pierre n'a point d'espoir d'être autre chose qu'une pierre. Mais, de collaborer, elle s'assemble et devient temple. »
Antoine de Saint-Exupéry

* Lire *Le management de l'intelligence collective : vers une nouvelle gouvernance*, Olivier Zara, M2 Éditions.

complexes fluctuants comme les nôtres, qui n'évoluent plus aussi rapidement que la capacité de réaction d'un groupe.

L'évolution a doté l'être humain d'une incroyable capacité d'adaptation, fondée sur la collaboration et le soutien mutuel, au sein de petites structures. Et c'est ce qui a fait de notre humanité ce qu'elle est à ce jour. Mais il devient de plus en plus compliqué de faire émerger un esprit coopératif, dans des systèmes pyramidaux, noyés dans des méandres administratifs et politiques. Alors que les petites équipes ont des propriétés dynamiques très particulières, telles que la transparence, la conscience collective, une grande capacité d'apprentissage, une convergence d'intérêts entre le niveau individuel et le niveau collectif. Et surtout, une grande capacité à embrasser la complexité et l'inattendu. Les grandes équipes ont souvent besoin de devenir plus réactives, flexibles, transparentes, sensibles et créatives. Afin de conjurer leurs intérêts avec ceux des besoins de notre humanité (éthique, développement durable, et bien-être de la société humaine.).

> **« Quand vous demandez aux gens ce que "faire partie d'une super-équipe" signifie pour eux, ce qui ressort le plus est la charge de sens que comporte cette expérience. Les personnes évoquent le fait de faire partie de quelque chose de plus grand qu'eux-mêmes, d'être connectés, d'être créatifs. Il devient clair que, pour beaucoup, leur expérience en tant que membre d'une formidable équipe contribue à une période de vie vécue intensément. Certains passent le reste de leur temps à chercher des façons de recréer ce contexte. »**
> **Peter Senge, scientifique américain**
> **auteur de *La cinquième discipline***

Les entreprises doivent faire face à des changements de plus en plus nombreux et chaque jour plus complexes : phénomènes technologiques, environnementaux et sociaux. Ces nouvelles règles du jeu ont des impacts sans précédent et entraînent des transformations sociales qui modifient les valeurs, l'organisation du travail et l'emploi. Elles constituent un véritable défi collectif.

Certains dirigeants modifient déjà le mode de gestion de leurs organisations et entament des restructurations afin de s'adapter à l'environnement changeant, car de nombreux travailleurs, cadres et non-cadres, remettent en cause les modes traditionnels de gestion et de management dont ils subissent les conséquences au quotidien. Leurs attentes s'orienteront vers une croissance personnelle au service de l'entreprise alors que, comme nous l'avons vu, jusqu'à présent elles étaient sur un modèle de sécurité.

Dans un monde de plus en plus rapide, chaque individu est à la recherche de solutions qui lui permettront de trouver son équilibre physique, mental, émotionnel et relationnel, afin de mener à terme ses projets et ceux de son entreprise, dans le respect de lui-même et de son environnement.

Ce que les organisations doivent intégrer pour faire émerger l'intelligence collective :

1. Savoir partager leur vision – mission, valeurs, etc., – avec l'ensemble de leurs collaborateurs et développer un esprit d'appartenance.
2. Permettre à leurs collaborateurs d'être responsables des projets et des ambitions de l'organisation. Développer un esprit de confiance et de discipline.
3. Développer un équilibre relationnel et une intelligence comportementale. Permettre à leurs collaborateurs de mieux se connaître mutuellement afin de développer leur confiance et leur esprit d'équipe. Acquérir des compétences en communication – savoir écouter, avoir de l'empathie, être responsable de sa communication, etc.
4. Engendrer de l'équilibre personnel. Permettre à leurs collaborateurs d'apprendre à se connaître, à mettre en avant leur expertise et être capable de prendre leur place au sein de leur organisation, aligner leur vision, leur mission et leurs valeurs

avec celles de leur organisation. Savoir gérer leur carrière, leur énergie et leur stress.
5. Développer une pensée systémique, éthique et un développement durable.
6. Permettre à chacun d'apprendre au sein du système – principe des communautés apprenantes.

Créer les conditions d'une coopération efficace

Plusieurs tendances ont récemment émergé dans notre société qui font toutes, d'une façon ou d'une autre, référence à la notion de *responsabilité* de l'entreprise.

On entend ainsi parler de la Responsabilité Sociale de l'Entreprise (RSE), concept dans lequel les entreprises intègrent les préoccupations sociales, environnementales, et économiques dans leurs activités et dans leurs interactions avec leurs parties prenantes sur une base volontaire. On voit également comment l'entreprise est interpellée sur des questions de santé ou sur des phénomènes qui, en d'autres temps, relevaient purement de la sphère individuelle comme le suicide. À l'instar de l'école à qui l'on demande de suppléer à des missions traditionnellement dévolues à la famille, l'entreprise se retrouve désormais être le lieu où se résolvent au quotidien des problématiques individuelles et personnelles.

Cette évolution (dont on ne discutera pas ici le bien-fondé) fait souvent oublier que **la responsabilité première de l'entreprise est... de créer et maintenir les conditions de la coopération entre les individus qui travaillent en son sein**. Malheureusement, cette responsabilité est souvent oubliée, ignorée voire négligée. Pourtant, lorsqu'on écoute les salariés, ce qui en ressort est clair : la question de la coopération est au centre des demandes, des revendications ou des insatisfactions.

La coopération, c'est tout ce qui concerne la façon dont les individus ou les groupes d'individus collaborent pour atteindre un objectif. A priori, il n'y a pas là matière à polémique... et pourtant... il est frappant de constater que les problèmes de coopération entre individus posés clairement sur la table recueillent beaucoup moins d'enthousiasme que les grands sujets à la mode. Ce sont pourtant eux qui doivent être réglés en priorité, car sans coopération interne efficace, une organisation devient tellement dysfonctionnelle qu'elle en est complètement contre-productive.

Pour cela, il est important de faire le lien entre les enjeux de l'entreprise et les actions qui sont menées au quotidien par les collaborateurs. De partager la vision et la mission. Mais bien souvent, celles-ci ne sont pas toujours clairement communiquées par la direction, bien qu'elles fassent partie des éléments essentiels qui permettent aux collaborateurs de développer leur motivation et d'exprimer leur appartenance ainsi que leur fidélité à l'entreprise. Dans les sondages, il ressort souvent qu'ils reprochent de ne pas être tenus suffisamment informés des enjeux de leur entreprise, ni des difficultés qu'elle traverse. Ils jugent cela comme un manque de considération pour leurs compétences et leur professionnalisme, ainsi qu'un frein à leur implication. Car ils ont besoin de savoir dans quel contexte ils travaillent, de connaître les objectifs et les challenges que leur organisation est en train d'affronter, afin de savoir dans quoi ils s'inscrivent et à quoi ils peuvent prendre part. Même si, sa mission personnelle ne constitue qu'une infime partie de la mission globale, il est plus motivant pour un individu de comprendre le contexte dans lequel il travaille, car il a besoin de considérer qu'il fait partie de projets avec lesquels il se sent en résonance afin d'être fier de l'organisation à laquelle il appartient. Le rôle du manager est de partager la vision de l'entreprise et faire vivre sa mission en la relayant auprès des membres de son équipe et cette tâche n'est pas simple*.

* Voir aussi la clarification de la vision et de la mission personnelle en étape 1 (p. 28 et 33).

Quelles sont les conditions de la coopération entre les individus ?

D'abord, avoir **un objectif clairement défini**, une stratégie, ou, autrement dit, un *sens* : ce qui donne à la fois une direction et une signification à ce qu'accomplissent les collaborateurs au quotidien. Mais ce n'est pas suffisant.

Il faut aussi définir avec clarté **les rôles** qu'occupent les individus. Savoir exactement qui fait quoi, qui possède l'information utile, qui peut prendre une décision dans un domaine précis, etc. Ce qui devient de plus en plus critique dans les organisations en croissance et en période de changement.

À l'heure de la « transversalité » et des structures matricielles, la responsabilité du manager et des dirigeants est de **clarifier les zones d'ombre** et d'éviter d'en créer de nouvelles en combinant de nouveaux process et systèmes, ou en laissant aux individus la charge de se repérer par eux-mêmes dans un univers de plus en plus dynamique et complexe. Bien sûr, il ne s'agit pas de fixer « qui fait quoi ? » une bonne fois pour toutes, mais plutôt de veiller à ce que le flou ou les zones d'ombre soient porteurs d'efficacité et non pas de frustration ou de déperdition d'énergie. La capacité quasi infinie de l'être humain à se créer des repères pour mieux fonctionner en société a une conséquence directe : dès que le management abdiquera cette fonction de définition et clarification des rôles, ce sont les collaborateurs qui vont recréer à leur façon l'organisation du travail et il y aura alors de fortes chances que la confusion et les conflits s'installent.

Une autre condition de la coopération est la capacité des dirigeants à **exprimer leurs attentes** vis-à-vis de leurs collaborateurs. Cette capacité doit se traduire dans tous les actes et les discours de la direction ou du management. Aussi bien dans la communication interne via des réunions sur la vision stratégique de l'entreprise ou des newsletters internes que dans les objectifs et les attentes exprimées au quotidien. Malheureusement, lorsqu'on interroge les salariés sur la façon dont ils travaillent avec leurs collègues aussi bien qu'avec leur supérieur hiérarchique, on constate qu'une des sources de conflit les plus profondes est l'absence de clarté et de cohérence dans la formulation des intentions et des attentes. De façon quasi symétrique, les collaborateurs ont également du mal à verbaliser leurs besoins et, lorsqu'ils le font (parfois très maladroitement), ils reçoivent parfois des conséquences négatives sous forme de rejet ou, pire, de silence. De ces deux impossibilités naissent des conflits et une absence de dialogue qui secouent les organisations ou les minent de l'intérieur. Et qui créent chez les individus (dirigeants ou collaborateurs) une tension émotionnelle forte et parfois insupportable.

La responsabilité de l'entreprise consiste donc à **favoriser l'apprentissage** des techniques et des formes de dialogue sur les attentes et les besoins. Sans garantir pour autant la disparition des conflits ou des désaccords, on reviendrait alors à des formes de communication qui permettront une coopération quotidienne efficace et sereine.

Les autres conditions d'une coopération efficace sont : **la cohérence entre les actes et les discours** (intégrité et exemplarité), la gestion des priorités et des prises de décision, la capacité à accepter et transformer erreurs et échecs et, bien sûr, la valorisation et la reconnaissance de la contribution de chacun.

Mise en place d'un processus de coopération au sein d'une équipe

Quel que soit le domaine d'activité, toute dynamique de groupe est confrontée aux différences entre les investissements des individus. Certains ont tendance à apporter une contribution minimum à la tâche, alors que d'autres sont naturellement enclins à tout prendre en charge, limitant ou même empêchant l'expression des autres et les incitant à se laisser porter par le courant de celui ou ceux qui ont pris la tête malgré eux. Pourtant, on peut souligner l'importance du rôle de chaque individu dans une équipe. Chacun est une source d'idées, de conception et d'ingéniosité qui, si elle est étouffée, n'émergera jamais. Ce qui risquera de priver l'ensemble de l'équipe d'une multitude de possibilités majeures.

Dans un processus coopératif, les activités proposées sont conçues de façon telle que la participation de chaque personne soit nécessaire pour atteindre l'objectif visé. La pratique coopérative est fondée sur l'interdépendance positive, en définissant les rôles et les responsabilités de chacun et en lui donnant les moyens de tenir sa place et ses engagements. Elle demande aux participants l'acquisition de la maîtrise de compétences sociales nécessaires à la vie du groupe : écoute active, communication non violente, respect, solidarité et capacité à gérer les conflits. Elle nécessite aussi de prendre le temps de l'évolution, en termes d'efficacité, de respect des objectifs et de correctifs éventuels à apporter.

L'apprentissage coopératif est une approche interactive de l'organisation. Dans une équipe professionnelle, les individus de compétences et de talents différents ont chacun un rôle précis et travaillent ensemble pour atteindre les mêmes objectifs. La coopération développe dans le groupe des rapports de confiance, de solidarité et de convivialité. C'est un facteur de socialisation.

> **« Il n'y a aucune raison de continuer à croire que seul un "jeu" inutile peut être amusant et que les affaires sérieuses doivent nécessairement être une lourde croix à porter. Une fois que nous avons réalisé que la frontière entre travail et jeu était artificielle, nous pouvons prendre les choses en main et nous atteler à la tâche qui consiste à rendre notre existence plus vivable. »**
> **Mihály Csíkszentmihályi, psychologue américain auteur de *Beyond Boredom and Anxiety***

Voici une série d'étapes qui soutiennent un processus de coopération au sein d'une équipe.
Ceci est différent d'une séance de brainstorming car l'objectif est de construire les étapes du processus de coopération, et peut faire l'objet d'une réunion particulière qui aura pour but la réorientation des objectifs de l'équipe. Vous pouvez aussi utiliser les mêmes règles de communication (sablier, bâton de parole, etc.) qui ont été décrites dans le processus de brainstorming, p. 247.

1. Clarifier la vision et la mission du projet
La première étape consiste à clarifier les projets ou les objectifs, et de faire en sorte qu'ils soient compris et acceptés par l'ensemble des collaborateurs. Demandez à chaque membre de votre équipe de décrire le projet par écrit, individuellement. Et lorsque c'est fait, demandez-leur de se mettre d'accord en équipe sur sa description. Cela afin d'être certain que tout le monde parlera bien de la même chose. Ainsi, vous définissez la vision et la mission du projet. Clarifiez aussi la façon dont est né le projet et les raisons pour lesquelles il est important de le mettre en place à ce jour.
Et une fois que le projet est clairement décrit et que chacun comprend son utilité, il est important de définir ce que celui-ci apportera à l'équipe dans sa globalité, puis ce qu'il apportera à ceux à qui il est destiné (les clients, les autres collaborateurs, etc.). Consignez tout cela dans un document contenant un maximum de détails, consultable par toutes les personnes présentes dans le processus de coopération.

2. Estimer et prendre conscience des atouts
Il est temps à présent d'identifier les atouts qui vous permettront de réaliser le projet, tels que les qualités **professionnelles** et les qualités **humaines** des personnes qui forment votre équipe. De vous souvenir de ce que vous avez déjà réalisé ou accompli ensemble et dont vous êtes fiers, et sur quoi vous pouvez vous appuyer pour réussir aujourd'hui. Puis d'identifier les personnes sur qui vous pouvez compter pour réussir le projet, qui sont en

dehors de votre équipe, ainsi que tous les autres éléments sur lesquels vous pouvez compter pour mener à bien votre projet.

3. Identifier les obstacles qu'il va falloir surmonter

Chargé de toute cette énergie positive, vous êtes prêt à chercher des solutions pour franchir tous les obstacles ou signes négatifs qui sont susceptibles de se mettre en travers de la réalisation du projet : ceux qui peuvent venir de l'équipe, ceux qui peuvent venir de l'entreprise, ceux qui peuvent venir de ceux à qui le projet est destiné (ex. : les consommateurs). Prenez dans un premier temps soin d'explorer les solutions qui ont été tentées pour résoudre les difficultés internes, et externes. Puis de faire en sorte que chacun propose de nouvelles solutions pour les deux (procédez ici selon le processus du brainstorming présenté précédemment).

4. Planifier et mettre en place une stratégie pour réaliser le projet

Il est temps de construire ensemble un planning précis qui soutiendra le projet tout au long de son accomplissement. Construisez un rétroplanning et consignez-y avec précision le rôle que chacun aura tout au long de dans le projet.
Interrogez-vous sur les changements que vous allez devoir opérer dans votre manière de faire pour réaliser votre objectif. Sur ce qui va vous en coûter individuellement et globalement pour le mener à bien. Sur ce qui pourrait vous soutenir tout au long de l'exécution de la stratégie et nommez qui est responsable de l'exécution du planning (une personne qui est en relation avec l'ensemble des membres de l'équipe et qui va être chargée de vérifier si tout se passe comme prévu).
Pour clôturer le processus, il est important de vous mettre tous d'accord pour donner un titre à votre projet, ainsi qu'un slogan ou une petite phrase d'accroche qui vous y feront penser et vous motiveront chaque fois que ce sera nécessaire. Un titre qui résumera la vision du projet, ainsi que sa mission et les conséquences de celui-ci dans le monde.

CONCLUSION

Le dernier sujet que j'aimerais aborder dans ce livre concerne les efforts que vous allez devoir fournir pour développer votre excellence en matière de management, car il va vous falloir un certain entraînement pour arriver à vos fins.

De nos jours, tout va si vite que nous sommes impatients d'obtenir les résultats que nous visons, mais en matière d'évolution personnelle et de maîtrise de soi, il est important de s'accorder du temps. On ne peut espérer obtenir des changements importants et durables sans un minimum de discipline et de persévérance.

Pour cela, vous devez avoir une vision précise de l'évolution que vous souhaitez obtenir, tant pour vous-même que pour les membres de votre équipe ; garder à l'esprit les avantages que vous retirerez de vos efforts, tout en établissant un plan d'action concret qui vous permettra d'arriver à vos fins, car si vous n'y voyez pas l'intérêt, vous ne pourrez jamais soutenir vos efforts. Mais, quelles que soient les circonstances, je vous conseille simplement à faire de votre mieux. Ni plus, ni moins.

Il n'est pas simple de s'engager sur la voie de la transformation et notre évolution personnelle ne peut être linéaire. Lorsque nous sommes en pleine forme, nous réalisons des actes importants, mais lorsque nous sommes fatigués, stressés, il en va tout autrement. D'un jour à l'autre, d'une heure à une autre, d'une saison à une autre, notre état intérieur ne nous permet pas de réaliser les mêmes activités. Nous ne sommes pas des machines.

Et à vouloir normaliser le temps pour devenir toujours plus productif, nous finissons par nous perdre.

Faire de notre mieux varie en fonction de notre niveau d'énergie et l'une des choses les plus importantes est d'apprendre à respecter notre état intérieur en étant attentifs et en prenant soin de nos besoins. Pas si facile à faire, me direz-vous certainement, car bien souvent, nous n'avons pas le choix et nos priorités ne peuvent pas toujours être dictées par nos besoins. Et vous aurez raison. Pourtant, lorsque nous manquons d'énergie et que nous tirons sur la corde, nous tombons systématiquement dans notre schéma de domination et tout part très vite en décrépitude.

En vous acharnant à faire plus que ce que vous pouvez matériellement réaliser, vous dépensez davantage d'énergie qu'il ne vous en faudrait en temps normal et il se peut que vos efforts se révèlent insuffisants pour arriver à bout de votre tâche. Vous finissez par agir contre vous-même et il est probable qu'il vous faille plus de temps.

En revanche, si vous ne faites pas de votre mieux, je veux dire par là que vous fournissez un effort bien inférieur à vos capacités, vous finissez par manquer d'intégrité envers vous-même. Vous commencez à vous juger et à perdre votre estime de vous-même à cause d'un sentiment de culpabilité ou de regret. Alors qu'en fournissant tous les efforts dont vous êtes capable, vous vivez votre vie intensément, vous devenez productif et vous vous épanouissez, car c'est dans l'action qu'on devient profondément heureux. Vous agissez parce que vous en avez envie, parce que vous prenez du plaisir à ce que vous faites et non parce que vous attendez quelque chose en retour.

L'état d'esprit dans lequel nous faisons les choses détermine grandement la façon dont nous les percevons. Et se sentir obligé de faire quelque chose pour une raison ou une autre rend la chose bien plus difficile que ce qu'elle n'est… du coup, elle nous demande beaucoup plus d'énergie, nous épuise et nous rend rapidement irritable. Alors qu'en agissant pour le plaisir d'agir, nous apprécions ce que nous faisons et, bien souvent, nous pouvons en retirer plus que ce que nous en escomptions. Lorsque nous aimons ce que nous faisons, nous faisons toujours de notre mieux et nous jouissons pleinement de l'existence, nous évitons la frustration et l'ennui. Nous cessons de nous juger et de nous culpabiliser ou de nous critiquer.

Au final, nous réussissons à nous accepter tels que nous sommes, ce qui nous permet d'apprendre de nos erreurs. Alors, nous devenons capables de regarder honnêtement nos résultats et de continuer à nous exercer.

Je vous invite donc à choisir de faire de votre mieux, parce que agir ainsi vous apportera une grande satisfaction. En appréciant les activités auxquelles vous vous adonnerez et en agissant de telle sorte qu'il n'y ait aucune conséquence négative pour vous, vous faites de votre mieux, parce que vous le voulez, et non par obligation, ni pour faire plaisir à quelqu'un. Chaque fois que vous faites quelque chose parce que vous le devez, il vous est extrêmement difficile de donner votre maximum. Autant éviter de vous retrouver dans cette situation.

Être dans l'action, c'est vivre pleinement ; être dans l'inaction, c'est une façon de nier la vie. En étant dans l'action, vous exprimez qui vous êtes. Quelle que soit la quantité d'idées qui vous passent par la tête, ce qui fera une réelle différence dans votre existence, ce sont vos passages à l'acte. Alors, accordez-vous la discipline nécessaire à vos ambitions et respectez les engagements que vous avez pris avec vous-même, jour après jour, en faisant de votre mieux…

« Pour avoir l'idée d'un geste,
il faut le faire mille fois ;
Pour le connaître, il faut
l'exécuter dix mille fois ;
Et pour le posséder, il faut
le répéter cent mille fois ! »

ANNEXE

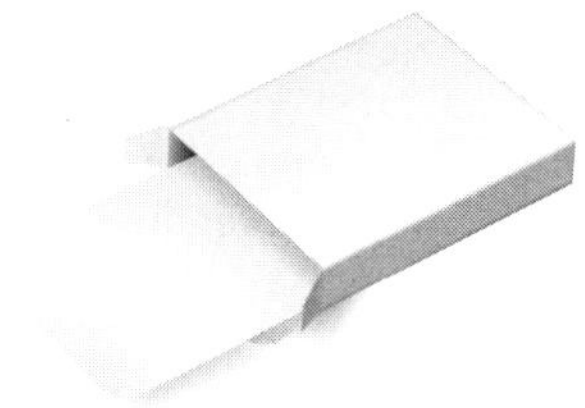

Jeu de cartes des valeurs

➔ Photocopiez et découpez ces cartes afin de pouvoir les manipuler à votre guise pour identifier vos dix valeurs principales, puis classez-les par ordre d'importance.

L'abondance	L'honnêteté La franchise	La discipline
L'action	L'humanisme	Le don
L'accueil	L'imagination	Le don de soi
L'adaptabilité	L'indépendance	L'écologie
L'amitié	L'individualisation	L'écoute
L'ambition	L'insertion L'englobement	L'efficacité

L'amour La compassion	L'intégrité	L'empathie
Analyser Comprendre	L'intelligence La réflexion	L'enthousiasme
L'apprentissage La croissance personnelle	L'intimité	L'équité L'égalité
L'assurance L'estime de soi	L'investissement	L'épanouissement
Le calme La tranquillité	La joie de vivre La bonne humeur	L'éthique
La vision L'avenir	La liberté	L'excellence
L'aventure	La loyauté	Avoir un impact sur la vie des autres
La beauté	L'organisation L'arrangement	La famille
La bienveillance	L'originalité	La générosité
La coopération	La paix	L'harmonie

Le charisme	La passion	La sécurité
La combativité L'endurance	Le plaisir	Le sentiment d'exaltation
La communication	Le positionnement Le commandement	Le service
La compétition	La positivité	La souplesse La tolérance
La compassion	Le pouvoir	Le soutien
La concentration La focalisation	La prudence	La spiritualité
La confiance	L'optimisme	La stratégie
Le confort	La réalisation de soi	Le succès
La connexion Le lien	La reconnaissance	La ténacité

Photocopiez puis découpez les cartes

La contextualisation	Le relationnel Le réseau	La transparence
La contribution	La résolution La restauration	Le travail en équipe
La conviction Les valeurs	Le respect La dignité	La tolérance
Le courage	La responsabilité	La détermination
La créativité	La réussite	Le développement L'optimisation
Le défi	La persévérance	La sagesse
Le dépassement de soi	La philanthropie	La vitalité Le dynamisme
L'élégance	L'équilibre	L'esthétique
L'exemplarité		

Photocopiez puis découpez ces cartes

TABLE DES MATIÈRES

Achevé d'imprimer en mai 2013
sur les presses de la Nouvelle Imprimerie Laballery – 58500 Clamecy
Dépôt légal : juin 2013
Numéro d'impression : 304040
Imprimé en France
La Nouvelle Imprimerie Laballery est titulaire de la marque Imprim'Vert®